Ausgeschieden
14. DEZ. 2015
Stadtbücherei Heidelberg

Hubert Klingenberger

Lebens
mutig

- Vergangenes erinnern
- Gegenwärtiges entdecken
- Künftiges entwerfen

DON BOSCO

Bibliografische Information Der Deutschen Bibliothek

Die Deutsche Bibliothek verzeichnet diese Publikation in der Deutschen Nationalbibliografie; detaillierte bibliografische Daten sind im Internet über http://dnb.ddb.de abrufbar.

1. Auflage 2003 / ISBN 3-7698-1426-6
© 2003 Don Bosco Verlag, München
Umschlag: Margret Russer
Umschlagfoto: Jonathan Borofsky, »Man Walking to the Sky«,
　　　　　© by Subs. Dr. Jan Heiner Schneider, Emmerich am Rhein
Grafiken: Margret Russer
Produktion: Don Bosco Grafischer Betrieb, Ensdorf

Gedruckt auf umweltfreundlichem Papier.

Inhalt

Vorwort 8
Einleitung: »Im Leben nichts Neues?« –
Warum Biografiearbeit heute so hilfreich ist 10

1. »Das Leben hält in seinem Lauf weder Ochs noch Esel auf.« –
Was »Biografie« alles meint 18
   1.1 Biografie und Lebenslauf 19
      Bilder für das Leben 20
      Einstellungen zum Lebensverlauf 25
      Lebensgeschichte und Lebensgeschichten 28
      Lebenslauf-/Biografieforschung und Biografische Methode 30
   1.2 Lebensalter und Lebensphasen 31
      Kindheit 31
      Jugend 33
      Frühes und mittleres Erwachsenenalter 36
      Alter 38
   1.3 Biografiearbeit und Biografische Kompetenz 42
Anregungen zum 1. Kapitel: Selbstständig lernen und miteinander lernen 47

2. »Das Gleiche ist nicht immer das Gleiche
und schon gar nicht dasselbe.« – Was man wissen sollte,
wenn man sich mit Biografie(n) beschäftigt 59
   2.1 Erinnern und Erzählen 59
   2.2 Gehirn und Gedächtnis 66
   2.3 Generation und Geschichte 71
   2.4 Gesundheit und Sinn 76
   2.5 Altern und Entwicklung 79
   2.6 Kritische Lebensereignisse und Übergänge 81
Anregungen zum 2. Kapitel: Selbstständig und miteinander lernen 91

3. »Erstens ist es anders, zweitens als man denkt.« –
   Wie man Biografie(n) deuten kann   95
   3.1 Deutungsmuster und Konstruktivismus   96
   3.2 Lebenswelt   99
   3.3 Identität   101
   3.4 Ressourcen und Kompetenzen   102
   Anregungen zum 3. Kapitel: Selbstständig und miteinander lernen   104

4. Die Fäden in meiner Hand –
   Wie man genauer auf Biografie(n) schauen kann   106
   4.1 Die soziale Biografie   107
   4.2 Die Kultur-Biografie   111
   4.3 Die Natur-Biografie   116
       Unsere eigene Natur: der Körper   116
       Die Natur um uns herum   118
   4.4 Die Mytho-Biografie   119
   4.5 Die Lern- und Bildungsbiografie   122
   4.6 Die Persönlichkeits-Biografie   126
   4.7 Geschlechtsspezifische Aspekte   130
   Anregungen zum 4. Kapitel: Selbstständig und miteinander lernen   133

5. Erinnern – Entdecken – Entwerfen –
   Was Biografiearbeit außer Rückschau noch ist   141
   5.1 Lebensbilanz und Lebensrückblick   142
   5.2 Lebensbewältigung und -veränderung   145
       Neu anfangen   151
       Wahrnehmen und Genießen   152
       Verabschieden und Loslassen   153
       Veränderungen Raum geben   156
   5.3 Lebensplanung und Leben entwerfen   160
       Emotionale Aspekte der Zukunftsplanung   162
       Kognitive Überlegungen für die Lebensplanung   163
       Handlungsorientierte Aspekte der Lebensplanung   167
       Sterben, Tod und wie damit leben?   168
   5.4 Ermutigung   170
   Anregungen zum 5. Kapitel: Selbstständig und miteinander lernen   172

6. Mit Mut und Methode –
Wie man Biografiearbeit gestalten kann   182
  6.1 Biografische Methoden   182
    Methoden der Biografiearbeit 182
    Biografische Projekte 185
    Biografien als Lernmittel 186
  6.2 Biografische Kommunikation   186
    Erzählen 187
    Zuhören 189
    Steuerung biografischer Kommunikation 191
    Problematische Situationen in der biografischen Kommunikation 192
  6.3 Der Biografiearbeiter / die Biografiearbeiterin   194
Anregungen zum 6. Kapitel: Miteinander lernen   196

7. »Biografie ist überall.« –
Wo Biografiearbeit angewendet wird   198
  7.1 Innerhalb der Pädagogik   198
    Kinder- und Jugendarbeit 199
    Erwachsenenbildung 200
    Altenbildung /-arbeit 202
    Arbeit mit behinderten Menschen 204
    In der Sozialpädagogik 204
    In der Beratung 204
  7.2 Außerhalb der Pädagogik   205
    Seelsorge 206
    Pflege 206
Anregung zum 7. Kapitel: Miteinander lernen   209

8. Zum Abschluss   210

Anmerkungen   211
Literatur und Medien   216

Vorwort

Das Thema »Biografie« begegnet uns derzeit überall. Publikationen hierzu sprießen wie Pilze aus dem Boden:
- Es erscheinen Autobiografien von und Biografien über mehr oder minder wichtige Personen des öffentlichen Lebens, z. B. Willi Brandt, Carola Stern oder Hans Küng;[1]
- Zeitschriften zum Thema »Biografie« finden offensichtlich ihren Markt (z. B. »famous« oder »Stern – Biografie«);
- methodische Handbücher und theoretische Reflexionen zum biografischen Arbeiten bereichern den Buchmarkt;[2]
- selbst geistigen Ideen, Gegenständen oder Bildern wird eine Biografie zu gesprochen, so Gott und dem Heiligen Geist, der D-Mark und dem Kuss, der Erde und dem Leben schlechthin.[3]

Dieses Buch setzt verschiedene Puzzleteile aus dem Themenbereich »Biografie« und »Biografisches Arbeiten« zu einem Gesamtbild zusammen und macht sie für Ihre Biografiearbeit und Lebensplanung – sei sie privater oder professioneller Natur – fruchtbar.

In der Buch-Reihe »LebensManagement konkret«[4] haben Viola Zintl und ich uns bereits mit der biografischen Kompetenz beschäftigt. Gerade dieses Thema hat viel positive Resonanz und eine große Nachfrage nach Seminaren erfahren. So liegt es nahe, sich ausführlicher mit dieser »notwendigen« Fähigkeit und der Methode des biografischen Arbeitens zu beschäftigen.

Die Grundlagen zur biografischen Kompetenz und zum biografischen Arbeiten, wie wir sie schon in »Eigenständig« vorgestellt haben, finden Sie auch in diesem Buch wieder. Sie werden ausführlich ergänzt durch weitere praktische Planungsinstrumente und hilfreiche Methoden (auch zur Arbeit in Gruppen), literarische Anregungen und – möglichst kurz gehaltene – theoretische Einfügungen. Viele neue und wesentliche Kapitel sind dazu gekommen, so dass Sie nun einen grundlegenden Überblick über die Biografiearbeit vor sich liegen haben.

Das Bildungszentrum Kardinal-Döpfner-Haus in Freising hat im Jahr 2002 beschlossen, das biografische Arbeiten zu einem seiner Angebotsschwerpunkte zu machen. Kurse und Seminare in Freising und über die Landesgrenzen hinaus nehmen sich dieses Themas an. Ein monatlich erscheinender Info-Brief vermittelt aktuelle Hinweise zu diesem Themenbereich.[5] Auch dieses Buch entstand im Rahmen dieses Arbeitsschwerpunktes. Deswegen danke ich zuerst dem Bildungszentrum Kardinal-Döpfner-Haus für die Förderung dieses Arbeitsbereiches.

Ich bedanke mich weiterhin bei vielen Freunden, Kolleginnen und Kollegen, bei denen ich in Seminaren und in Gesprächen vieles lernen durfte und zahlreiche Anregungen bekommen habe. Insbesondere sind dies: Viola Zintl M. A., Petra Dahlemann M. A., Alexander Veit, Matthias Kratz, Michael Schmidpeter und Florian Wenzel M. A. Für diverse Anregungen danke ich außerdem Prof. Xaver Fiederle, Klaus Dopler und Elisabeth Mayer.

Weiterhin habe ich allen Kursteilnehmerinnen und -teilnehmern zu danken, die sich auf meine Anregungen eingelassen haben und durch ihre Rückmeldungen eine Weiterentwicklung der Ideen und Ansichten gefördert haben. Großer Dank gebührt auch Marlene Eschenbacher, die große Teile des Manuskripts in schneller Gründlichkeit und großer Liebe zum Buchprojekt eingegeben hat. Nicht zuletzt gilt mein Dank dem Don Bosco Verlag, insbesondere meiner Lektorin Esther Hebert, für die gute Zusammenarbeit.

München, den 31. Juli 2003
Hubert Klingenberger

EINLEITUNG

»Im Leben nichts Neues?« – Warum Biografiearbeit heute so hilfreich ist

Biografie und Lebenslauf finden im individuellen Leben, in der allgemeinen Öffentlichkeit und in wissenschaftlichen Diskussionen immer mehr Interesse. Man könnte fast sagen: »Biografie boomt«, was nichts anderes heißt als: Die Lebenszeit und der Lebensverlauf der Menschen werden wiederentdeckt, rücken in den Mittelpunkt der Betrachtung des eigenen Lebens.

Über die eigene oder eine fremde Biografie nachzudenken und zu reden, ist heutzutage »in«. In Nachmittags-Talkshows breiten die unterschiedlichsten Menschen – mal mehr, mal weniger aufregend – ihre Biografien oder Episoden daraus vor dem teils voyeuristischen Publikum aus. Doch nicht nur die Neugier und die Schadenfreude sind Motivation der Zuschauer/innen. Viele sehen in diesen Sendungen auch konkrete Lebenshilfe.

Das Bedürfnis nach lebensgeschichtlicher Reflexion und biografischer Kompetenz ist offensichtlich groß – sonst hätten die Medien diese Themen nicht für sich entdeckt. Anscheinend erleben sich viele Menschen in ihren Biografien verunsichert und suchen nach Identifikationsobjekten, nach Menschen, die ähnliche oder noch schlimmere Schicksale erlebt und bewältigt haben.

Dahinter stehen aktuelle gesellschaftliche Prozesse in unserer Gesellschaft und die Reaktionen der Menschen darauf. Besonders bedeutsam wird dabei die Tatsache, dass die so genannte »Normalbiografie« in Auflösung begriffen ist: Die Vorgaben, wie wir unseren Lebenslauf zu gestalten haben, bröckeln. Wir können und wir müssen uns mehr entscheiden, wie wir leben wollen.

Die Reflexion der eigenen Biografie sowie die planende Selbststeuerung der eigenen Lebensgeschichte werden zu neuen Herausforderungen eines aktuellen Bildungsbegriffes: Gebildet ist, wer sein Leben reflektieren, bewältigen und entwerfen kann – eine lebenslange Aufgabe!

Der Blick auf die Biografie dient zusätzlich dem besseren Verständnis von Familienmitgliedern und Freunden, Patienten, Klienten und Bildungsteilnehmern. Somit können Familien- und Freizeitleben, Hilfs-, Pflege- und Lernprozesse angemessener und menschengerechter gestaltet werden.

Biografiearbeit nutzt aber vor allem der Selbst-Erkenntnis und dem Selbst-Verständnis der Menschen und eröffnet ihnen neue Wege der Selbst-Thematisierung, stärkt deren Selbst-Bewusstsein und Selbst-Wertgefühl und fördert die Entfaltung bislang vernachlässigter oder zurückgestellter Interessen.

Warum ist es heute notwendig, sich mit der eigenen Biografie auseinander zu setzen? Haben die Menschen überhaupt ein Interesse daran? Und: was sind die Chancen des biografischen Arbeitens?

Bislang war in unserer Kultur der Ablauf einer Biografie relativ einheitlich vorgeschrieben – Soziologen sprechen vom »Lebenslauf-Regime« und der Normalbiografie: Der *Mann* machte zunächst einmal seinen Schulabschluss, anschließend seine Berufsausbildung. Nach Ergreifen eines Berufs suchte er sich eine Partnerin, heiratete, gründete eine Familie und versorgte diese. Waren die Kinder erwachsen und aus dem Haus, war er – noch dazu nach Beendigung des Berufslebens – auf die Beziehung mit seiner Partnerin »verwiesen« und im Pflegefall angewiesen. Da in der Regel der männliche Partner der ältere war und aufgrund der niedrigeren Lebenserwartung des Mannes starb dieser vor seiner Frau. Die *Frau* machte in der Regel auch einen Schulabschluss, in unserer (Groß-) Elterngeneration war es z. T. noch nicht einmal üblich, dass Frauen eine Berufsausbildung abschlossen – war doch ihr Lebensweg vom »Dasein für andere«[6] vorgezeichnet. Also heiratete sie, brachte Kinder zur Welt, versorgte diese und ihren Ehemann. Der Auszug der Kinder, die Pensionierung des Mannes und die Verwitwung gehörten weiterhin zur Normalbiografie der Frauen.

Hielt man oder frau sich nicht an die Abfolge in der Normalbiografie, konnten soziale Sanktionen die Folge sein. Etikettierung und/oder Ausgrenzung waren die Mittel, mit denen jeder zur Einhaltung der Normalbiografie gebracht werden sollte (z.B. wenn eine Frau ihren Ehemann verließ).

Doch diese Vorgaben und Sanktionierungen haben an Verbindlichkeit verloren bzw. es bestehen unterschiedlichste Lebens-Modelle nebeneinander: »Leben, der Verlauf eines Lebens, kann nicht länger als Rolltreppe, auf der wir alle fahren, gesehen werden ... Vielmehr hat es heute den Anschein, dass Modelle der einheitlichen Bewegung innerhalb der Lebenslaufmuster kaum noch allzu große Bedeutung haben. Die Standards guten und richtigen Lebens bedürfen der ständigen Überarbeitung durch individuelle Lebensentwürfe, die ihrerseits wiederum den Zwängen und Chancen von Entscheidungen ausgesetzt sind. Das Leben wird dadurch biografisiert, in seinem Herstellungscharakter bloßgelegt ... Die hierbei entstehenden neuen Risiken und Optionen schlagen sich ... in einer zunehmenden Vielgestaltigkeit von Lebensmustern nieder.«[7]

Und so sehen die Lebensläufe heute z.T. schon sehr verändert aus. Dabei haben sich weibliche und männliche Biografien tendenziell einander angeglichen. Heute unterstehen sie viel weniger einem Regime als die Lebensläufe unserer Vorgenerationen. Die Biografie ist optional gestaltbar geworden: Man/Frau schließt die Schule ab, gründet eine Familie, macht einen Berufsabschluss, heiratet dann – eventuell einen neuen – Partner usw. Berufswechsel, Partnerwechsel, Arbeitslosigkeit und andere krisenhaften Einbrüche verändern die Biografien der Menschen heute. Patchwork-Familien, Brüche in der Erwerbsbiografie und mangelnde Absicherung im Alter können Folgen solcher diskontinuierlichen Biografien sein. Soziologen sprechen in diesem Zusammenhang vom »Ende der Normalbiografie«. Wir werden also zu Architekten und Baumeistern unseres eigenen Lebensgehäuses, zu aktiven Produzenten unserer

Warum Biografiearbeit heute so hilfreich ist

Biografie.[8] »Die Normalbiografie, ehedem geprägt durch Schicht, Religion und Geschlecht, ist zur Wahlbiografie geworden. Der Mensch ist gefordert, seinen Lebenslauf selbst herzustellen.«[9] Jeder Mensch wird zu seinem eigenen »biografischen Planungsbüro«. In diesem Zusammenhang spricht man heute von »Patchwork« oder »Bastel-Biografien«.

Der Münchner Soziologe *Ulrich Beck* bezeichnet die heute lebenden und die kommenden Generationen als »Kinder der Freiheit«[10]. Das klingt einladend und hoffnungsvoll. »Aber diese Freiheiten sind auch riskant. ... Das Leben in und mit diesen Freiheiten ist harte Arbeit und weit davon entfernt, ein Reich der Freiheit zu sein, das einem in den Schoß fällt.«[11]

Wie gehen die Menschen mit solchen Erosionsprozessen um? Die Biografieforschung nennt hier drei Typen: die »Networker«, die »Patchworker« und die »Designer«[12]:

- Die »Networker« reagieren auf den Verfall biografischer Vorgaben dadurch, dass sie im sozialen Nahbereich neue soziale Netze knüpfen, von denen sie sich getragen und gehalten fühlen. Frauen sind schwerpunktmäßig Networker.
- »Patchworker« basteln sich ihre Biografie durch das Aneinanderfügen unterschiedlicher Milieus zusammen, zwischen denen sie geschickt hin- und herspringen.
- »Designer« gestalten und entwerfen ihr Leben und präsentieren dieses dann auch nach außen als »Kunstwerk«.

Ein altes Sprichwort sagt: »Wenn ein alter Mensch stirbt, ist es, wie wenn eine ganze Bibliothek abbrennt.« Gemeint ist damit, dass in den Lebensgeschichten alter Menschen Wissen und Worte integriert sind, deren Wert für uns unabschätzbar ist.

Heute wird in unserer Gesellschaft viel über die Wertevermittlung diskutiert und deren Notwendigkeit beschrieben. Werte lassen sich aber nicht verordnen oder kognitiv vermitteln. *Alice Millers* Aussage »Wem Liebe gepredigt wird, der lernt nicht lieben, sondern predigen« macht auf die Frage nach der angemessenen Methode aufmerksam.

13

Ich bin davon überzeugt: Gerade im Erzählen des persönlich Erlebten lassen sich Werte vermitteln und weitergeben. Denn Geschichten sind »enorm stark in der Wirkung, die sie auf unser Denken, Empfinden, Weltbild und unsere Erwartungen haben können«.[13] Vernunft und Verstand führen nur bedingt zu nachhaltigen Verhaltensänderungen. So genannte »neue emotionale Erfahrungen« gewährleisten schon eher dauerhafte Veränderungen, da hier nicht nur die Oberfläche angesprochen wird, sondern auch Emotionalität und Wertewelt miteinbezogen werden. »Geschichten aller Art lösen neue emotionale Erfahrungen aus und können deshalb das Verhalten der Zuhörer/innen (Leser/innen) verändern.«[14]

Die Bedeutung von Wissen und Werten, die in Geschichten »verpackt« sind, wird heute in einem Lebensbereich besonders hervorgehoben, der dem biografischen Arbeiten zunächst einmal fern stehen mag: in der Wirtschafts- und Arbeitswelt. Hier wird das Geschichtenerzählen – und das Zuhören – als wichtiges Instrument der Führung und des Marketing angesehen.

All die genannten Faktoren machen auf die Notwendigkeit und Bedeutsamkeit der Biografischen Kompetenz einerseits und des biografischen Arbeitens andererseits aufmerksam. Beide sind somit wichtiger Bestandteil von Bildung.

Um in diesem Sinne kompetenter zu werden, beschreibt dieses Buch sieben Schritte zur Reflexion und Bewältigung von Biografie(-arbeit):

- Im ersten Kapitel erfahren Sie *Grundlegendes* zu Biografie, Lebensphasen und Biografiearbeit.
- Das zweite Kapitel zeigt auf, was man wissen sollte, wenn man sich mit Biografie(n) auseinander setzt, warum die Auseinandersetzung mit der eigenen, aber auch mit fremden Biografien »not-wendend« ist und welche *Chancen* sich dabei bieten.
- Was uns unser eigenes Bild von der eigenen oder fremden Biografie vermittelt – Antworten auf diese Frage bietet das dritte Kapitel.
- Das vierte Kapitel stellt Ihnen ausführlich vor, was alles mit dem Begriff »Biografie« gemeint ist und welche *Dimensionen und Aspekte* dieser Begriff hat.

Warum Biografiearbeit heute so hilfreich ist

- Wie man sich *konkret und methodisch* mit (der eigenen) Biografie auseinander setzt und plant, steht im Mittelpunkt des fünften Kapitels.
- Methoden der *Biografiearbeit in Gruppen* und Fragen der *Gesprächsführung* stehen im Mittelpunkt des sechsten Kapitels.
- Im siebten Kapitel erfahren Sie schließlich, in welchen *Praxisfeldern* biografisches Arbeiten zur Anwendung kommt.
- Ein ausführliches Quellenverzeichnis hilft Ihnen beim Weiterlesen und -arbeiten.

In diesem Buch sind viele methodische Anregungen zum Biografischen Arbeiten zu finden. Manche dieser Methoden stammen aus anderen Publikationen oder entstanden im Austausch mit Kolleginnen und Kollegen, viele habe ich selbst entworfen, alle wurden von mir – oft zusammen mit Kollegen – in der Praxis erprobt.[15] Die Anregungen, Spiele, Übungen und Planungshilfen, auf die im Text verwiesen wird (✵ *Miteinander lernen 1* und 👁 *Selbstständig lernen 2*), finden Sie jeweils am Ende jedes Kapitels in Form von Anregungen für Sie allein und in Form von Anregungen für die Gruppe (z. B. in der Familie, mit Freunden, in der Erwachsenenbildung oder in der Altenarbeit). Zur Bearbeitung der Anregungen in der Rubrik »Selbstständig lernen« empfehle ich Ihnen, ein »Lebensbuch« zu verwenden: Besorgen Sie sich in einem Schreibwarengeschäft ein ansprechendes Schreibbuch! Machen Sie sich dieses Buch als allererstes zu Eigen. Das heißt, gestalten Sie es so, dass es *Ihr* Buch wird. Vielleicht kleben Sie ein Foto von sich hinein, vielleicht beschriften Sie es liebevoll oder Sie verwenden Gestaltungselemente wie z. B. Postkarten, Aufkleber etc. In diesem Lebensbuch können Sie nun die Lernanregungen bearbeiten, aber auch einfach aufschreiben, was Ihnen beim Lesen dieses Buch so in den Sinn kommt. (Welche weitere Bedeutung ein solches Lebensbuch noch haben kann, finden Sie in Kap. 4.2)

Miteinander lernen

Als erste Anregung für die Arbeit in Gruppen finden Sie hier drei Kennenlern-Methoden mit biografischem Bezug:

 1. Miteinander lernen – Intuitive Vorstellungsrunde

Die Teilnehmer/innen stellen ihre/n jeweils linke/n Nachbar/in vor. Sie bekommen keine Gelegenheit, sich vorher auszutauschen, tun dies vielmehr aufgrund ihrer Fantasie: »Hinsichtlich deiner Person und deiner Biografie fantasiere ich...« (Beispiel: »... Du warst eine fleißige Schülerin, die daheim für gute Noten mit Geld belohnt wurde, ... später hast du eine Umschulung zum Model gemacht, ... heute bist du als Metzgereifachverkäuferin tätig.«)
Anschließend wird im Plenum besprochen, wo sich »zufällig« Übereinstimmungen mit der wirklichen Biografie ergeben haben, und die »richtige« Vorstellungsrunde beginnt.

 2. Miteinander lernen – Positionskreis

Die Teilnehmer/innen werden aufgefordert, sich in einer Reihe nach aufsteigendem Lebensalter aufzustellen. Dabei sollen sie nicht miteinander reden oder sich durch Fingersprache verständigen. Allein der äußere Eindruck bietet Anhaltspunkte für das jeweilige Alter.
Wenn alle den Eindruck haben, an der richtigen Stelle zu stehen, teilen die Gruppenmitglieder ihr Alter einander mit. Gegebenenfalls wird der Standort in der Reihe korrigiert.
Anschließend kann noch zusammen überlegt werden, was in den jeweiligen Geburtsjahren historisch Bedeutsames passiert ist. Auch kann ein aktuelles Geschichtsbuch zu Rate gezogen werden. Weiterhin ist es möglich, aus Günter Grass' Buch »Mein Jahrhundert«[16] die entsprechende Kurzgeschichte zum Geburtsjahr zu lesen.

Warum Biografiearbeit heute so hilfreich ist

3. Miteinander lernen – Wer einmal lügt

Den Teilnehmer/innen werden drei Lückentexte präsentiert:
- Ich war ein/e ... Schüler/in.
- Mein Lieblingsspielzeug war ...
- »Wenn ich mal groß bin«, dachte ich als Kind, »will ich ... werden.«

Der Reihe nach vervollständigen die Gruppenmitglieder diese Texte, wobei sie zweimal wahrheitsgemäß antworten und einmal »flunkern«. Nachdem je ein/e Teilnehmer/in seine/ihre Antworten vorgestellt hat, versuchen die anderen, die »Lüge« zu entdecken. Anschließend wird auch noch dieser Satz wahrheitsgemäß beantwortet.[17]

17

→ **KAPITEL I**

1. »Das Leben hält in seinem Lauf weder Ochs noch Esel auf.« – Was »Biografie« alles meint

Das Wort »Biografie« ist zunächst einmal schwer zu fassen. Vieles kann darunter verstanden werden – es ist ein »Plastikwort«. Und es stellt eine »Wärmemetapher« (*Niklas Luhmann*) dar. Das heißt, es verbinden sich damit angenehme und warme Assoziationen. Um mehr Klarheit und Eindeutigkeit in diesen Begriff zu bringen und ihn von anderen abzugrenzen, beschäftigt sich dieses Kapitel mit:

- den Begriffen »Biografie« und »Lebenslauf« (Kap. 1.1),
- den Lebensaltern und Lebensphasen (Kap. 1.2),
- und der Biografiearbeit und der Biografischen Kompetenz (Kap. 1.3).

Bevor Sie Beschreibungen und Definitionen über die in der Überschrift genannten Begriffe lesen, ist es sinnvoll, dass Sie Ihre Assoziationen zur »Biografie« hervorholen und kennen lernen. Denn wir alle haben Vorwissen, Vorerfahrungen und Vorurteile, wenn wir uns diesem Thema nähern. Diese resultieren vielleicht aus unserem eigenen Lebensverlauf, den Beobachtungen, die wir bei anderen (älteren) Menschen gemacht haben, und möglicherweise schon aus ersten Erfahrungen mit dem biografischen Arbeiten. Was fällt Ihnen zum Thema Biografie ein?

❋ *Miteinander lernen I*

1.1 Biografie und Lebenslauf

Autobiografien als literarische Form sind schon lange bekannt, so bei Augustinus, Hildegard von Bingen oder Jean-Jacques Rousseau. Vermehrt sind sie aber erst in der so genannten »Moderne« zu beobachten: »Das Interesse an Biografie setzt Fremdheit voraus: Es ist ein Produkt der Moderne, die überhaupt erst die Möglichkeit hervorgebracht hat, eine einzigartige, selbstgestaltete Biografie zu entfalten und damit zugleich die Notwendigkeit geschaffen hat, diese anderen gegenüber zu verantworten, zu begründen und zu rechtfertigen.«[18] (Auto-)Biografien werden also erst da spannend, wo es Freiräume gibt, sie unterschiedlich und individuell zu gestalten.

Landläufig wird zwischen Biografie und Lebenslauf unterschieden: In unseren *Biografien* überlagern sich persönliche Eigenheiten mit gesellschaftlichen Bedingungen. Sie treten miteinander in Wechselwirkungen. Die Biografie ist von den Individuen konstruiert und enthält viele subjektive Anteile. Die Menschen organisieren mit Hilfe ihrer biografischen Erzählungen ihr gelebtes Leben. Die Biografie ist »ein Produkt unserer sozialen Herkunft, unseres Geschlechts, unserer Ethnizität und der historischen Zeit, in der wir leben – freilich auf unverwechselbar einzigartige Weise: Im Biografiekonzept drückt sich das Besondere eines sozialen Allgemeinen aus.«[19]

Der »*Lebenslauf*« zählt die objektivierbaren Ereignisse eines Lebens auf. Er beschreibt Entwicklungen und Ereignisse und stellt dabei einen Bezug zu historischen, gesellschaftlichen und kulturellen Entwicklungen und Ereignissen her. Zeigt der Lebenslauf quasi die Außenseite eines Lebens auf, so gehört zur Biografie »eine Innenseite, die darüber Auskunft gibt, wie dieser Mensch die verschiedenen Lebensereignisse wahrgenommen hat, wie er sie bewertet und in seinem Leben einordnet«[20].

👁 *Selbstständig lernen 2*

Bilder für das Leben

Die Tatsache, welches Bild oder welche Vorstellung wir vom Lebensverlauf allgemein oder von unserer Biografie im Besonderen haben, ist bestimmend für den Umgang mit unserem vergangenen, gegenwärtigen und zukünftigen Leben. Habe ich ein Deutungsmuster von Biografie im Sinne von »Mit Vierzig geht's bergab« und bin selber um die Vierzig, so werde ich tendenziell die Vergangenheit verklären, die Gegenwart krisenhaft erleben und für die Zukunft den Niedergang befürchten. Lebe ich jedoch nach dem Motto »Das Beste kommt noch«, so kann ich wesentlich hoffnungsvoller in die Zukunft blicken – egal, wie alt ich bin. Aber nicht nur für den Umgang mit uns selber sind diese Vorstellungen von der Biografie bedeutsam. Je nach dem, welches Bild ich mir vom Lebenslauf gemacht habe, werde ich die jüngeren und älteren Menschen in Familie, Betrieb oder Freizeitgruppe behandeln, mit denen ich zu tun habe.

👁 *Selbstständig lernen 3 und 4*

Bilder und Symbole, wie Treppe, Spirale, Labyrinth, Puzzle oder Jahresringe können unsere Auffassung von Biografie veranschaulichen. Hinter diesen Symbolen oder Metaphern stehen oft bestimmte Lebenserfahrungen oder besondere Ideen. Manchmal ist dahinter schon eine kleine Lebensgeschichte verborgen.

Einige dieser Symbole und ein paar neue Metaphern für den Lebensverlauf möchte ich besonders hervorheben:

Lebenstreppe

Die Lebenstreppe, die zur Hälfte nach oben und ab der Hälfte wieder nach unten führt, ist eine schon ziemlich alte Darstellungsweise für die Biografie. Sie geht von einem Wachstumsprozess (körperlich, psychisch, sozial) bis zur Mitte des Lebens aus und nimmt ab dann einen Verfallsprozess an. Diese Vorstellung steckt auch heute noch bei vielen Menschen im (Hinter-)Kopf: Mit der Lebensphase »Alter« verbinden sich defizitäre Vorstellungen (»im Alter geht's bergab«).

Puzzle

Eine nähere Erläuterung des Puzzle-Bildes findet sich im Lebensbericht von *Gérald Métroz:*[21]

»*Vielleicht ist unsere Existenz wie ein Puzzlespiel und wir müssen alles daransetzen, damit sich sämtliche Einzelteile in der richtigen Reihenfolge zusammenfügen lassen. Fehlt auch nur ein einziges Teilchen, ist das Bild nicht perfekt: So als ob man durch eine idyllische Landschaft spazierte, jedoch mit einer Frau, in die man nicht verliebt ist. Alles muss in Harmonie sein. Am richtigen Ort sein, mit der richtigen Person, im richtigen Gemütszustand ... Diese Einzelteile gibt es bestimmt. Vielleicht verbringen wir unser ganzes Leben damit, sie zusammenzufügen?*«

Maschen

Ein weiteres, eher ungewöhnliches Bild für die Biografie, das eines Pullovers, verwendet Babette Schröder, Hauptfigur in Doris Dörries Roman »Das blaue Kleid«[22]. Sie fragt danach, wie sehr die Art und Weise unseres Lebens und Handelns davon abhängig ist, was wir zuvor in unserer Biografie erlebt und erlitten haben:

»*Wie sehr ist alles, was wir tun, nur Reaktion auf das, was davor war? Fügt sich einfach eine Masche an die andere, die ohne ihre Vorgängerin überhaupt nicht existieren könnte, wie Strickmaschen in einem Pullover?*«

Frühling, Sommer, Herbst und Winter

Die Jahreszeiten bieten eine angemessene Symbolik zur Reflexion des Lebensverlaufes: Frühling, Sommer, Herbst und Winter stellen Metaphern für das Auf und Ab, die Aktivität und Passivität im Leben dar:[23]

Der *Frühling* ist in der Natur eine Zeit des (Wieder-)Anfangs, des Aufbruchs, des Neubeginns. Die Natur unternimmt nach der Winterpause einen neuen Anlauf. Wärme und Licht rufen das Leben aus den kargen Böden, grauen Wiesen und ausgedünnten Wäldern. Die Natur wird wieder bunter, legt sich ein Farbenkleid an, wird lebendiger.

Der Frühling ist in unserer Biografie nicht nur auf Kindheit und Jugend beschränkt, wo sicherlich vieles seinen Anfang nimmt. Durch den ganzen Lebenslauf hindurch zeigen sich immer wieder Aufbrüche.

Auch unser Alltagswissen weiß darum: Im Volksmund spricht man oft abfällig von verliebten alten Menschen und behauptet, sie hätten ihren »dritten Frühling«. Und damit wird angedeutet, ein älterer Mensch habe keinen Frühling mehr zu erleben, sondern sich mit dem Herbst des Lebens zu begnügen.

Immer wieder werden wir in unserem Lebenslauf herausgerufen aus den winterlichen Böden unseres Alltags und herausgefordert, neue Lebens-Versuche zu unternehmen. Diese Herausforderungen anzunehmen bleibt eine beständige Lebensaufgabe, die nicht mit einem bestimmten Lebensalter endet (vgl. Kapitel 5.2).

»Pflegen und wachsen lassen« – so könnte man die Programmatik des *Sommers* umschreiben. Im Frühling wurde gesät und gepflanzt. Nun brauchen die Pflanzen Zeit sich zu entwickeln und zu wachsen. Für die Menschen werden dann zwei Aufgaben wichtig: Zum einen die Sorge um die Pflanze – sie muss gegossen und gedüngt, eventuell gestützt und geschützt werden. Eines kann man jedoch nicht bewirken: Durch das Ziehen am Pflänzchen wird das Wachstum nicht beschleunigt. Eher besteht die Gefahr, das Ganze mitsamt den Wurzeln aus dem Boden zu reißen.

Das Wachsen-lassen-Können fällt uns schwer. Gehen wir doch im Alltag oft vom Anpflanzen und Säen (Frühling) zum Ernten und Einfahren (Herbst) über. *Gilbert Keith Chesterton* weiß: »Fortschritt besteht nicht darin, dass wir in einer bestimmten Richtung unendlich weiterlaufen, sondern dass wir einen Platz finden, auf dem wir wieder eine Zeit lang stehen bleiben können.« Und das kann – in der Biografie wie in der Natur – der »Sommer« sein.

Damit angesprochen ist eine zweite Aufgabe des Sommers: das Loslassen (vgl. Kapitel 5.2). Nicht nur, weil die Natur jetzt allein vorankommen muss. Auch die Hitze des Sommers, die Schwüle sommerlicher Tage lähmt uns, macht uns müde und träge. Die Südeuropäer kennen hier das Ritual der Siesta: Zur sechsten Stunde (sexta hora = Siesta) legen sie die Arbeit und vielleicht auch sich selbst nieder. Gab und gibt es in unseren Biografien auch solche Phasen? Haben sie Platz in einer Aktivitäts-Gesellschaft?

Der *Herbst* ist zunächst einmal die Zeit der Ernte. Das, was ausgesät und gepflanzt wurde, und auch manch anderes, was unter die Aussaat geraten ist, wird nun eingebracht. Das ist aber nicht nur eine Freude, sondern schwere Arbeit. Ernten will geleistet sein, die Früchte fallen einem / einer nur selten in den Schoß.

Zum Herbst gehört auch der Dank für das Geerntete: Der Herbst ist eine Zeit der Feste – Erntedank-, Herbst- und Weinfeste bringen Menschen zusammen. Solche Feste sind Orte der Sinnlichkeit und des ganzheitlichen Wahrnehmens: Bier und Wein, Brot und Käse werden verzehrt und gefeiert. Es riecht nach Bratereien, gebrannten Mandeln und anderen Leckereien. Musik und Lachen sind zu hören. Zu spüren ist vieles – in den Karussells und Fahrgeschäften. Und alles ist bunt und farbenfroh: in der Natur und den Lichtern der Festplätze.

Biografisch gewendet: Der Logotherapeut *Viktor E. Frankl* spricht davon, dass in den herbstlichen Zeiten die Ernte in die »Scheunen des Lebens« eingefahren wird. Auch das ist keine einfache Sache. Oft erkennen wir die Früchte unseres Lebens nur schwer. Sie müssen – um ein anderes Bild zu verwenden – freigelegt und gehoben werden wie Boden-Schätze. Lebenserfahrungen bilden unseren Reichtum, sind eventuell ein Grund zum Feiern.

Selbstständig lernen 5

Es ist möglich, noch einen Schritt weiterzugehen: Die Wirtschaft kennt – analog den vier Jahreszeiten – ein aus vier Phasen bestehendes »Leben« eines hergestellten Produktes (z. B. eines Waschmittels): Erst wird das Produkt entwickelt (z. B. Rezeptur – Frühling), dann wird es produziert (z. B. Waschpulver – Sommer). Nun kann es genutzt werden, d. h. es wird in größerem Umfang hergestellt, vermarktet, verkauft, um Gewinn zu machen (z. B. Markenprodukt mit verschiedenen Produktlinien – Pulver, Tabs, Perls – Herbst). Schließlich wird es im weitesten Sinne entsorgt (z. B. Nachdenken über ein Nachfolgeprodukt – Winter). Auf die Biografie übertragen kann das heißen: Was habe ich in meinem Leben schon alles entwickelt (an Wissen, Fähigkeiten, Haltungen) und Wirklichkeit werden lassen? Und – die Frage für den Herbst – was habe ich davon genutzt, für mich und andere? Wie kann ich die Erfahrungen an andere weitergeben?

Das, was ist, was erarbeitet wurde, geschaffen und geschafft wurde, steht im Herbst im Mittelpunkt der Wahrnehmung, der Freude und des Dankes. Aber neben den sonnigen Herbsttagen, dem »goldenen Oktober«, gibt es auch Zeiten voller Nebel und Düsternis, den »tristen November«. Manche neigen in diesen (Lebens-)Zeiten zu Depression und Lustlosigkeit. Die Laubbäume werfen für die bevorstehende Zeit unnötigen Ballast ab. Die Blätter färben sich erst in bunten Farben, um dann zu Boden zu fallen. Die Tage werden kürzer, das Wetter grauer, die Temperaturen sinken. Im Herbst finden wir auch viele Feier- und Gedenktage, die uns herausfordern, uns mit dem Tod zu beschäftigen: Allerseelen, Volkstrauertag, Totensonntag ... Oft verbunden mit düsterem Wetter stehen wir vor der Tatsache unserer Sterblichkeit und des Todes. Fragen, die uns in unserer Biografie nicht erst am Ende der Lebenszeit beschäftigen werden.

Lange Abende im warmen Zimmer, draußen Kälte und Schnee, Rückzug, bei sich selbst sein, sich erinnern und anderen aus den Erinnerungen erzählen – so kann man in aller Kürze den Winter charakterisieren. Lebensgeschichte und Lebensgeschichten werden einander mitgeteilt. Es ist eine Zeit der Märchen, Mythen und Erzählungen, der Rückbesinnung auf biografische, kulturelle und religiöse Wurzeln. Der Winter ist aber auch eine Zeit des Planens. Das neue Jahr, der neue Frühling kommt. »Was wird kommen?« Pläne werden geschmiedet: Umzugs-, Bau-, Urlaubspläne. Gegebenenfalls gilt es Schwerpunkte zu setzen, wenn nicht alle Pläne auf einmal Wirklichkeit werden können (vgl. Kapitel 5.3).

👁 *Selbstständig lernen 6*

Jahresringe
Der Dichter *Rainer Maria Rilke* schrieb zum Symbol der Jahresringe eines Baumes als Bild für das Leben folgendes Gedicht:[24]

> *Wachsende Ringe*
> *Ich lebe mein Leben in wachsenden Ringen,*
> *die sich über die Dinge ziehn.*
> *Ich werde den letzten vielleicht nicht vollbringen,*
> *aber versuchen will ich ihn.*

Was »Biografie« alles meint

*Ich kreise um Gott, um den uralten Turm,
und ich kreise jahrtausendelang;
und ich weiß noch nicht: bin ich ein Falke, ein Sturm
oder ein großer Gesang.*

Einstellungen zum Lebensverlauf

Hinsichtlich der Wahrnehmung und der Gestaltung der Biografie waren und sind bislang bei vielen Menschen folgende Leitsätze vorhanden – manchmal bewusst, manchmal eher »im Hinterkopf«[25]:

- *»Es geht voran.«* Damit verbindet sich ein lineares Bild vom Lebensverlauf, die Vorstellung eines beständigen »Vorwärts« und »Aufwärts«, quasi eine »biografische Fortschrittsgläubigkeit.«
- *»Ich bin das Opfer meiner Lebensumstände.«* Eine solche Lebenseinstellung ist eher passiv und resignativ. »Die Eltern«, »die Schule«, »die Gesellschaft« bestimmen vermeintlich mein Leben. Die persönlichen Einflussmöglichkeiten werden als gering oder nicht-existent eingeschätzt. »Da kann man eh nix machen.«
- *»Irgendwann ist Schluss mit Lernen.«* Das Lernen ist etwas für Kinder und Jugendliche. Das Erwachsenenalter ist gekennzeichnet durch den Status des Fertig-Seins.
- *»Ich hab's geschafft.«* Eng verbunden mit der vorangegangenen Einstellung steht ein Bild vom Erwachsen-Sein, das durch Stabilität gekennzeichnet ist.

Bezüglich dieser Leitsätze ist aufgrund vielfältiger gesellschaftlicher Veränderungen und sozialwissenschaftlicher Erkenntnisse eine Korrektur notwendig. Dies ist fast allen von uns bewusst. Und die nachfolgenden neuen Leitsätze sind auch schon in vielen Köpfen vorhanden (allerdings oft noch nicht im Herzen angekommen):[26]

- Die jeweilige Biografie ist eine *Mischform* aus Höhen und Tiefen und kreislaufähnlichen Zyklen. Manche Lebensthemen und -fallen holen uns immer wieder ein – wenn auch in unterschiedlichen Konstellationen und auf verschiedenen Niveaus der Selbsterkenntnis.

Bei *Nosrat Peseschkian*[27] findet sich zu diesem Zusammenhang folgender Text:

> 1. Szene: *Ich gehe die Straße entlang.*
> *Da ist ein tiefes Loch im Gehsteig.*
> *Ich falle hinein.*
> *Ich bin verloren ... Ich bin ohne Hoffnung.*
> *Es ist nicht meine Schuld.*
> *Es dauert endlos, wieder herauszukommen.*
>
> 2. Szene: *Ich gehe dieselbe Straße entlang.*
> *Da ist ein tiefes Loch im Gehsteig.*
> *Ich tue so, als sähe ich es nicht.*
> *Ich falle wieder hinein.*
> *Ich kann nicht glauben, schon wieder*
> *am gleichen Ort zu sein.*
> *Aber es ist nicht meine Schuld.*
> *Immer noch dauert es lange, herauszukommen.*
>
> 3. Szene: *Ich gehe dieselbe Straße entlang.*
> *Da ist ein tiefes Loch im Gehsteig.*
> *Ich sehe es.*
> *Ich falle immer noch hinein ... aus Gewohnheit.*
> *Meine Augen sind offen.*
> *Ich weiß, wo ich bin.*
> *Es ist meine eigene Schuld.*
> *Ich komme sofort heraus.*
>
> 4. Szene: *Ich gehe dieselbe Straße entlang.*
> *Da ist ein tiefes Loch im Gehsteig.*
> *Ich gehe darum herum.*
>
> 5. Szene: *Ich gehe eine andere Straße.*

(aus: Nossrat Peseschkian, Wenn du willst, was du noch nie gehabt hast, dann tu, was du noch nie getan hast. © Verlag Herder, Freiburg, 6. Aufl. 2003)

- Wir haben einen großen Freiraum zur *selbstverantwortlichen Gestaltung* unseres Lebens.
- Der technologische und der soziale Wandel machen ein *ständiges Weiterlernen* erforderlich: Neue Wissensbestände sind ebenso anzueignen wie soziale und technische Fähigkeiten.
- Wir können nicht mehr davon ausgehen, jemals angekommen zu sein. Jeder Halt ist »nur« ein Zwischenstopp. Wir sind zu *kontinuierlicher Entwicklung* herausgefordert, was auch einen bestimmten Grad an Unsicherheit mit sich bringt.

Biografien sind nicht immer und nicht allein von Ganzheitlichkeit, Dauerhaftigkeit und Einheitlichkeit geprägt. Vielmehr gehört zur Auseinandersetzung mit dem eigenen Leben(sverlauf) auch die Erfahrung des Fragmentarischen, also Bruchstückhaften: »Biografien konturieren sich von den Grenzen, Unabgeschlossenheiten und Vorläufigkeiten menschlichen Lebens her.«[28] Diese Fragmentarität ergibt sich zum einen aus der vorgegebenen Endlichkeit menschlichen Daseins, zum anderen auch aus den Risiken postmodernen Lebens.

Die Ärztin *Rachel Naomi Remen*[29] berichtet von einem jungen Mann, dem aufgrund einer bösartigen Geschwulst das rechte Bein oberhalb des Knies amputiert wurde. In einer Therapiesitzung fordert sie ihn auf, seine Gefühle zeichnerisch auszudrücken: »Er skizzierte in groben Zügen die Umrisse einer Vase. Mittendurch malte er einen tiefen Sprung. Mit zusammengebissenen Zähnen kratzte er mit einem schwarzem Stift immer wieder über diesen Sprung und zerriss dabei fast das Papier. Er hatte Tränen in den Augen.« Sie hebt seine Zeichnung auf. Dem jungen Mann gelingt es, indem er sich für andere Patienten, die sein Schicksal teilen, engagiert, diese von ihm gezeichnete Fragmentarität seines Lebens/seines Körpers anzuerkennen, ja zu verwandeln: Zwei Jahre später legt die Ärztin ihm das Bild von der Vase wieder vor: »‚Wissen Sie‘, sagte er, ‚eigentlich ist die Zeichnung noch nicht fertig.‘ ... Er nahm den Gelbstift und zog strahlenförmig Striche von dem Sprung in der Vase zu den Rändern des Blattes. Dicke gelbe Striche. ... Er lächelte. Endlich deutete er mit seinem Finger auf den Sprung, blickte mich an und sagte weich: ‚Hier entspringt das Licht.'«

Vor der Herausforderung, mit Brüchen und Fragmenten in Biografien angemessen umzugehen, stehen die Menschen heute in zunehmendem Maße. Denn es ist klar, »dass unser Leben künftig von Brüchen gekennzeichnet sein wird – ganz gleich, ob es sich hierbei um (erzwungene) Berufs-, Orts- oder Arbeitgeberwechsel oder die Trennung von einem Lebens-(Ehe)partner handelt«[30].

👁 *Selbstständig lernen 7*
Im Folgenden möchte ich den Blick auf die Biografie noch »schärfer stellen«. Deswegen befassen sich die nachfolgenden Abschnitte mit
- der Lebensgeschichte und den Lebensgeschichten,
- der Lebenslauf- und Biografieforschung.

Lebensgeschichte und Lebensgeschichten

»Wirklichkeit besteht aus nichts anderem als Geschichten.«[31] Der Begriff »Geschichte(n)« ist im alltäglichen Sprachgebrauch zuweilen negativ besetzt: »Erzähl' mir doch keine Geschichten!« stellt eine Abwertung dar – sowohl der erzählenden Person als auch deren Botschaft. Geschichten gelten als subjektiv, unseriös, unsachlich. Objektivität und Wissenschaftlichkeit sind vermeintlich mit Geschichten nicht erreichbar. In den Sozial- und Humanwissenschaften beginnt man jedoch, Geschichten in ihrer Komplexität und Bedeutung zu entdecken – nicht nur für den Einzelnen, sondern auch für Familien, Gruppen, Unternehmen usw. So wird festgestellt, »dass das gesamte Wissen, das Menschen in ihrem Gedächtnis aufnehmen, behalten und daraus wiedergeben, aus Geschichten besteht, die sich vor dem Hintergrund ihrer persönlichen und sozialen Erfahrungen herausbilden. Diese Geschichten verkörpern die Basis für das Verständnis neuer Erfahrungen, für die Beurteilung von Personen, Objekten und Ereignissen, auf die sie sich beziehen, und für die Entwicklung genereller Haltungen über diese Sachverhalte.«[32]

Lebensgeschichten stellen dabei keine »Lebensberichte« im Sinne objektiver Darstellungen dar. »‚Lebensgeschichte' ist immer schon gedeu-

Was »Biografie« alles meint

tete ‚Rekonstruktion' eines Ereignisses, nicht ein objektives Abbild: als Erlebnis ist das Ereignis mit Deutung versehen, nicht dieses selbst.«[33] (vgl. Kapitel 3.1)
 Hinsichtlich der Art und Weise, wie Lebensgeschichten bislang erzählt wurden, lassen sich Veränderungen beobachten. (Lebens-)Geschichten endeten bislang damit, dass sich einer während ihrer Erzählung (und während ihres Erlebens) aufgestaute Spannung auflöste. Das erzählte Ereignis fand ein abgerundetes Ende. Die Geschichten waren abgeschlossen. Gegenwärtig wird es immer schwerer, Lebensgeschichten mit einem »runden Ende« zu erzählen. Die Geschichten bleiben fragmentarisch und unabgeschlossen. Der »gute Schluss« ist »nur« ein einstweiliges Ende, die Geschichte muss weitererzählt werden. Bedeutsam ist es für jedes einzelne Individuum, welche Art von Geschichten er oder sie über sich selbst erzählt.
 Und nicht nur die Art der Geschichten ist bedeutsam. Die Frage ist auch, ob und inwieweit die Geschichten selbst verfasst sind oder von anderen geschrieben wurden. »Wir können sie durch eigene Geschichten ersetzen, die uns helfen, unseren zukünftigen Lebensweg selbst zu bestimmen.«[34]

👁 *Selbstständig lernen 8*

Eine Möglichkeit, das eigene Leben oder Episoden daraus zu erzählen, stellt die Märchenform dar. Sie erlaubt es uns zum einen, uns selbst als Handelnde (als Subjekt) zu erleben und zu beschreiben. Wir sind der/die Held/in der Geschichte, sind Agierende, nicht Reagierende. Zum anderen gehen wir ein Stück weit in Distanz zu unserem Leben – dadurch dass wir diese »Kunstform« wählen und dass wir nicht in der Ich-Form reden bzw. schreiben, sondern in der dritten Person. So ist es uns möglich, Neues in vertrauten Geschichten zu entdecken.

👁 *Selbstständig lernen 9*

Nicht alle Geschichten, die wir von und über uns erzählen, müssen wahr sein. Dass unser Gedächtnis keine 1:1-Abbildungen speichert, werde ich später noch erörtern (vgl. Kap. 3.1). Es können aber auch richtige Lügengeschichten in unserer Lebensgeschichte auftauchen. Lebenslügen – ob bewusst kreiert oder unbewusst entstanden – sind auch Bestandteil unserer Biografien. Sie schützen uns vor Verletzendem, bewahren unsere Identität, stützen unsere (über-)lebenswichtigen Illusionen.

👁 *Selbstständig lernen 10*

Lebenslauf- / Biografieforschung und Biografische Methode

Die Lebenslauf- und Biografieforschung ist eine inter- oder transdisziplinäre Forschungsrichtung. Das heißt, an ihr sind vielfältige und unterschiedlichste Wissenschaften beteiligt. Aber auch viele Wissenschaftsbereiche profitieren von den beiden, denn sie stellen so etwas wie eine Grundlagenforschung dar.»Biografieforschung konzentriert sich auf die Erhebung und Auswertung von erzählten bzw. berichteten Darstellungen der Lebensführung. Ausgangsmaterialien sind entweder biografische Texte, die durch die Forschungsinstrumente des Wissenschaftlers produziert werden (z.B. durch narrative Interviews) oder Quellen (z.B. Tagebücher, Autobiografien), die in der sozialen Realität bereits vorgefunden werden.«[35] Die Biografieforschung reagiert auf soziale Veränderungen (z.B. das Bröckeln der Normalbiografie) und auf die Tatsache, dass die Differenzierung des Lebens immer weniger große Lösungen zulässt, sondern jeder individuelle Lösungen finden muss. Es gibt immer weniger allgemeingültige Antworten, wie Menschen ihr Leben gut gestalten und Krisen bewältigen können. Vielmehr wächst die Notwendigkeit, die Vorgeschichte unserer Angehörigen, Freunde oder Klienten genau zu betrachten, um ihnen anschließend individuell angemessene Antworten auf ihre Lebensfragen geben zu können.

Eine Vielzahl von Wissenschaften ist an der Biografieforschung beteiligt: Die Soziologie des Lebenslaufes fragt nach den gesellschaftlichen Vorgaben zur Gestaltung von Lebensverläufen. Volkskunde und Ethologie vergleichen die Biografien in unterschiedlichen Kulturen und Völkern. Die Oral History sammelt nicht nur die historischen Fakten, die auch in den Geschichtsbüchern zu finden sind. Sie fragt zusätzlich nach den subjektiven Erfahrungen. Denn Geschichtswissenschaften nehmen den großen historischen Zusammenhang in den Blick. Entwicklungs- und Persönlichkeitspsychologie sowie die Psychoanalyse helfen, die inneren Entwicklungen in Biografien zu verstehen. Sprachwissenschaften, Linguistik und Literaturwissenschaften geben Unterstützung bei der Analyse sprachlich mitgeteilten Lebens.

1.2 Lebensalter und Lebensphasen

Eine Form, den Lebenslauf zu unterteilen, stellt die Einteilung in Lebensalter und Lebensphasen dar. Die folgenden Ausführungen stellen Ihnen die Lebensphasen vor, laden Sie ein, sich dazu Gedanken zu machen und zeigen auf, wie sich die Lebensphasen verändert haben bzw. zu verändern beginnen. Sie finden in diesem Kapitel Anmerkungen
- zur Kindheit
- zur Jugend
- zum frühen und mittleren Erwachsenenalter
- und zum Alter.

Miteinander lernen 11

Landläufig wird der Lebensverlauf in unterschiedliche Abschnitte und Phasen eingeteilt. Wir unterscheiden derzeit grob zwischen Kindheit, Jugend, Erwachsenenalter und höherem Alter. In diesen Lebensaltern zeigen sich bestimmte biologische Entwicklungen, es stellen sich diverse psychische Lebensaufgaben und vonseiten der Gesellschaft werden unterschiedliche Erwartungen an jede/n gerichtet.

Miteinander lernen 12

Kindheit

Die Lebensphase »Kindheit« ist ein »gesellschaftliches Kunstprodukt« (*Neil Postman*). Sie wird erst seit der Renaissance beobachtet. Sie ist dort zum einen entstanden, weil die Kinder nicht mehr natürlich in den Lebensräumen der Erwachsenen aufwuchsen, sondern in pädagogischen Sonderräumen (z. B. Kindergarten, Schule). Zum anderen veränderte sich ungefähr ab diesem Zeitpunkt der Umgang der Erwachsenen mit den Kindern: Die Beziehungen wurden enger und waren durch Einfühlung und Unterstützung gekennzeichnet.

Die Lebensphase »Kindheit« ist seitdem einem beständigen Wandel ausgesetzt. Die aktuelle Situation der Kindheit wird von manchen Sozialwissenschaftlern als Verschwinden, Zerstörung oder Liquidierung der Kindheit umschrieben. Dies wird insbesondere darauf zurückgeführt, dass der Schonraum Kindheit immer kleiner wird. Kindheitsforscher[36] stellen tendenziell folgende Veränderungen im (Er-)Leben der Kinder fest:

- Der Kontakt zwischen den Angehörigen unterschiedlicher Generationen innerhalb der Familie verringert sich – u. a. bedingt durch die gewachsene Mobilität.
- Die räumliche Distanz zwischen den Wohnungen von Spielkameraden nimmt zu, was oft weite Wege zwischen diesen erfordert.
- Kinder, die miteinander spielen, sind zunehmend gleichaltrig.
- Die Orte des Spielens verlagern sich schwerpunktmäßig vom Freien ins Innere, z. B. in Kinderzimmer, Sporthallen oder Freizeiteinrichtungen.
- Die Freizeit der Kinder wird zunehmend von Medien (Fernsehen, Video, Computer) bestimmt.
- Kindliche Streiche werden ungezügelter und gewalttätiger; sie richten sich gegen Freunde und Unbeteiligte.
- Kinder heute bekommen mehr Taschengeld. Sie werden zu eigenständigen Konsumenten.
- Die Kleidung von Kindern ist stark von Modetrends beeinflusst.
- Kinder leiden zunehmend an psychosomatischen Krankheiten wie Kopfschmerzen, Nervosität, Schlafstörungen oder Allergien.
- Bei Eltern herrscht verstärkt »pädagogisches Machbarkeitsdenken« vor: Die Kinder werden gebildet, trainiert …; Fehlentwicklungen und Schwächen müssen eliminiert werden.
- Damit wächst der Einfluss von Pädagogik-Experten.
- Die Eltern erwarten sich von ihren Kindern zunehmend einen möglichst hohen Schulabschluss.

👁 *Selbstständig lernen 13*

Was »Biografie« alles meint

In der Kindheit haben wir unsere Lernhelfer und -begleiter. Das können die (Groß-)Eltern sein, aber auch Geschwister oder gleichaltrige Freunde (so genannte peers). Die Journalistin *Marion Gräfin Dönhoff* nennt folgende Personen und beschreibt die Lernerfolge so:[37]

> *»Ich habe weder von den Eltern noch von den häufig wechselnden Erzieherinnen Wesentliches gelernt, sondern eigentlich nur durch die Atmosphäre des Hauses und von den Leuten, zwischen denen sich unser Leben abspielte. Auch lernte man sehr frühzeitig, mit allen diplomatisch umzugehen, Mentalitäten zu berücksichtigen und seine Argumente so abzustimmen, dass die Ja sagen mussten.«*

👁 **Selbstständig lernen 14**

Jugend

Für die Jugend von heute gibt es eine Vielzahl von Etiketten, die ihr angeheftet werden. So sprechen manche von

- der »verlorenen Generation« *(Heiner Keupp)*
- den »Kindern der Freiheit« *(Ulrich Beck)*
- der »moralischen Generation« *(Gerhard Schmittchen)*
- der »Generation Golf« *(Florian Illies)*
- der »Generation Berlin« *(Heinz Bude)*
- der »Generation Ally« *(Katja Kullmann)*
- der »Netzwerk-Generation« *(Trendbüro)*

Solche und ähnliche Etikettierungen betonen in ihren Beschreibungen der aktuellen Jugend jeweils ganz spezifische Aspekte. Sie werden meistens nur in bedingtem Maße einer umfassenden Beschreibung von Generationen gerecht. Zu welcher Generation gehören Sie?

👁 **Selbstständig lernen 15**

Das »Erwachsen-Werden« – eine zentrale Aufgabe und Funktion der Jugendphase – ist angesichts vielfältiger gesellschaftlicher Veränderungen komplizierter geworden: Es »ist ein Projekt, das in eine Welt hineinführt, die zunehmend unlesbar geworden ist, für die unsere Erfahrungen und unsere Begriffe nicht ausreichen, um eine stimmige Interpretation oder eine verlässliche Prognose zu erreichen«.[38] Hinzu kommt, dass Jugend und Jugendliche auch als Projektionsfläche für die Hoffnungen, Träume und Ängste der Erwachsenen »benutzt« werden.

Der Jugend heute werden folgende Eigenschaften zugeordnet:[39]

- Der »*Aufstand der Person*«: Jugendliche stellen die Person mit ihrer unaufgebbaren Würde in den Mittelpunkt und leisten Widerstand gegen Begrenzungen, unangebrachte Unterordnung und seelische Deformation.
- *Mangelnde gesellschaftliche Beteiligungsmöglichkeiten*: Heutige Jugendliche sehen wenig Chancen, sich auf ihre Art in die Gesellschaft einzubringen, und fühlen sich machtlos.
- Die *autonome Sinnsuche*: Die individuelle Sinngebung bei Jugendlichen erfolgt weitgehend selbstbestimmt. Traditionelle Sinnangebote werden geprüft und gegebenenfalls durch andere Formen der Weltanschauung ergänzt.
- Dabei findet man bei den Jugendlichen *unterschiedliche Identitätsmuster* sicherer und unsicherer Art.

Hatte sich bislang die Lebensphase »Jugend« dadurch ausgezeichnet, dass sie den Jugendlichen einen experimentellen Spielraum bot, sich selbst auszuprobieren und in die Gesellschaft hineinzuwachsen, so hat sich dies grundlegend geändert: Soziale Problemlagen schlagen heute direkt in diesen Lebensabschnitt durch. Insofern sprechen manche Jugendforscher – ähnlich wie bei der Kindheit – schon vom »Verschwinden der Jugend«. Dies wird insbesondere an drei Faktoren festgemacht: So wird der Anteil der Jugendlichen an der Gesamtbevölkerung aufgrund der geringen Geburtenzahlen und vor dem Hintergrund des Anwachsens des Älteren-Anteils immer geringer. Weiterhin ist festzustellen, dass die Jüngeren in großem Umfang vom Arbeitsmarkt ausgeschlossen sind. Und schließlich stellt man auch in den gesellschaftlichen Großorganisationen (Parteien, Kirchen und Wohlfahrtsverbänden) einen Rückgang der Beteiligung Jüngerer fest. Bei den Jugendlichen lassen sich folgende zentralen Grundbedürfnisse feststellen:[40]

- Sie wollen zunächst einmal die *elementaren Lebensbedürfnisse* befriedigt haben.
- Weiterhin ist es für sie wesentlich, ein *authentisches Leben* führen zu können und so unverwechselbar zu werden.
- Das Finden eines *inneren Lebenssinns* ist sehr wichtig für die Jugendlichen (und nicht nur für diese).
- Jugendliche benötigen einen Rahmen *sozialer Anerkennung* und
- sie wollen sich an der *Gestaltung der eigenen Lebenswelt* aktiv beteiligen.
- Dies läuft letztlich auf den zentralen Punkt hinaus: Jugendliche wollen *Subjekt des eigenen Handelns* sein und nicht Spielball anderer.

Übrigens: Das Klagen über die Jugend ist nichts Neues. Bereits im 5. Jahrhundert v. Chr. Geburt stellte der griechische Philosoph Sokrates fest:[41] *»Die Jugend liebt heute den Luxus. Sie hat schlechte Manieren, verachtet die Autorität, hat keinen Respekt vor alten Leuten und plaudert, wo sie eigentlich arbeiten sollte. Die jüngeren Leute stehen nicht mehr auf, wenn ältere das Zimmer betreten, sie widersprechen ihren Eltern, schwätzen vorlaut in der Gesellschaft, verschlingen bei Tisch die besten Happen, legen die Beine übereinander und tyrannisieren ihre Lehrer.«*

Die Jugendzeit war und ist eine Zeit der Erwartungen und Hoffnungen, der Wünsche und Träume. »Mit 17 hat man noch Träume«, sang einst *Peggy March*, und *Hildegard Knef* träumte mit 16: »Für mich soll's rote Rosen regnen«.[42]

Für mich soll's rote Rosen regnen

Mit sechzehn sagte ich still: ich will
Will groß sein, will siegen, will froh sein, nie lügen
Mit sechzehn sagte ich still: ich will
Will alles – oder nichts

Für mich soll's rote Rosen regnen
Mir sollten sämtliche Wunder begegnen

Die Welt sollte sich umgestalten
Und ihre Sorgen für sich behalten

Und später sagte ich noch: ich möcht'
Verstehen, viel sehen, erfahren, bewahren
Und später sagte ich noch: ich möcht'
Nicht allein sein und doch frei sein

Für mich soll's rote Rosen regnen
Mir sollten sämtliche Wunder begegnen
Das Glück sollte sich sanft verhalten
Es soll mein Schicksal mit Liebe verwalten

Und heute sage ich still: ich sollt'
Mich fügen, begnügen – ich kann mich nicht fügen
Kann mich nicht begnügen, will immer noch siegen
Will alles – oder nichts

Für mich soll's rote Rosen regnen
Mir sollten sämtliche Wunder begegnen
Mich fern vom alten neu entfalten
Von dem was erwartet das meiste halten
Ich will, Ich will

(aus: CD 17 Millimeter. Redmoon, 1999)

👁 **Selbstständig lernen 16**

Frühes und mittleres Erwachsenenalter

👁 *Selbstständig lernen 17*

»Lange galt der Erwachsene als der fertige Mensch, der seiner Familien- oder Berufsarbeit nachgeht und sein Wissen und Können an die Jugend als Vorbereitung auf das Erwachsensein weitergibt, in sich ruhend und lebenserfahren.«[43] Wie schon bei den vorangegangenen Lebensphasen diskutiert,

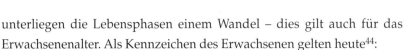

unterliegen die Lebensphasen einem Wandel – dies gilt auch für das Erwachsenenalter. Als Kennzeichen des Erwachsenen gelten heute[44]:

- das Vorhandensein eines ausgeprägten *Selbstvertrauens* bzw. Selbstbewusstseins.
- die Fähigkeit, interessiert und objektiv *zuzuhören*,
- die Fähigkeit, Gefühle angemessen ausdrücken zu können *(Emotionale Intelligenz)*,
- die *Unterscheidungsfähigkeit* zwischen Wichtigem und Unwichtigem,
- das Vermögen, *Dankbarkeit* und Anerkennung äußern zu können,
- das Selbstbewusstsein für die eigene *Autorität*,
- *Kritikfähigkeit* – sowohl beim Senden, als auch beim Empfangen,
- *Reflexionsfähigkeit* über den Sinn des Lebens,
- *Problemlösungsfähigkeit* mit dem Willen, die Probleme selbst zu lösen,
- *Kooperations- und Teamfähigkeit*,
- Achtsamkeit für Sicherheit gebende *Rituale*,
- *Zukunftsorientierung*,
- Aufmerksamkeit für die »*Freuden des Lebens*«,
- *Beziehungsfähigkeit*, insbesondere für intime Bindungen,
- die Fähigkeit, sich abgrenzen und »*Nein*« sagen zu können,
- *Kompromissbereitschaft* und *-fähigkeit*,
- das Vorbereitetsein auf *Veränderungen*,
- die Fähigkeit, die gegebenen Lebenssituationen *in Frage zu stellen*,
- *Fehlerfreundlichkeit*, sich selbst und anderen gegenüber,
- Suche nach *lebensrelevantem Wissen* und lebensdienlichen Ressourcen.

Angelehnt an diese »Qualitätsmerkmale« des Erwachsenseins lassen sich dann spezifische Lernaufgaben für Erwachsene und »solche, die es werden wollen«, ableiten:[45]

- *Geduld*, denn: »Die Entwicklung von dem Menschen, der man ist, zu dem, der man sein wird, braucht Zeit.«
- *Autonomie*, denn: »Wer erwachsen ist, kann akzeptieren, dass er ein eigenständiges, von anderen unabhängiges Wesen ist und dass andere wiederum unabhängig von ihm existieren.«
- *Akzeptanz* des Älterwerdens

- Übernahme von *Verantwortung für sich selbst*
- Sorge für die nachfolgenden Generationen *(Generativität)*
- Hinterfragen der eigenen *Geschlechtsrolle*
- Aus der *Unsicherheit* eine Tugend machen – oder in den Worten *Christa Wolfs*: »Freude aus Verunsicherung« ziehen[46].

Alter

Auch das Alter (wie wir es heute erleben) ist eine historisch junge Erscheinung: Es ist eng mit dem Aufkommen der Erwerbsarbeit verbunden. Durch die Einführung des Wohlstandes wurde eine besondere Bevölkerungsgruppe ausgewiesen, die nicht mehr in den Produktionsprozess der Arbeit eingebunden ist: die Alten.

Die Lebensphase Alter umfasst – je nach Definition – 30 bis 50 Jahre. Da es nur schwer vorstellbar und möglich ist, Menschen einer so breiten Altersspanne »unter einen Hut zu bringen«, wird zwischen einem 3. und 4. Lebensalter unterschieden – und selbst dies erscheint noch als zu undifferenziert.

Das »*3. Alter* meint die Lebensphase, nachdem die Absicherung der Familie und der nachwachsenden Generation erfolgt und man frei von diesen familiären sowie von beruflichen Verpflichtungen ist.«[47] Menschen im 3. Alter gelten als selbständig und aktiv. Sie werden manchmal auch als die »neuen Alten« oder »jungen Alten« bezeichnet. Sie treten selbstbewusst in der Öffentlichkeit auf.

»Das *4. Alter* ist gekennzeichnet durch einsetzende physische und psychische Beschränkungen. Dies reicht von Mangel an Aufgaben über abnehmende Sozialkontakte und gesundheitliche Einschränkungen bis zur Hilfs- und Pflegebedürftigkeit. Menschen im 4. Alter müssen einen großen Teil ihrer Ressourcen für den täglichen Selbsterhalt aufwenden oder sind gar abhängig von anderen, z. B. pflegenden Menschen, zur Bewältigung des Alltags. Menschen in der Situation des 4. Alters sind oft, aber nicht notwendig, hochaltrig.«[48] Personen, die in dieser Lebensphase leben, werden zuweilen auch als »alte Alte« oder »Hochaltrige« bezeichnet. Auch dieses 4. Alter ist äußerst vielgestaltig: Es gibt Unterschiede in den Biografien und Glaubensentwicklungen, in den Voraussetzungen geistiger und materieller Art.

Wie wir unser Alter leben und erleben ist also vom »Leben davor«, unserer Biografie abhängig. So stellt der italienische Philosoph *Norberto Bobbio* fest:[49] »Das Alter ist nicht vom vorhergehenden, übrigen Leben geschieden: es ist die Fortsetzung deiner Jugend, deiner Jahre als junger Mensch, deiner Reifezeit.«

👁 *Selbstständig lernen 18*

Gilt landläufig das Alter insgesamt als eine Phase des Verlustes und der Einschränkung, so werden aus gerontologischer Perspektive – vor allem dem so genannten 3. Alter – spezifische Kompetenzen zugeschrieben:[50]

- Kompetenzen zur *selbständigen Lebensführung*: Hierzu zählt man all diejenigen Fähigkeiten und Fertigkeiten, die z. B. notwendig sind, um autonom im eigenen Haushalt leben zu können.
- *Intergenerative* Kompetenzen: »Hilfe« älterer Menschen für Jüngere. Wenn Senioren z. B. Jungunternehmern helfen, ein eigenes Unternehmen aufzubauen, oder bestimmte Kulturtechniken von Älteren an Jüngere vermittelt werden, dann kommt diese Kompetenz zum Tragen.
- *Intragenerative* Kompetenzen: »Hilfe« älterer Menschen für Gleichaltrige. Solche Kompetenzen finden sich z. B. in Selbsthilfegruppen älterer Menschen oder in so genannten »Seniorengenossenschaften«.
- Kompetenzen für das *Umfeld*, z. B. Nachbarschaft, (Pfarr-)Gemeinde. Die klassische Nachbarschaftshilfe gehört hierher, wenn also z. B. ältere Menschen bei Nachbarkindern babysitten oder für den Nachbarn Gartenarbeiten übernehmen.
- *Gesellschaftliche* Kompetenzen: Ältere Menschen leisten einen Beitrag zum Weiterbestand und zur Fortentwicklung der Gesellschaft und ihrer Netzwerke, wenn sie sich z. B. als Schöffen in Gerichten engagieren.

Neben diesen Kompetenzen werden den älteren Menschen beziehungsweise der Lebensphase Alter auch besondere Potenziale zugerechnet. Zu diesen Potenzialen gehören:[51]

- das Eingehen eines Kompromisses zwischen Lebensplänen und deren (Miss-)erfolg,
- das Akzeptieren der Grenzen des Lebens und das Erkunden neuer Lebenswege,
- die Einordnung und Bewertung biografischer Erfahrung,
- ein vertieftes Urteil über allgemeine Lebensfragen und moralische Probleme,
- ein reifer Umgang mit Lebensproblemen aufgrund der Lebenserfahrung,
- das Zurückstellen eigener Bedürfnisse zu Gunsten anderer,
- eine Konzentration der Planungen und Hoffnungen auf die nahe Zukunft,
- ein Verantwortungsgefühl für andere (Jüngere) und deren Zukunft,
- die Annahme der Endlichkeit der eigenen Existenz,
- die Freude an den »kleinen Dingen des Lebens«,
- eine intensive Beschäftigung mit Fragen der gesellschaftlichen, politischen und kulturellen Zukunft.

Altern heute findet in einem soziokulturellen Klima statt, in dem es keine eindeutigen Vorgaben für »richtiges Altern« mehr gibt. Traditionen und Rollenvorgaben haben auch bezüglich dieser Altersphase an Verbindlichkeit verloren: Alter kann nicht länger durch den Rückgriff auf verbindliche kulturelle Altersbilder, -normen und -modelle, an denen sich alte Menschen in ihrem Handeln orientieren könnten, angemessen gestaltet werden. Diese Lebensphase ist gestaltbar, aber auch gestaltungsnotwendig geworden. Wie der alte Mensch auf Altersprobleme, Entwicklungsaufgaben und gesellschaftliche Herausforderungen reagiert, dafür gibt es keine übergreifende Antworten mehr. Vielmehr müssen diese Aufgaben vor dem Hintergrund des bisher gelebten Lebens angegangen werden. Und deswegen spricht man auch hier von einer Auflösung der Lebensphase Alter. Denn die Lebenssituationen und -formen alter Menschen differenzieren sich so weit auseinander, dass nicht mehr von einem geschlossenen Erscheinungsbild der Alten gesprochen werden kann.

※ *Miteinander lernen 19*

Was »Biografie« alles meint

Der Schriftsteller *Jonathan Swift* formulierte 1719 eine »Hinterlassenschaft«, in der er seine Lebenserfahrung bündelte und als »Selbstverpflichtung, wenn ich alt werde« formulierte:[52]

> »Keine junge Frau heiraten, noch mir einbilden, ich könne von einer jungen Frau geliebt werden. Nicht launisch, mürrisch und misstrauisch werden. Nicht die jeweilige Lebensweise, Denkart oder Mode gering schätzen. Nicht immer die gleiche Geschichte den gleichen Leuten erzählen. Nicht habgierig werden. Schicklichkeit und Sauberkeit nicht vernachlässigen, aus Sorge, abstoßend zu werden. Mit jungen Menschen nicht überstreng sein, sondern für ihre jugendlichen Torheiten und Schwächen Verständnis zeigen. Klatschmäulern weder einen Einfluss einräumen noch Gehör schenken. Niemanden mit guten Ratschlägen belästigen, es sei denn, sie werden ausdrücklich erbeten. Nicht viel reden, erst recht nicht von mir selbst. Nicht mit meinem früheren guten Aussehen, meiner Kraft oder meinen Erfolgen bei Damen usw. prahlen. Nicht auf Schmeicheleien hören. Nicht rechthaberisch und starrköpfig sein. Einige gute Freunde bitten, mich darauf hinzuweisen, wenn ich diese Grundsätze vernachlässige oder breche. Mich dementsprechend bessern und nicht aufhören, nach diesen Grundsätzen zu leben, auch wenn es mir unmöglich vorkommen sollte.«

❊ Miteinander lernen 20

Der Theologe *Alfons Auer* beschreibt folgende Voraussetzungen, um im Alter ein geglücktes Leben realisieren zu können:[53]

- Zum einen gilt es die *Chancen* zu nutzen, die sich im Alter bieten;
- zum anderen steht der alte Mensch vor der Aufgabe, die *Zumutungen*, die an ihn herangetragen werden, anzunehmen und
- schließlich wird geglücktes Leben dadurch Wirklichkeit, wenn man die Erfüllungen dieser Lebensphase *auskostet*.

👁 Selbstständig lernen 21

Ob es angesichts der angezeigten Auflösungstendenzen in den Lebensphasen zukünftig noch sinnvoll ist, von Kindheit, Jugend, Erwachsenenalter und Alter zu sprechen, bleibt offen – auch wenn es nur schwer vorstellbar ist, dass es ein solches Orientierungsmuster einmal nicht mehr geben könnte.

1.3 Biografiearbeit und Biografische Kompetenz

Mit dem biografischen Arbeiten und der sich daraus ergebenden biografischen Kompetenz findet auch der Bildungsbegriff zu einer »Renaissance«.

»Biografiearbeit« findet man in unterschiedlichsten theoretischen und weltanschaulichen Richtungen, z. B.:

- Die »personale Biografiearbeit« beruht auf den Grundaussagen der Logotherapie und der Existenzanalyse.[54]
- Der »astrologischen Biografiearbeit« geht es darum, »den eigenen Lebensfaden chronologisch aufzurollen, um an ihm die verschiedenen astrologischen Techniken ... zu ergründen sowie die Eigenart jeder dieser Techniken und ihr Zusammenspiel zu erfassen«.[55]
- »Biografiearbeit auf anthroposophischer Grundlage« geht davon aus, dass der Lebenslauf eines jeden Menschen bestimmten Gesetzmäßigkeiten unterworfen ist. »Die genaue Betrachtung, was zu bestimmten ‚Knotenpunkten' in Ihrem Leben geschehen ist, womit Sie sich damals beschäftigt haben, kann deshalb als Schlüssel in Entscheidungssituationen genutzt werden. Angewandte Biografiearbeit berücksichtigt darüber hinaus das Wissen vom Karma, so wie es Rudolf Steiner beschrieben hat.«[56]

Der Begriff »Biografiearbeit« wird in einer doppelten Bedeutung verwendet: So meint »biografisches Arbeiten« zum einen die *Beschäftigung jedes einzelnen Menschen* mit der eigenen Biografie, also der persönlichen Vergangenheit, Gegenwart und Zukunft; zum anderen werden mit »biografischem Arbeiten« besondere *Angebote und Handlungsweisen* in der Erwachsenen- und Altenbildung, in Beratung, Pflege und Seelsorge verstanden.

Somit bezeichnet »Biografiearbeit« eine persönliche und eine professionelle Aufgabe. Eine Verbindung zwischen den beiden besteht in jedem Fall darin, dass professionelle Biografiearbeiter/-innen sich intensiv mit ihrer eigenen Biografie auseinander gesetzt haben müssen.

Was »Biografie« alles meint

Biografisches Arbeiten – in beiderlei Verständnis – verfolgt mehrere Ziele bzw. zeigt mehrere Wirkungen:[57]
- Sie bietet *Reflexionsmöglichkeiten* über die Lebensgeschichte, die aktuelle Lebenssituation und mögliche Lebensentwürfe.
- Sie macht *Gemeinsamkeiten* und Unterschiede in den Entwicklungen von Menschen erfahrbar.
- Sie schafft eine *Basis für gemeinsames Lernen* und Handeln.

Durch biografisches Arbeiten wird biografisches Wissen generiert. Dieses Wissen hat unterschiedliche Qualitäten und umfasst Kenntnisse über die eigene, persönliche Welt (1. Ordnung), über die gemeinsame, geteilte Welt (2. Ordnung) und über die gemeinsame Zeit, zum Teil aus zweiter Hand durch Zeitzeugen und Wissenschaften vermittelt (3. Ordnung).

Im Zusammenhang mit dem Begriff »Biografiearbeit« taucht auch immer wieder das »biografische Lernen« auf. Darunter wird ein Dreifaches verstanden:[58]
- das *biografische Lernen* im engeren Sinn, in dem sich der/die Einzelne für sich mit sich selbst beschäftigt. Das Individuum vergewissert sich so seiner selbst, fragt nach Kontinuität, Krisen und Nicht-Gelebtem in seiner Biografie;
- die *biografische Kommunikation*, in der ich im Austausch mit anderen etwas für mich tue. Im Dialog mit anderen (z. B. Familienangehörigen) erfahre ich etwas über mich. Ich werde mir bewusst über gemeinsame und unterschiedliche Prägungen;
- die *biografische Arbeit*: In der Auseinandersetzung mit Zeitdokumenten und Zeitzeugen wird historisches Geschehen gesichert und verdeutlicht, um daraus auch Konsequenzen für die Zukunft ziehen zu können.

Es lassen sich aus meiner Sicht zwei Zielrichtungen für die »Biografische Kompetenz« festmachen: Zum einen meint man damit die Fähigkeiten *einer/eines jeden*, die eigene Biografie überdenken, bewältigen und entwerfend gestalten zu können. Für diese Fähigkeit wird manchmal auch der Begriff »Biografizität« verwendet. Zum anderen gilt sie als eine fundamentale Handlungskompetenz der Männer und Frauen, die in *sozialen Berufen* arbeiten: »Lehren, Beraten oder Lernen ist immer ein Bemühen, biografisch aufgeschichtete Erfahrungen und Bildungsgestalten unter neuen Anforderungen zu transformieren und weiterzuentwickeln.«[59] Dies kann in ausdrücklich biografieorientierten Seminaren geschehen, aber auch in unvorhergesehenen kritischen Seminar-Ereignissen, in denen biografische Erfahrungen eines Teilnehmenden sich unerwartet einen Raum nehmen. Es geht hier also um die professionelle Fähigkeit, mit den Biografien der Zielgruppenangehörigen angemessen umgehen zu können.

Die biografische Kompetenz ist eine Kompetenz – neben acht anderen –, die für die Menschen heute von ausschlaggebender Bedeutung sind. Zu diesen Schlüsselkompetenzen für ein modernes Leben gehören weiterhin:[60]

- *Deutungskompetenz*: Ihre Notwendigkeit ergibt sich vor einem doppelten Hintergrund. Zum einen wird unsere Lebenswelt immer vieldeutiger; zum anderen belegen wissenschaftliche Forschungsergebnisse (vgl. Kap. 3.1), dass wir die Welt nicht objektiv wahrnehmen (können). Wir machen uns Bilder von der Wirklichkeit. Diese Tatsache anzunehmen, das Nebeneinander-Existieren von unterschiedlichen Vorstellungen auszuhalten und sie kreativ miteinander ins Spiel zu bringen, das meint »Deutungskompetenz«.

- *Entscheidungsfähigkeit*: Da unsere Lebenswelt uns einerseits mehr Entscheidungen erlaubt und sie uns andererseits auch abverlangt, erhält die Fähigkeit, Entscheidungen zu treffen und zu kommunizieren, große Bedeutung.

- *Konfliktkompetenz*: Die Ergebnisse unserer Entscheidungen müssen anschließend miteinander ausgehandelt werden – dazu bedarf es der Konfliktkompetenz.

- *Beziehungsfähigkeit*: Im Zeitalter multipler Mobilität – durch Arbeitsplatzwechsel, Globalisierung, Reisemöglichkeiten, moderne Familienkonstellationen usw. entsteht die Notwendigkeit, Beziehungen bewusster und selbstgesteuerter einzugehen, zu gestalten und gegebenenfalls zu beenden. Dies lässt sich mit dem Begriff Beziehungskompetenz umschrieben.

- Persönliche *Fehlerfreundlichkeit*: Diese gewährleistet die notwendige Kreativität, um spielerisch Neues auszuprobieren, anzufangen und dabei auch einmal danebenliegen zu können. Fehler werden als Lernchance verstanden.

- Die Fähigkeit, in *Systemen zu handeln*: Sie wird benötigt, um mit der institutionellen wie persönlichen Umwelt zu leben und zu arbeiten anstatt gegen sie.

- *Transferkompetenz*: Damit gemeint ist die Fähigkeit, aus Informationen persönlich bedeutsames Wissen zu ziehen und Handlungsalternativen zu entwerfen, um Gelerntes in unseren Alltag zu übertragen und Probleme gezielt lösen zu können.

- Die Fähigkeit, sich selbst und andere zu *ermutigen*: Um sich die hier genannten Kompetenzen anzueignen und sie Tag für Tag umzusetzen, benötigen die Menschen vor allem Kraft, Ausdauer und Mut. Da mit den Entscheidungsfreiräumen auch die Möglichkeiten des Scheiterns anwachsen, besteht die Gefahr der Demoralisierung und der Entmutigung. Die Menschen sind herausgefordert, sich selber Quellen der Ermutigung zu erschließen und diese zu kultivieren.

»Biografische Kompetenz« ist keine abschließend zu erwerbende Fähig- oder Fertigkeit. Letztlich kann man sie nicht erlernen wie eine Sprache und auch nicht zertifizieren. Biografische Kompetenz ist im Lebensverlauf stets neu zu erwerben und zu beweisen. Das Schlagwort vom »lebenslangen Lernen« erhält somit eine Bedeutungserweiterung, denn nicht nur fachliche und technologische Erneuerungen machen ständiges Weiterentwickeln notwendig, sondern auch das Voranschreiten im Lebensalter stellt uns vor neue Herausforderungen, die bewältigt werden müssen.

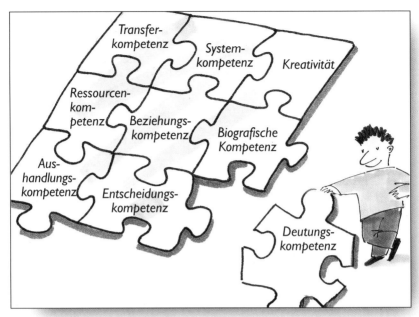

(aus: Klingenberger & Zintl, 2001a, 19)

Selbstständig lernen und miteinander lernen

 1. Miteinander lernen – Kontinent »Biografie«

Nähern wir uns dem (un-)bekannten Kontinent »Biografie«. Wir tun dies angeregt durch ein Buch mit dem Titel »Atlas der Erlebniswelten«[61]. Zu verschiedenen Alltagsbegriffen findet man dort Landkarten von Inseln und Kontinenten (z. B. eine Insel mit dem Namen »Das große Schlemmen«). Diese Ländereien sind durchzogen von Flüssen (z. B. »Geschmack« mit dem Seitenarm »Nachgeschmack«) und Straßen. Man findet dort Städte (z. B. »Frittenbude«), Berge (z. B. »Kleine Nussecke«), Seen (z. B. »Wasser im Mund«) und Landstriche (z. B. »Aufstoßen«). Ähnlich zeichnen wir nun einen Kontinent mit dem Namen »Biografie«:

Auf einem mindestens zwei mal zwei Meter großen Papier wird der Umriss eines Kontinents gemalt. Es bleibt auch noch Platz für vorgelagerte Inseln. Das ist der Kontinent »Biografie«.

Nachdem den Teilnehmern und Teilnehmerinnen das Buch und die Arbeitsweise des »Atlas der Erlebniswelten« vorgestellt wurde, werden sie eingeladen, reihum Städte, Orte, Landstriche, Flüsse oder andere Gestaltungselemente einer Landkarte einzuzeichnen und mit einem biografiebezogenen Titel zu versehen, z. B.

- das Moor des »Vergessens«,
- die Hauptstadt »Entwicklung« oder
- eine Bahnlinie »Zug der Zeit«.

Je nach Gruppengröße können so zwei oder drei Runden ablaufen, in denen die Gruppenmitglieder die Landkarte gestalten.

Zur Auswertung schildern die Teilnehmenden ihre Eindrücke. Das Augenmerk kann auch darauf gerichtet werden, welche Elemente der Landkarte miteinander in Bezug oder im Konflikt stehen.

Die Karte des Biografie-Kontinents sieht dann beispielsweise so aus:

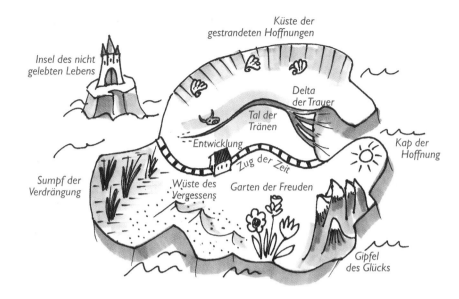

👁 2. Selbstständig lernen – Lebenslauf und Biografie

Nehmen Sie Ihr Lebensbuch zur Hand: Teilen Sie eine oder mehrere Seiten in zwei Spalten auf und schreiben Sie in die linke Spalte einen tabellarischen Lebenslauf (so als ob Sie sich bewerben wollten).

Vielleicht fallen Ihnen nun zu den einzelnen Ereignissen des Lebenslaufs Geschichten und Episoden ein, die sich dazu erzählen lassen. Schreiben Sie zwei oder drei dieser Geschichten in die rechte Spalte – die Biografiespalte!

👁 3. Selbstständig lernen – Lebenslauf-Symbole (1)

Zur Reflexion unserer persönlichen Bilder von der Biografie dient diese Übung: Nachfolgend finden Sie verschiedene Zeichnungen, die den Lebenslauf symbolisieren. Suchen Sie sich ein Symbol aus, das Ihrem Bild von Biografie am nächsten kommt und formulieren Sie dazu einen Leitsatz, wie z. B. »Mit 40 geht's bergab« oder »Das Leben ist wie eine Hühnerleiter…«. Sollten Sie kein für Sie passendes Symbol finden, so malen Sie selbst eines.

Was »Biografie« alles meint

(aus: Bildungswerk der Erzdiözese Freiburg, Älterwerden
(Alternative 1: Mitten im Leben), Freiburg, Eigenverlag, 1993)

Die »Erfinder« der vorgegebenen Symbole beschreiben diese wie folgt:[62]

Lebenstreppe In meiner Kindheit und Jugend ging es steil bergauf, dann kam die ›Höhe des Lebens‹ und schließlich ging es immer mehr bergab.	Spirale Ich bin auf dem Weg nach innen und nach außen – zu mir selbst und zu anderen Menschen.	Jahresringe Wie bei einem Baum legt sich Jahresring um Jahresring. Immer mehr werde ich mir der Mitte bewusst, aus der ich lebe.
Labyrinth Wie in einem Dickicht irre ich ziellos hin und her und suche den Ausweg.	Lebensrhythmen Mein Körper, meine Beziehungen, meine Interessen, meine Stimmung ... alles hat seinen eigenen Rhythmus.	Beziehungen Ich stehe im lebendigen Austausch mit anderen Menschen, mit meiner Umwelt. Ich bin Gebender und Empfangender.
Puzzle Mein Leben besteht aus vielen Einzelstücken, die mal besser, mal schlechter zusammenpassen. Ob sich aus ihnen ein Bild ergeben wird?	Wachstum Meine inneren Kräfte und Begabungen entfalten sich immer mehr, sie können aufblühen und Frucht bringen.	Lebenskrisen Von durchlittenen und durchstandenen Krisen bleiben Verletzungen, aber auch neue Lebenskräfte.
Prägung Vor allem meine Herkunft, die Zeitumstände, die Gesellschaft, in der ich aufgewachsen bin, haben mein Leben geprägt.	Lebensaufgaben Mein Leben ist wie ein Hürdenlauf: ich muss eine Hürde nach der anderen nehmen, um ans Ziel zu kommen.	Stufen Ich gehe von Stufe zu Stufe aufwärts – wie ein Wanderer, der einen hohen Berg besteigt und den Gipfel erreichen will.

 4. Miteinander lernen – Lebenslauf-Symbole (2)

Die voranstehende Übung kann auch in Gruppen eingesetzt werden. Man kann diese Aufgabe auch ohne die Vorgabe der Symbole stellen: Die Teilnehmer/-innen sollen dann ein für Sie stimmiges Symbol auf ein Kärtchen malen und dazu einen Leitsatz formulieren.

So wird dann weitergearbeitet: In Partnerarbeit machen die Teilnehmer/-innen folgende Dialogübung:
A stellt sein Symbol und seinen Leitsatz vor.

Was »Biografie« alles meint

B fragt entweder »Was meinst Du damit?« oder »Welche Erfahrung steckt hinter dieser Ansicht?« Andere Fragen sollten nicht gestellt werden.
A antwortet.
B fragt mit einer der beiden Formulierungen wieder nach.
A entscheidet, wie tief er/sie befragt werden möchte und bricht gegebenenfalls ab. Dann werden die Rollen getauscht.

👁 5. Selbstständig lernen – Mein Lebens-Baum

Der Lebensbaum steht für ein weiteres Biografie-Symbol. Vergrößern Sie sich die folgende Zeichnung und kleben Sie sie in Ihr Lebensbuch. Tragen Sie an die jeweiligen Stellen Ihre Antworten auf die folgenden Fragen ein:

- Was sind meine Wurzeln? Woher komme ich? Was gibt mir Kraft zum Wachsen?
- Was gibt aufrechten Halt?
- Was sind die Früchte meines Lebens? Was konnte ich ernten? Welche Erfolge kann ich feiern?
- Welche »Vögel« sind in meinem Lebensbaum zu Gast?[63]

6. Selbstständig lernen – Jahreszeiten meines Lebens

Kopieren Sie sich mehrfach die nachstehenden Jahreszeiten-Symbole. Schneiden Sie diese aus und kleben Sie die Symbole auf Ihrer Lebenslinie ein, die sie vorher gezeichnet haben – je nachdem, wann in Ihrer Biografie Frühling-, Sommer-, Herbst- oder Winterphasen waren.

7. Selbstständig lernen – Elfchen

Die nachfolgende Anregung bietet Ihnen die Möglichkeit, Ihr Bild von Lebenslauf und Biografie auf den »lyrischen Punkt« zu bringen:

Sie haben sich in den vorangegangenen Ausführungen und Übungen Gedanken zum Thema »Mein Bild von der Biografie« gemacht. Ziehen Sie nun ein persönliches Zwischenfazit mit Hilfe eines Elfchens. So nennt man eine Gedichtform, die aus elf Wörtern besteht und – Sie können aufatmen – sich nicht reimen muss. Folgendermaßen ist ein Elfchen aufgebaut: In der ersten Zeile steht ein Wort, in der zweiten Zeile stehen zwei Wörter, in der dritten Zeile drei und in der vierten Zeile vier Wörter. In der letzten Zeile des Elfchens steht wiederum nur ein Wort. Es ist dasselbe Wort der ersten Zeile. Hier ein Beispiel:

Anfangen
Jeden Tag
Geht's neu los
Das Beste kommt noch
Anfangen!

8. Selbstständig lernen – Lebens-Geschichten

Jede/r erzählt Lebensgeschichten in einer bevorzugten Form. Um sich selbst darüber klar zu werden, welche Geschichten mein Leben bestimmen, beantworten Sie die folgenden Fragen in Ihrem Lebensbuch:[64]

- Welchen Geschichten erlauben Sie Ihr Leben zu regieren?
- Wollen Sie, dass diese Geschichten Ihr Leben regieren?

Und wenn Sie diese Frage verneinen, können Sie sich weiterhin nach Situationen befragen, in denen es Ihnen gelungen ist, aus den Geschichten »auszusteigen«:

- Wann haben Sie sich zum letzten Mal erfolgreich geweigert, der Geschichte zu glauben?
- Wie haben Sie das gemacht, aus der Geschichte »auszusteigen«?
- Wie haben Sie dazu »Nein« gesagt?
- Wer von Ihren Bezugspersonen in der Kindheit, wäre am wenigsten davon überrascht, dass Sie das geschafft haben?

9. Selbstständig lernen – Märchen meines Lebens

Beschreiben Sie Ihr Leben oder eine Episode daraus als Märchen. Achten Sie dabei auf den klassischen Aufbau des Märchen und gliedern Sie Ihr Lebensmärchen nach folgenden Punkten:[65]

- Die Hauptfigur steht vor einem Problem bzw. entwickelt ein Bedürfnis, das sie aus dem vertrauten Leben hinausführt.
- Der/die Held/in versucht, sein/ihr Ziel zu erreichen und gerät so in einen Konflikt oder Kampf.
- Durch das Erreichen des Zieles wird der/die Protagonist/in verändert.

10. Selbstständig lernen – Lebens-Lügen

Nehmen Sie Ihr Lebensbuch zur Hand und schreiben Sie eine Lüge über sich selbst oder Ihr Leben nieder. Diese Lüge kann ihre biografische Vergangenheit, Gegenwart oder Zukunft betreffen.
Malen Sie sich dieses Lügenszenario so genau wie möglich aus. (In der Gruppe können anschließend diese Lügengeschichten einander vorgelesen werden.)[66]

11. Miteinander lernen – Stummer Einstieg

Zur Einführung in das Thema »Lebensalter« werden ohne einführende Worte und unter Verwendung ruhiger Hintergrundmusik Bilder, Karikaturen und Aphorismen auf eine Leinwand projiziert. Dabei können z. B. Zitate aus diesem Buch verwendet werden oder z. B. die folgenden Texte:

- Altwerden heißt sich wandeln. Freiwillig oder nicht. *(Jörg Zink)*
- Das Alter ist nicht die Summe unseres Lebens. Die Zeit gibt und nimmt uns das Leben, wir lernen und vergessen wieder, wir gewinnen und verlieren wieder. *(Simone de Beauvoir)*
- Die großen Leute verstehen nie etwas von selbst, und für die Kinder ist es zu anstrengend, ihnen immer und immer wieder erklären zu müssen. *(Antoine de Saint Exupéry)*
- Die Jugend hat dem Alter viel voraus: Sie birgt in sich das Saatgut ihrer eigenen Zukunft. Doch eines besitzt sie nie: die eingebrachte Ernte eines ausgereiften Menschenlebens.
- Erwachsene sind lernfähig, aber unbelehrbar. *(Horst Siebert)*
- Nur wer erwachsen wird und ein Kind bleibt, ist ein Mensch. *(Erich Kästner)*

 12. Miteinander lernen – Körpersprache der Generationen

Die Teilnehmer/-innen werden aufgefordert, durcheinander durch den Raum zu gehen. Jeweils für die Dauer einer Minute sollen sie dabei gehen wie ein/e Einjährige/r, ein/e Achtjährige/r, ein/e Fünfzehnjährige/r, ein/e Dreißigjährige/r, ein/e Fünfzigjährige/r usw.

 13. Selbstständig lernen – Rückblick in die Kindheit

Die nachfolgenden Fragen helfen Ihnen, sich an die eigene Kindheit zu erinnern. Welchen der nachstehenden Aussagen stimmen Sie (aus eigenen Erfahrungen – welchen?) zu, welchen widersprechen Sie?

- Wir haben früher vor allem draußen gespielt (in Höhlen, Wäldern, an Bächen, Weihern etc.).

Was »Biografie« alles meint

- Unsere Spielkameraden wohnten in unmittelbarer Nähe zu unserem eigenen Wohnhaus.
- Wenn wir früher einmal krank waren, war das meistens nur ein Schnupfen.
- Wir haben mit Naturmaterialien und anderen Spielsachen gespielt, die mehrfach »verwendbar« waren und in unserer Vorstellungskraft unterschiedlichste Dinge darstellen konnten.
- Wir wurden weniger von Experten-Pädagogen erzogen, sondern von »normalen« Menschen mit gesundem Menschenverstand.
- Unsere Streiche waren harmlos und richteten sich nicht gegen Freunde und Unbeteiligte.
- Die Kleidung, die wir trugen, war eher pragmatisch und weniger modeorientiert.
- Wir hatten als Kinder noch intensive Kontakte zu den älteren Generationen in unserer Familie.
- Die Höhe des Schulabschlusses war unseren Eltern nicht so wichtig.
- Wir bekamen als Kinder weniger Taschengeld wie dei Kinder heute und waren deswegen sparsamer.
- Bei uns haben die Eltern über das Taschengeld und dessen Ausgabe gewacht.
- Medien haben in unserer Kindheit kaum eine Rolle gespielt.
- Unsere Eltern haben uns intuitiv erzogen. Ihr Ziel war es, »anständige Menschen« aus uns zu machen, die es einmal besser als sie haben sollten!
- Unsere Spielkameraden früher waren unterschiedlichen Alters.

14. Selbstständig lernen – »Für eine glückliche Kindheit ist es nie zu spät.« (Tom Robbins)

Betrachten Sie Ihre eigene Kindheit! Wie würden Sie diese mit einer Überschrift beschreiben?
Was löst das obige Zitat bei Ihnen aus? Ärger? Zustimmung? Veränderung Ihres Bildes von Ihrer Kindheit? Machen Sie sich Notizen in Ihr Lebensbuch!

15. Selbstständig lernen – Meine Jugend

Überlegen Sie – am besten zusammen mit Freunden –, welche Etikettierung am meisten auf Ihre Generation zutreffen könnte. Berücksichtigen Sie bei einer solchen Etikettierung insbesondere die Erlebnisse und Umstände Ihrer Jugendzeit beziehungsweise Ihr persönliches Erleben der Jugendphase, z. B. »Generation Enterprise« für die, die in ihrer Jugend mit der Fernsehserie Raumschiff Enterprise aufgewachsen sind; »Die Nach-68er-Generation« für diejenigen, die von den Protesten der Studentenbewegung in ihrer eigenen Jugend profitiert haben.

16. Selbstständig lernen – Regen-Wünsche

Was sollte es für Sie regnen, als Sie 16 Jahre alt waren? Machen Sie sich hierzu Notizen in Ihr Lebensbuch!
Was wollen Sie heute?

17. Selbstständig lernen – Er-Wachsen

Diese Übung hilft Ihnen, Ihr Bild vom Erwachsenenalter bewusst zu machen und zu überprüfen:
Bedenken Sie die folgenden Fragen und tragen Sie die Antworten in die nachstehende Grafik ein:
- Wem oder was ist der Erwachsene entwachsen?
- Durch was muss der Erwachsene (durch-)wachsen?
- Was sind die Früchte des Erwachsenenlebens?

Suchen Sie sich eventuell noch eine zweite Person, stellen Sie ihr diese Fragen und tauschen Sie sich über Ihre jeweiligen Antworten aus!

Was »Biografie« alles meint

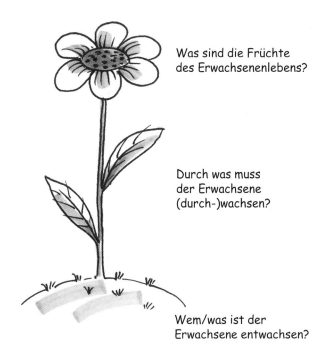

Was sind die Früchte des Erwachsenenlebens?

Durch was muss der Erwachsene (durch-)wachsen?

Wem/was ist der Erwachsene entwachsen?

18. Selbstständig lernen – Die Alters-Galerie

Lassen Sie Ihr Leben vor Ihrem inneren Auge vorbeiziehen und überlegen Sie sich dabei, welche alten Menschen für Sie bedeutsam waren bzw. Sie geprägt haben. Dies kann sowohl in positiver Hinsicht (Vorbild) als auch in negativer Hinsicht sein (»so möchte ich nie werden«). Beschreiben Sie vier dieser prägenden Personen genauer. Vielleicht haben Sie sogar ein Photo von den jeweiligen Personen – dann können Sie es zu den jeweiligen Beschreibungen kleben.

19. Miteinander lernen – Lebens-Faden

In die Mitte eines Stuhlkreises wird ein Wollknäuel oder eine Kordelrolle gelegt. Die Teilnehmer/innen werden gebeten, sich jeweils ein beliebig langes Stück Wolle oder Kordel abzuschneiden. Dieses symbolisiert nun die Lebensspanne zwischen Geburt und Tod.

Jede/r soll nun an der Stelle einen Knoten anbringen, die er/sie als den augenblicklichen Ort im Lebenslauf zwischen Geburt und Tod ansieht. Anschließend tauschen sich die Gruppenmitglieder darüber aus, was diese biografische Verortung bei ihnen auslöst.[67]

 20. Miteinander lernen – Alters-Impulse

Eine zum Tanz einladende Musik wird aufgelegt. Die Teilnehmer/innen werden aufgefordert, sich dazu durch den Raum zu bewegen. Jedes Mal, wenn der/die Spielleiter/in die Musik stoppt, sollen sich die Teilnehmer/innen zu Paaren zusammenfinden und eine der folgenden Fragen beantworten. Nach Beantwortung einer Frage wird die Musik wieder gestartet; bei jedem weiteren Stopp suchen sich die Teilnehmer/innen neue Gesprächspartner/innen.

Folgende Fragen/Impulse können verwendet werden:
- Wie alt fühle ich mich jetzt gerade?
- Wie alt möchte ich werden?
- Wie stelle ich mir mein Leben vor, wenn ich alt bin?
- Worauf freue ich mich im Alter?

 21. Selbstständig lernen – Die Märchenfee

»Neulich trat ein Fräulein an mein Bette und behauptete die Märchenfee zu sein. Und fragte mich, ob ich drei Wünsche hätte, und ich sagte – um sie reinzulegen – Nein!« *(Werner Finck)*

Stellen Sie sich vor, diese Märchenfee würde auch an Ihr Bett herantreten! Welche Wünsche würden Sie ihr sagen, wenn Sie an Ihr Alter denken?

- _____
- _____
- _____
- _____

→ KAPITEL 2

»Das Gleiche ist nicht immer das Gleiche und schon gar nicht dasselbe.« – Was man wissen sollte, wenn man sich mit Biografie(n) beschäftigt

Wenn man sich mit Biografien beschäftigt, sei es mit der eigenen, sei es mit der von Verwandten und Bekannten, sei es mit Biografien von Klientinnen und Klienten, so ist es notwendig und hilfreich, sich über einige Phänomene des menschlichen Lebens und über spezifische Aspekte des Erinnerns und Erzählens Gedanken zu machen. Im Folgenden möchte ich Ihnen hierzu ein paar Anregungen geben:
- zum Erinnern und Erzählen (vgl. Kap. 2.1),
- zum Thema »Gehirn und Gedächtnis« (vgl. Kap. 2.2),
- zu den Begriffen »Generation und Geschichte« (vgl. Kap. 2.3),
- zum Bereich »Gesundheit und Sinn« (vgl. Kap. 2.4)
- zum Thema »Altern und Entwicklung« (Kap. 2.5),
- zum Themenbereich »Kritische Lebensereignisse und Übergänge« (vgl. Kap. 2.6).

2.1 Erinnern und Erzählen

Das Erinnern und das Erzählen von Erinnertem kann bestimmte Wirkungen nach sich ziehen – sei es unter vier Augen, in der Familie oder in Gruppen der Erwachsenenbildung oder der Altenarbeit.

※ *Miteinander lernen I*

Erinnern heißt erstens: *Vergegenwärtigen von Vergangenem*. Im Prozess des Erinnerns wird Vergangenes wieder ganz nahe, gegenwärtig, existenziell bedeutsam. Alte, auch schmerzliche Gefühle können wieder aufgewühlt werden. Erinnern geht zu Herzen, auch bei den Zuhörenden. Vergangenes kann einen so im Positiven wie im Negativen überwältigen. Dabei sind es nicht immer die großen Ereignisse, die uns erinnernd in den Sinn kommen. Es können auch vermeintliche Kleinigkeiten sein, die für uns aber Bedeutung erlangt haben. Dies bemerkt auch der General in *Sandor Marais* Roman »Die Glut«:[68]

»*Die Erinnerung trennt auf wundersame Art die Spreu vom Weizen. Von großen Ereignissen stellt sich nach zehn, zwanzig Jahren heraus, dass sie in einem drin nichts bewirkt haben. Und dann erinnert man sich eines Tages an eine Jagd oder an eine Stelle in einem Buch oder an dieses Zimmer.*«

Sein Gast, mit dem er sich in diesem Roman unterhält, geht sogar noch einen Schritt weiter:[69]

»*Die Einzelheiten sind manchmal sehr wichtig. Sie halten gewissermaßen das Ganze zusammen, verkleben das Grundmaterial der Erinnerung.*«

Erinnern heißt zweitens: *Neuentdecken von Vergangenem*. Gleichzeitig entwickelt sich auch beim Erinnern und Erzählen ein gegenläufiger Prozess: Das Vergangene wird einem nicht nur ganz nahe, vielmehr wird das Vergangene auch aus einer Distanz heraus betrachtet. Indem ich das Erinnerte erzähle, ver-äußere ich es, sehe es aus einer neuen Perspektive, entdecke Neues daran, entwickle eine veränderte Einstellung dazu. Im Erzählen oder Aufschreiben von Vergangenem gehen einem »neue Lichter« auf, weil neue Aspekte gelebten Lebens erkannt werden.

Erinnern heißt drittens: *Entdecken von Ressourcen* und Potenzialen. Vieles, was man in der Biografie einmal gewusst, gefühlt oder gekonnt hat, ist aus verschiedensten Gründen verschüttet oder abgebrochen worden. Das Eintreten einer Krankheit, die Geburt von Kindern oder historische Ereignisse (z. B. Krieg, Vertreibung etc.) haben eventuell dazu geführt, dass Interessen, Freizeitaktivitäten, Hobbies, aber auch Beziehungen nicht weiter gepflegt wurden. Im Prozess des Erinnerns und Erzählens passiert es oft, dass man sich solch verschütteter Ressourcen und Potenziale, Interessen und Beziehungen gewahr wird und eventuell beschließt, diese wieder aufzugreifen und zu pflegen. Das Erinnern wird so zu einer Quelle der Ermutigung.

(Bei einer Abendveranstaltung zum Thema »Hilfe, die Kinder ziehen aus« habe ich mit Eltern, deren Kinder gerade das Haus verlassen, erarbeitet, welche Wünsche und Interessen, Beziehungen und Aktivitäten sie, bedingt durch die Geburt der Kinder zurückstellen mussten bzw. aufgegeben haben. Ziel war es, Anknüpfungspunkte für die bevorstehende »Empty-nest«-Phase zu finden. Die Eltern entdeckten eine Vielzahl von Hobbies und Freizeittätigkeiten, deren Ausübung sie unterbrochen hatten. Sie vereinbarten noch bei dieser Bildungsveranstaltung die Wiederbelebung einiger dieser Interessen.)

Erinnern heißt viertens: *Beklagen von Schmerzhaftem*. Das Erinnern ist nicht nur schön und angenehm. Erinnert werden auch schmerzliche Erlebnisse, die möglicherweise bis in die Gegenwart hinein noch nicht be- und verarbeitet sind.

Hier ist die Fähigkeit des Klagens gefragt. Allerdings fehlt in unserer Gesellschaft eine hilfreiche Klagekultur. Stattdessen sind wir tapfer und still. Oder es wird gejammert. »Warum hab ich das verdient? Noch nie ist mir was gegönnt worden! Wie soll das nur weitergehen?« Während das Jammern den Menschen passiv sein lässt, ist das Klagen ein aktives Tun, es kann sich gegen eine Person oder sogar gegen Gott richten (vgl. die Klagepsalmen oder das Buch Ijob im Alten Testament).

Doch wie kann man vom Jammern zum Klagen kommen? Die Trainerin *Vera F. Birkenbihl*[70] schlägt vor: »Immer wenn Sie sich beim Jammern ... ertappen, dann stellen Sie sich die Frage: Was kann ich konkret tun? Entweder Sie können tatsächlich etwas Intelligentes unternehmen, oder aber Sie entscheiden sich jetzt innerlich, das Thema zu wechseln. Dies ist im Zweifelsfalle das sinnvollste Verhalten, wenn Ihnen kein besseres einfällt.«

Zuweilen bilden auch so genannte K.o.-Fragen den Hintergrund des Jammerns. Diese Fragen beleuchten unser Leben nur auf destruktive

Weise: »Warum gerade ich?«, »Was wird der heutige Tag wohl wieder bringen?«, »Was nutzt das schon?« Solche und ähnliche Formulierungen könnten aus einer »Anleitung zum Unglücklichsein« stammen. Es geht aber darum, die Blickrichtung zu ändern und mit konstruktiven Fragen das Positive zu entdecken:[71]

- Was macht mich jetzt gerade glücklich?
- Was finde ich derzeit aufregend?
- Worauf bin ich stolz?
- Wofür bin ich gerade jetzt dankbar?
- Was genieße ich derzeit am meisten?
- Wofür bin ich derzeit aktiv?
- Wen liebe ich, wer liebt mich?

Trauernde können im Klagen loslassen. Die Klage »ist Sprache gewordene Trauer. Auf eine einzigartige Weise zeugt sie von der Fähigkeit des Menschen, sich im Leid noch mitteilen zu können, sich in der Trauer noch zum Leben hinwenden zu können«.[72] Es bleibt die Herausforderung »Klagen will gelernt sein«.

❋ Miteinander lernen I

Der Dichter *Erich Fried* beschreibt in diesem Zusammenhang die Wirkungen des Erinnerns folgendermaßen:[73]

Vielleicht

Erinnern
das ist
vielleicht
die qualvollste Art
des Vergessens
und vielleicht
die freundlichste Art
der Linderung
dieser Qual

(aus: Es ist was es ist. © 1983, NA 1994, Verlag Klaus Wagenbach Berlin)

Erinnern heißt fünftens: *Betrauern von Nicht-Eingetretenem.* Nicht eingetretene Lebensereignisse (so genannte non-events) sind ebenso Bestandteile unserer Biografie wie gelungene und schmerzhafte Lebensereignisse. Der unerfüllte Kinderwunsch, die nie gefundene Traum-Arbeitsstelle, die nie gemachte Weltreise u. Ä. nehmen einen genauso bedeutsamen Raum ein wie die eingetretenen Lebensereignisse.

👁 *Selbstständig lernen 2 l*

Erinnern heißt sechstens: *Abschließen und Abschied nehmen.* Das Erinnern, Erzählen oder Aufschreiben ermöglicht es auch, unter eine noch nicht abgeschlossene Lebensepisode einen Schlusspunkt zu setzen. Dies sieht so auch der Privatdetektiv in Bernhard Schlinks Roman »Selbs Mord«:

»*Die Geschichten, die das Leben schreibt, wollen ihr Ende, und solange eine Geschichte nicht ihr Ende hat, blockiert sie alle, die an ihr beteiligt sind. Das Ende muss kein Happy-End sein. Die Guten müssen nicht belohnt und die Bösen nicht bestraft werden. Aber die Schicksalsfäden dürfen nicht lose herumhängen. Sie müssen in den Teppich der Geschichte gewoben werden. Erst wenn sie es sind, können wir die Geschichte hinter uns lassen. Erst dann sind wir frei für Neues.*«[74]

Erzählungen haben in der Regel ein Ende; das gehört zu dieser sprachlichen Form. So sind wir auch beim Erzählen von Lebensgeschichten gezwungen, ein Ende zu finden, die Geschichte abzuschließen, eine Sinn zu finden. Und damit wird es uns leichter möglich, das Ganze auf sich beruhen zu lassen. Wir können dann von dieser Episode Distanz oder gar Abschied nehmen. So sagt die Erzählerin in einer Geschichte von *Judith Hermann*:

»*Ich will die Geschichten erzählen, hörst du! ... Die alten Geschichten, ich will sie erzählen, um aus ihnen hinaus und fortgehen zu können.*«[75]

Erinnern heißt siebtens: *Entwerfen und Planen.* Das Erinnern und Erzählen hat auch eine Bedeutung für die persönliche Zukunft. Aus dem Betrachten der Vergangenheit kann man Neues und Zukünftiges entwerfen und planen. Wie bereits bei der Begründung des biografischen Arbeitens erwähnt: Menschen leben u. a. dann sinnerfüllt und gesund, wenn sie der Vergangenheit einen Sinn zumessen können, die Gegenwart als gestaltbar erleben und Zukunftspläne besitzen, die sie als lohnenswert erachten. Somit leisten Erinnern und Erzählen einen wichtigen Beitrag zur Gesundheitsförderung (vgl. Kap. 2.4).

Erinnern heißt achtens: *Zusammenwirken von Kopf und Herz*. Beim Erinnern kommen Gefühl (Herz) und Verstand (Kopf) in einen engen Kontakt. Und auch der Körper spielt dabei eine wichtige Rolle. Wir können uns in aller Regel nicht erinnern, ohne dabei Gefühle zu haben. Dabei ist es wichtig zu wissen: Die Menschen verfügen offenbar über unterschiedliche Gedächtnisse (vgl. auch Kap. 2.2):

- ein kognitives Gedächtnis, in dem Wissensbestände »abgespeichert« werden,
- ein emotionales Gedächtnis, in dem Gefühle »aufbewahrt« werden,
- ein Körpergedächtnis: Bestimmte Episoden oder Ereignisse können an Körperregionen und -teilen »verankert« sein. (So erzählte in einem Seminar eine etwa sechzigjährige Frau, ihre Tochter habe ihr einen Rucksack – statt Handtasche – geschenkt, den sie aber nicht tragen könne, da bei ihr dann unangenehme Gefühle auftreten würden. Im Laufe des weiteren Gespräches erinnerte sich die Frau daran, dass sie einen Rucksack zuletzt in der Nachkriegszeit trug, als sie hungerten und Essen »organisieren« mussten. Gefühle der Not und des Hungers waren hier also quasi am Rücken verankert und wurden durch das Tragen des neuen Rucksacks wieder aktiviert.)

Das Zusammenwirken von kognitivem und emotionalem Gedächtnis, ja das Überlagertwerden von sachlichen Erinnerungen durch Gefühle, kommt beispielsweise zum Tragen, wenn ältere Menschen über ihre Erfahrungen zur Zeit des Nationalsozialismus (z. B. in der Hitlerjugend) groteskerweise ins Schwärmen kommen. Sie wissen, dass dies ein Unrechtssystem mit enormer mörderischer Maschinerie war. Sie haben aber auch die emotionale Erinnerung an Abenteuer und Geborgenheit in den Jugendorganisationen der Nazis. Beide Bewusstseinsinhalte stehen nebeneinander und können sich überlagern.

Was man wissen sollte, wenn man sich mit Biografie(n) beschäftigt

Wegen dieses Zusammenwirkens von Gefühl und Verstand wird die Notwendigkeit offenbar, Mehrdeutigkeiten auszuhalten: Es geht nicht nur darum, innerhalb einer Familie, Gruppe usw. unterschiedliche Erfahrungen und Wirklichkeiten nebeneinander stehen zu lassen. Vielmehr müssen wir auch auszuhalten lernen, dass es in uns selbst unterschiedliche Bewertungen und Einschätzungen geben kann.

Erinnern heißt neuntens: *die eigene Identität festigen*. Unsere Lebensgeschichte besteht aus Lebensgeschichten. Und diese Geschichten sind »untrennbar mit ihrem jeweiligen Erzähler und dessen Identität verbunden ... Wesentlichen Anteil an erinnerten Ereignissen hat dabei das Selbstbild des Erzählers. Geschichten können daher nicht nur komplexe Kontexte über Sachverhalte, sondern auch über die Erzähler abbilden.«[76] Dies wird in einer Zeit der Umbrüche (gesellschaftliche ebenso wie persönliche – z. B. in der Lebensmitte oder im Alter) sehr bedeutsam, weil das Erinnern der eigenen Wurzeln und der eigenen Entwicklung einen existenziell stabilisierenden Faktor darstellt.»Du bist das, was du erinnerst«.[77]

Dass das erzählte und das gelebte Leben nicht immer identisch sein müssen, findet sich auch im folgenden Textauszug. Die Erzählerin in *Monika Marons* Roman »Endmoränen«[78] befasst sich aber auch mit ihrer Identität, die gestärkt wurde durch die Entscheidungen, die sie (nicht) getroffen hat:

»Ich führte ein Doppelleben, ein wirkliches und ein erzähltes, wobei sich das eine vom anderen kaum unterschied, nur verstand ich, was ich erlebt hatte, erst, indem ich es erzählte oder mir vorstellte, was geschehen wäre, hätte ich die jeweils andere Entscheidung getroffen oder wäre ich nicht Achim, sondern einem anderen Mann begegnet oder in einer anderen Stadt geboren oder auf dem Land; und ob ich dann die gleiche Person geworden wäre oder eine andere, in die Achim sich gar nicht hätte verlieben können.«

Erinnern heißt zehntens: *Gemeinschaft stiften*. Das Erinnern und Erzählen in Gruppen kann vielfach gemeinschaftsstiftend wirken.»Geschichten, die uns in unserem tiefsten Innern berühren, rütteln uns wach und wecken ein Gefühl von Zusammengehörigkeit.«[79] Menschen werden sich

65

so ihrer (gemeinsamen) Herkunft, ähnlicher Entwicklungen und Schicksale bewusst. Das Erzählen einer Person löst ergänzende Erzählungen vieler anderer Personen aus. Zusammenhalt und Solidarität zwischen den Menschen hat im Erinnern und Erzählen wichtige Fundamente.

So schreibt der Autor *Sten Nadolny* in seinem Roman »Selim oder die Gabe der Rede«:

»*Wer eine Geschichte zu erzählen hat, ist ebensowenig einsam wie der, der einer Geschichte zuhört. Und solange es noch irgendjemand gibt, der Geschichten hören will, hat es Sinn so zu leben, dass man eine zu erzählen hat.*«[80]

Erinnern heißt elftens: *Wertvolles weitergeben*. Durch das Erinnern und Erzählen wird an jüngere Generationen Wichtiges und Wesentliches weitergegeben. In den Erfahrungen älterer Menschen kommt Lebenswissen zum Vorschein, das Jüngeren vielleicht als Orientierungshilfe dienen kann (vgl. Kap. 2.5).

2.2 Gehirn und Gedächtnis

Zum besseren Verständnis der Vorgänge beim Einspeichern und Erinnern ist es nützlich, einiges über das Gedächtnis und die »hardware«, das Gehirn, zu wissen.

Im Zusammenhang mit der Funktionsweise von Gehirn und Gedächtnis werden immer wieder Vergleiche mit der Arbeitsweise eines Computers bemüht. Ich halte diese Vergleiche bezüglich mindestens zweier Punkte für irreführend: Zum einen bleiben Gedächtnisinhalte im Gegensatz zu den Speicherinhalten des Computers nicht stabil, sondern sie unterliegen ständigen Veränderungen. Zum anderen lässt sich im Unterschied zum Computer im Gehirn kein eindeutiger Speicherort (analog zur lokal bestimmbaren Festplatte) finden: Das Gedächtnis lässt sich nicht auf einzelne Hirnregionen eingrenzen. Vielmehr ist es eine Funktion bzw. ein Produkt des ganzen Gehirns, an dem viele Regionen beteiligt sind. Erinnerungen oder Gedächtnisinhalte sind also nicht an einem Ort im Gehirn lokalisierbar. Es bestehen viele Vernetzungen und Querverbindungen: »Erinnerungen sind tief verwurzelt in vor- und außersprachlichen Sinneseindrücken, die untereinander verwoben sind: Gerüche lassen Bilder wieder aufleben, der Geschmack ein Gefühl, Töne und Stimmen gehen mit Bildern einher, Bilder bringen Orte in Erinnerung, Dinge eine Zeit. Sie können deshalb an unerwarteten Stellen als wiederkehrende Erinnerung hervorbrechen, solange sie unverarbeitet sind.«[81]

Aus Krankheitsgeschichten wissen wir, »dass vordere und seitliche Teile der Großhirnrinde für die autobiografische Erinnerung unerlässlich sind«. Sie sind unverzichtbar für unsere persönliche Selbstvergewisserung, für Aufbau und Kontinuität unserer Identität. Auch die Hirnhälften erfüllen unterschiedliche Funktionen: »Die rechte Hirnhälfte holt alte persönliche Erinnerungen aus dem Fundus, die linke Allgemeinwissen.« Emotional Bewegendes und persönlich Betreffendes werden im autobiografischen Speicher der rechten Hirnhälfte aufbewahrt. »Erst Wiederholung und nachfolgende Darbietung in anderen Zusammenhängen verallgemeinern autobiografisches Wissen. Es verliert dabei die persönliche Note, wird auf die linke Großhirnrinde übertragen.«[82]

Hiermit ist schon angesprochen, dass sich das Gehirn aus unterschiedlichen Speichersystemen zusammensetzt:

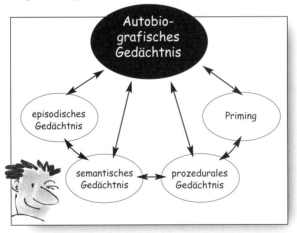

(nach: Harald Welzer, Das kommunikative Gedächtnis,
© Verlag C. H. Beck, München)

- Das *episodische Gedächtnis* beinhaltet alle persönlichen, mit Raum- und Zeitangaben fixierten Erlebnisse. Diese Ereignisse können wir quasi »vor dem inneren Auge« wieder abrufen.
- Das *semantische Gedächtnis* oder Wissenssystem speichert allgemeine, weniger emotionale Fakten, die nichts mit unserer persönlichen Geschichte zu tun haben müssen. Zur praktischen Unterscheidung: Wir mögen wissen, dass die Mona Lisa im Louvre hängt (mit unserem semantischen Gedächtnis). Aber nur diejenigen, die schon einmal dort waren, können sich erinnern, wie sie vor dem Gemälde standen und es bewunderten (das speichert das autobiografische Gedächtnis).[83]
- Im *prozeduralen Gedächtnis* sind Handlungs- und Bewegungsabläufe abgespeichert. Sie werden beim Abruf automatisch umgesetzt.
- »*Priming* heißt jener Gedächtnisvorgang, bei dem Sinneseindrücke wie Farben, Gerüche oder Formen unterschwellig registriert, bearbeitet und gespeichert werden.«[84]

Das autobiografische Gedächtnis fußt auf diesen vier Säulen. Zwar misst es dem episodischen Gedächtnis für die Lebensgeschichten eine besondere Bedeutung zu, aber das autobiografische Gedächtnis stellt ein übergeordnetes System dar, »das sich im Wechselspiel von episodischen, semantischen, prozeduralen und Priming-Gedächtnisfunktionen herausbildet und erhält«[85].

Der Eingang in diese hochkomplexen Systeme ist eher eng, die Zugänge sind schmal, d. h. die Zugänge zu den großen Reservoirs können schnell versperrt bzw. verschlossen werden. Maßgebend und weichenstellend für Abspeichern und Erinnern sind die mit den Inhalten in Verbindung stehenden Gefühle: Bewegendes wird leichter abgespeichert. Aktuelle Stimmungen fördern das Erinnern ähnlich stimmungsgeladener Inhalte.

Erinnerungen setzen sich aus Mosaiksteinen zusammen: »Erinnern ist eine imaginative Rekonstruktion in der Gegenwart, weshalb kein Mensch ein originalgetreues Abbild der Vergangenheit bekommt. Je öfter ein bestimmtes Erlebnis aus dem Gedächtnis gefischt wird, desto stärker weicht die Erinnerung von der Originalerfahrung ab. Der Abruf fällt umso leichter, je stärker unsere momentanen Wahrnehmungen denen ähneln, die es zu erinnern gilt.«[86] Die Erinnerung ist auch insofern selektiv, als Erfahrungen und Situationen unterdrückt oder überformt werden, insofern diese unser Selbstwertgefühl beeinträchtigen können.

Es gibt also auch »falsche Erinnerungen«. Diese können schon beim Einspeichern entstehen, aber auch beim Abrufen auftreten. »Wir müssen wohl davon ausgehen, dass ein Teil dessen, was wir für unsere Vergangenheit halten, falsche Erinnerungen sind, die wir selbst aktiv konstruiert oder rekonstruiert haben.«[87] Quellen solcher »fehlerhafter Erinnerungen« können Bücher, Filme oder Erzählungen sein, deren Inhalte in die eigene Lebensgeschichte übertragen werden.

Der Entwicklungspsychologe *Jean Piaget* berichtet von einer solch »falschen Erinnerung«:[88]

»Eine meiner ältesten Erinnerungen würde, wenn sie wahr wäre, in mein zweites Lebensjahr hineinreichen. Ich sehe noch jetzt mit größter visueller Genauigkeit folgende Szene, an die ich noch bis zu meinem 15. Lebensjahr geglaubt habe: Ich saß in meinem Kinderwagen, der von einer Amme ... geschoben wurde, als ein Kerl mich entführen wollte. Der gestraffte Lederriemen über meiner Hüfte hielt mich zurück, während sich die Amme dem Mann mutig widersetzte (dabei erhielt sie einige Kratzwunden im Gesicht, deren Spuren ich noch heute vage sehen kann). Es gab einen Auflauf, ein Polizist mit kleiner Pelerine und weißem Stab kam heran, woraufhin der Kerl die Flucht ergriff. Ich sehe heute noch die ganze Szene, wie sie sich in der Nähe der Metro-Station abspielte.

Doch als ich 15 Jahre alt war, erhielten meine Eltern einen Brief jener Amme, in dem sie ihren Eintritt in die Heilsarmee mitteilte und ihren Wunsch ausdrückte, ihre früheren Verfehlungen zu bekennen, besonders aber die Uhr zurückzugeben, die sie als Belohnung für diese – einschließlich der sich selbst zugefügten Kratzspuren – völlig erfundene Geschichte bekommen hatte. Ich musste also auch als Kind diese Geschichte gehört haben, an die meine Eltern glaubten. In der Form einer visuellen Erinnerung habe ich sie in die Vergangenheit projiziert. So ist die Geschichte also eine Erinnerung an eine Erinnerung, allerdings an eine falsche. Viele echte Erinnerungen sind zweifellos von derselben Art.«

In Verbindung mit solchen »falschen Erinnerungen« steht oft eine »Quellenamnesie«: Mit diesem Begriff umschreibt man das Phänomen, dass eine Geschichte zwar richtig wiedergegeben wird, dass man sich aber in der Quelle der Geschichte täuscht und sie so z. B. dem eigenen Erleben zuordnet. So hat beispielsweise der frühere amerikanische Präsident *Ronald Reagan* eine dramatische Kriegsgeschichte immer wieder zum besten gegeben, die aber nachweislich aus einem Kriegsfilm stammte.

Schließlich gibt es noch das Phänomen der »Konfabulation«: Werden Lebensgeschichten immer wieder erzählt, so kann es passieren, dass Teile der Erzählung hinzugedichtet und ausgeschmückt werden – allerdings nicht in bewusster Absicht des/der Erzählers/in. Er/sie meint, die Geschichte »objektiv« wiederzugeben.

Diese Eigenarten unseres Gehirns und unseres Gedächtnisses seien abschließend an einem Beispiel erläutert: Ein Mann angelt einen Fisch (Ereignis). Dieses Ereignis wird (z. B. weil es sein erster Fang war) in besonderer Weise erlebt. Beim Einspeichern dieses Erlebnisses kommen längerfristige Faktoren (z. B. Selbstbild, emotionale Grundgestimmtheit) zum Tragen, die den Gedächtnisinhalt schon hier überformen können. Dass Gedächtnisinhalte nicht unberührt und unverändert »lagern«, sondern im dynamischen Gehirnsystem sich wandeln können, war bereits Thema. So wird der Gedächtnisinhalt von Ereignissen und Entwicklungen beeinflusst, die sich seit dem Einspeichern vollzogen haben (z. B. mangelnder Fangerfolg). Schließlich bestimmt das Publikum, vor dem wir eine biografische Episode erzählen, den Inhalt (und das, was nicht erzählt wird) mit.

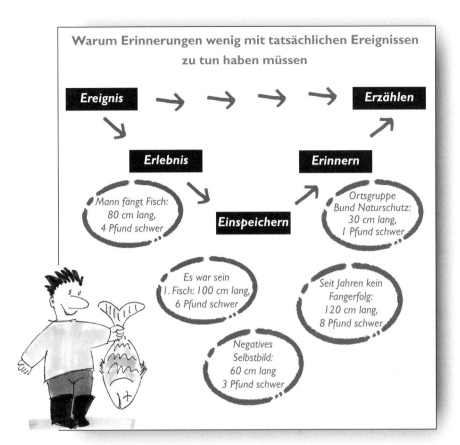

(aus: Klingenberger & Zintl, 2001, 32)

2.3 Generation und Geschichte

Heute leben nicht mehr drei Generationen zeitgleich nebeneinander oder miteinander. Vielmehr geht man angesichts der gestiegenen Lebenserwartung davon aus, dass in unserer Gesellschaft fünf bis sechs Generationen gleichzeitig leben: Kinder, Jugendliche/junge Erwachsene, mittlere Erwachsene, junge Alte und Hochbetagte. Die mittleren Erwachsenen werden dabei oft als »Sandwich-Generation« bezeichnet, weil sie im Notfall zum einen Kinder und Enkel und zum anderen Eltern und Großeltern mitversorgen kann/muss. Das Nebeneinander- oder Zusammenleben der Generationen wird mit dem Stichwort »Gleichzeitigkeit des Ungleichzeitigen« beschrieben. Damit meint man, dass Angehörige verschiedener Generationen ihre Welt und ihre Zeit vor ihrem jeweils besonderen Erfahrungshintergrund unterschiedlich wahrnehmen, erleben und deuten. Dies kann zu Reibungen führen – dies kann aber auch kreativ miteinander ins Spiel gebracht werden. Man spricht dann von der »Begegnung der Generationen«. Diese Begegnung der Generationen kann auf unterschiedliche Art und Weise ermöglicht werden. Eine Möglichkeit ist die »Intergenerative Erinnerungsarbeit«: »Mit Hilfe dieser Methode kommen Generationen miteinander in Kontakt und das Verständnis füreinander wird gefördert.«[89]

※ *Miteinander lernen 4*

Biografisches Arbeiten verfolgt also auch das Ziel, Begegnungen zwischen den Generationen zu ermöglichen.

Folgende Generationen lassen sich unterscheiden:[90]
- die 1. Weltkrieg-Generation (geboren 1904–1909)
- die Zwischenkriegsgeneration (geboren 1910–1919)
- die Frontgeneration (geboren 1920–1929)
- die Aufbaugeneration (geboren 1930–1939)
- die 68er-Generation (geboren 1940–1949)
- die »Müsli-Generation« (geboren 1950–1959)
- die Krisen-Generation (geboren 1960–1969)

Für die danach folgenden Generationen haben sich noch keine wissenschaftlich abgesicherten Bezeichnungen etabliert. Mehr oder weniger ernst gemeinte Selbst-Reflexionen von Angehörigen der nachfolgenden Generationen bezeichnen sich selbst als »Generation Golf« oder »Generation Ally«.

Die Aufzählung macht deutlich: Biografisches Arbeiten ist untrennbar mit der Geschichte verbunden, denn Biografien realisieren sich unter historischen Bedingungen. Diese wiederum sind von den Individuen mitgestaltet. Oder in den Worten *Lutz Niethammers:* »Die Menschen

Was man wissen sollte, wenn man sich mit Biografie(n) beschäftigt

machen die Geschichte nicht aus freien Stücken, aber sie machen sie selbst.«

👁 Selbstständig lernen 5

Kurzer historischer Überblick

Historisches Ereignis	Zeit	Persönliches Ereignis
»Wilhelminische Ära«: Militaristische Tendenzen; Verhinderung demokratischer Entwicklungen; Verbot der deutschen Sozialdemokratie, Aufstieg zur stärksten europäischen Industrienation; zunehmende Verstädterung; Stimmung des »Fin de Siecle«, Kulturkritik und Kulturkampf	1870–1918	
Erster Weltkrieg: 2,7 Millionen Tote	1914–1918	
Russische Revolution	1917	
Weimarer Republik: Regierungs- und Wirtschaftskrisen; Rechts-Wendung des Bürgertums; Entdeckung von Insulin und Penizillin; Tonfilm und Fernsehen; »Goldene Zwanziger« in der Kultur- und Kunstwelt; vielfältige wissenschaftliche Aktivitäten	1919–1933	
Hitler-Putsch in München	1923	
Weltwirtschaftskrise	1929/30	
»Drittes Reich« beginnend mit der Machtergreifung Adolf Hitlers (1933): Gleichschaltung, Verbot von Parteien und Gewerkschaften; »Völkischer Rechtsstaat«; Nationalsozialismus: Antisemitismus, Idee vom »Herren-Volk«, Führerglauben, »Blut-und-Boden«-Ideologie, »Deutsche Kirche« versus »Bekennende Kirche«; Durchführung der ersten künstlichen Kernspaltung	1933–1945	
»Anschluss« Österreichs	1938	
Annexion der Tschechoslowakei	1939	
Zweiter Weltkrieg: »Wehrwirtschaft«, »Endlösung der Judenfrage«, »Ausmerzung lebensunwerten Lebens«	1939–1945	
Kapitulation des Deutschen Reiches: 55 Millionen Tote, 35 Millionen Verwundete, 3 Millionen Vermisste; Beginn der Entnazifizierung, Reparationen und Demontagen	1945	

Historisches Ereignis	Zeit	Persönliches Ereignis
Ausgleich der wirtschaftlichen Kriegsfolgen durch den allgemeinen technisch-industriellen Fortschritt; Umsiedler, Flüchtlinge und Vertriebene; Zulassung von Parteien und Neubildung der Länder; Weiterentwicklung der Kern- und Waffentechnik	1945–1955	
Europäisches Wiederaufbauprogramm der USA (»Marshall-Plan«)	1947	
Währungsreform, Berlin-Blockade	1948/1949	
Grundgesetz der Bundesrepublik Deutschland, Ende der Berliner Blockade; 1. Bundestagswahlen, Adenauer wird Bundeskanzler, Heuss Bundespräsident; Verfassung der DDR; Teilung Deutschlands	1949	
2. Bundestagswahl; Aufstand in der DDR am 17. Juni	1953	
Bundesrepublik Deutschland wird souverän; NATO-Beitritt, Kriegsgefangene kehren aus Russland zurück.	1955	
Wirtschaftlicher Aufschwung durch die »freie Marktwirtschaft«: »Wirtschaftswunder«, Wiederaufbau in Stadt und Land	1955–1965	
Bundeswehr wird mit Atomwaffen ausgerüstet.	1958	
Wirtschaftliche Hochkonjunktur	1960–1966	
Mauerbau in Berlin	1961	
Kalter Krieg	1961–1975	
Spiegel-Affäre	1962	
Zweites Vatikanisches Konzil der Katholischen Kirche	1962–1965	
Erhard wird Bundeskanzler, Berlin-Rede J. F. Kennedys	1963	
Große Koalition; bemannte Raumfahrt; allmählich beginnende Technisierung und Computerisierung der Lebenswelt; Zuwanderung ausländischer Arbeitnehmer/innen	1965–1975	
Wirtschaftskrise: steigende Preise; Kiesinger wird Bundeskanzler	1966	
Erste Studentenunruhen; erste Annäherungen zwischen Bundesrepublik D und DDR	1967	
Außerparlamentarische Opposition; Ausweitung der Studentenunruhen; Verabschiedung der Notstandsverfassung	1968	

Historisches Ereignis	Zeit	Persönliches Ereignis
Brandt wird Bundeskanzler; sozialliberale Koalition, erste Mondlandung	1969	
Brandts Besuch in Warschau und Ehrung der Opfer des Warschauer Ghettos	1970	
Transitabkommen zwischen Bundesrepublik D und DDR; Misstrauensvotum gegen Willi Brandt	1971	
Grundlagenvertrag zwischen Bundesrepublik D und DDR; Olympische Spiele in München (Attentat), Radikalenerlass	1972	
Ölkrise; Aufnahme der Bundesrepublik D und der DDR in die UNO	1973	
Schmidt wird Bundeskanzler	1974	
Anschläge der Roten Armee Fraktion (RAF) auf Buback, Ponto und Schleyer; Flugzeugentführung in Mogadischu; Stammheim-Selbstmorde	1977	
Anti-Atomkraft-Bewegung	1979	
Demonstrationen gegen NATO-Doppelbeschluss	1981	
Kohl wird Bundeskanzler	1982	
Grüne erstmals im Bundestag	1983	
Öffnung der Grenze zwischen Bundesrepublik D und DDR nach Massenausreisen	1989	
(Wieder-)Vereinigung Deutschlands 1. Golfkrieg: UN-Truppen befreien Kuwait; Zerfall der UdSSR	1990	
Schröder wird Bundeskanzler: Ende der »Ära Kohl«	1998	
Krieg im Kosovo	1999	
BSE-Skandal	2000	
Terroristischer Anschlag islamischer Fundamentalisten auf das World Trade Center in New York	2001	
2. Golfkrieg: USA und Großbritannien marschieren in den Irak ein	2003	

Mit Blick auf die deutsche Vergangenheit und unter biografischer Perspektive ist festzustellen, dass die Zeit des Nationalsozialismus für die Generation der heute 70- bis 85-Jährigen einen wichtigen Bezugspunkt und Kern ihrer biografischen, politischen und sozialen Identität bildet.[91] Sowohl sozialwissenschaftliche Untersuchungen als auch Erfahrungen in der praktischen Biografiearbeit mit älteren Menschen dieser Generation werfen ein zwiespältiges Licht auf die Bewältigung dieser Vergangenheit: Denn zum einen wird von ein und denselben Personen der Nationalsozialismus als Ideologie und Staatsform abgelehnt, zum anderen verbinden diese Menschen aber vielfach positive Erfahrungen mit dieser Zeit. Dahinter steht die Tatsache, dass menschliches Erleben und Erinnern nicht nur auf kritische und kognitive, rationale und logische Aspekte reduziert werden kann. Vielmehr kommen hier auch emotionale Aspekte zum Tragen, die im Vergleich zu den kognitiven Aspekten in der Hintergrund, aber eben auch in den Vordergrund treten können. (vgl. Kap. 2.2)

Die Auseinandersetzung mit historischen Ereignissen und Zusammenhängen muss nicht auf den Bereich der »großen« Geschichte beschränkt bleiben. Vielmehr verlangt die Biografieorientierung auch eine Auseinandersetzung mit lokalen und regionalen historischen Wandlungen unter Berücksichtigung der Eingebundenheit des eigenen Lebenslaufs in diese Wandlungen. Vor allem die Aufarbeitung der deutschen Vergangenheit des letzten Jahrhunderts (Weimarer Republik, Nationalsozialismus, 2. Weltkrieg, Teilung Deutschlands, Aufbau und Zerfall des kommunistischen Systems, Wiedervereinigung) bietet sich in Form von »Augenzeugenseminaren« an. Eine solche Auseinandersetzung mit historischen Einflüssen und Entwicklungen kann zum Beispiel im Rahmen von so genannten Erzählcafés stattfinden, in denen ältere Menschen sich ihre eigenen Lebensgeschichten mitteilen und durch die gemeinsame Reflexion die Verwobenheit ihrer Biografie mit der »großen« wie »kleinen« Geschichte erkennen.

2.4 Gesundheit und Sinn

Auch die Gesundheitsforschung macht darauf aufmerksam, wie wichtig es ist, sich mit der persönlichen Biografie zu beschäftigen. Der israelische Wissenschaftler *Aaron Antonovsky* vertritt ein Denkmodell, das

Was man wissen sollte, wenn man sich mit Biografie(n) beschäftigt

(aus: Klingenberger & Zintl, 2001a, 24)

er »Salutogenese« (Gesundheitsentwicklung) nennt. In diesem Modell fragt er nicht nach den Entstehungsbedingungen von Krankheiten, sondern nach denen von Gesundheit. Als solche Bedingungen der Gesundheitserhaltung und -förderung nennt er:[92]

- Das Vorhandensein *körperlicher Widerstandskräfte*, also ein intaktes Immunsystem,
- das Verfügen über *psychische Ressourcen*, wie z. B. das Intelligenz- oder Bildungsniveau, vor allem die persönliche Ich-Stärke,
- der mögliche Rückgriff auf *materielle Ressourcen*, worunter Geld, Arbeit und Wohnsituation zu verstehen sind,
- der Zugang zu *psychosozialen Quellen*, was vor allem Beziehungen und Netzwerke meint, die Unterstützung bieten können,
- die Existenz eines *Kohärenzsinnes*. Damit ist die Fähigkeit gemeint, im eigenen Leben Sinn entdecken oder stiften zu können.»Als Kohärenzsinn wird ein positives Bild der eigenen Handlungsfähigkeit verstanden, die von dem Gefühl der Bewältigbarkeit von externen und internen Lebensbedingungen, der Gewissheit der Selbststeuerungsfähigkeit und der Gestaltbarkeit der Lebensbedingungen getragen ist.«[93]

Dieser Kohärenzsinn, dieses Wahrnehmen eines inneren Zusammenhangs, tritt vor allem dann auf, wenn die folgenden drei Faktoren gegeben sind:

- Das Individuum erlebt seine Welt, insbesondere seine biografische Vergangenheit, als verständlich und geordnet. Ein größerer Zusammenhang wird im vergangenen Leben erkannt *(Verstehbarkeit)*. Eine der Hauptfiguren in *Milan Kunderas* Roman »Der Scherz«[94] bekennt: »*Trotz meines Skeptizismus ist ein Rest von Aberglauben in mir geblieben, zum Beispiel eben diese sonderbare Überzeugung, dass alle Geschichten, die mir im Leben widerfahren, irgendeinen zusätzlichen Sinn haben, etwas bedeuten, dass das Leben in seiner eigenen Geschichte etwas über sich aussagt, uns schrittweise sein Geheimnis enthüllt, dass es vor uns steht wie ein Rebus, dessen Sinn man enträtseln muss, dass die Geschichten, die wir in unserem Leben erleben, die Mythologie dieses Lebens sind und in dieser Mythologie der Schlüssel zur Wahrheit und zum Geheimnis liegt. Das soll eine Täuschung sein? Es ist möglich, es ist sogar wahrscheinlich, dennoch kann ich mich nicht von dem Bedürfnis befreien, unablässig mein eigenes Leben enträtseln zu wollen.*«
- Der einzelne Mensch hat das Empfinden, dass er sein gegenwärtiges Leben meistern kann und über die dafür notwendigen Ressourcen verfügt *(Handhabbarkeit)*.
- Für den Einzelnen oder die Einzelne gibt es zukünftige Ziele und Projekte, für die es sich zu leben lohnt *(Bedeutsamkeit)*.

Gerade diese letzten drei Faktoren machen bewusst, wie bedeutsam biografisches Arbeiten für den Einzelnen, aber auch für bestimmte Zielgruppen, z.B. Jugendliche, ältere und alte Menschen, ist. Die Auseinandersetzung mit der eigenen Biografie stellt geradezu als einen Beitrag zur Gesunderhaltung oder Gesundheitsförderung dar.

Umgekehrt haben auch Krankheitsforscher festgestellt, »wie stark Krankheit durch die biografischen Selbstsichten geprägt wird, ja Krankheit kann in diesem Sinne sogar als eine biografische Konstruktion vorgestellt werden.«[95]

2.5 Altern und Entwicklung

In *Sandor Marais* Roman »Die Glut«[96] beschreibt der alte General seine Lebenssituation mit den folgenden Worten:
> »*Man altert langsam: Zuerst altert die Lust am Leben und an den Menschen, weißt du, allmählich wird alles so wirklich, du verstehst die Bedeutung von allem, alles wiederholt sich auf beängstigend langweilige Art. ... Dann altert der Körper; nicht auf einmal, nein, zuerst altern die Augen oder die Beine oder das Herz. Man altert in Raten. Und mit einem Mal beginnt die Seele zu altern: denn der Körper mag alt geworden sein, die Seele aber hat noch ihre Sehnsüchte, ihre Erinnerungen, noch sucht sie, noch freut sie sich, noch sehnt sie sich nach Freude. Und wenn die Sehnsucht nach Freude vergeht, bleiben nur noch die Erinnerungen oder die Eitelkeit; und dann ist man wirklich alt, endgültig.*«

Der vom alten General subjektiv erlebte und beschriebene Prozess des Alterns umgreift das ganze Leben. Älterwerden beginnt mit der Geburt und endet mit dem Tod. Altern ist quasi das Schicksal des Menschen. Dieses ist nicht nur von biologischen und organischen Prozessen abhängig, sondern besetzt auch soziale, biografische und religiöse Dimensionen. Der Altersprozess ist mitbestimmt von einer Reihe einschneidender Lebensereignisse, wie z. B. der Eheschließung, der Scheidung, dem Kinderkriegen, dem Ausscheiden aus dem Berufsleben u. v. m. Altern stellt für den Menschen eine Aufgabe und eine Chance zugleich dar: Dem möglichen Verlust von Kompetenz soll entgegengewirkt werden. Ein Gewinn an Kompetenz erscheint unter günstigen Voraussetzungen möglich.

»Erfolgreiches Altern« kann vonseiten des Individuums her gelingen, wenn drei Verhaltensweisen eingeübt werden:
- Zum einen gilt es sich auf die Aktionsbereiche zu beschränken, in denen der alte Mensch sich kompetent fühlt und die er ausfüllen kann (Selektion);
- zum anderen wird es zur Aufgabe des alternden Menschen, die Leistungsfähigkeit in diesen Bereichen noch auszubauen (Optimierung);

- und schließlich wird es wichtig, bei nachlassender Funktionsfähigkeit in bestimmten Lebensbereichen ersetzende oder ausgleichende Fähigkeiten einzusetzen (Kompensation).

In enger Verbindung mit dem Begriff Altern steht der Begriff Entwicklung. Entwicklung findet nicht nur – wie man lange glaubte – in Kindheit und Jugend statt. Entwicklung ist vielmehr ein lebenslanger Prozess. Um die Entwicklung des Menschen zu betrachten und zu verstehen, teilte man lange Zeit den gesamten Lebenslauf in einzelne Phasen ein.[97] Den einzelnen Lebensphasen wurden dann spezifische Herausforderungen und Aufgaben zugeordnet. Da die Biografien sich aber individuell immer unterschiedlicher gestalten, kommt man von solchen holzschnittartigen Einteilungen immer mehr ab. Vielmehr geht man, was die Entwicklung des Menschen durch den Lebenslauf hindurch angeht, von folgenden Grundannahmen aus:[98]

- Der menschliche Entwicklungsprozess vollzieht sich lebenslang, von der Geburt bis zum Tod. »Jeder Mensch hat demnach ein Potenzial für Veränderungen über die gesamte Lebensspanne. Entwicklungsprozesse sind nicht auf bestimmte Lebensphasen beschränkt.«[99]
- Die Entwicklung des Menschen kann in unterschiedliche Richtungen verlaufen. Es gibt keinen allgemeinen Endzustand, auf den hin sich die Menschen entwickeln. So gibt es eine große Bandbreite von Entwicklungsunterschieden zwischen den Menschen. Jeder einzelne Mensch ist, im Bezug auf seine Entwicklungsmöglichkeiten, in einem hohen Maße veränderbar.
- Die personale Entwicklung vollzieht sich in mehreren psychischen Dimensionen und in verschiedenen Lebensbereichen. So kann man zwischen einer körperlichen, kognitiven, emotionalen und sozialen Entwicklung ebenso unterscheiden wie zwischen der familiären, beruflichen und politischen Entwicklung eines Menschen.
- Die Entwicklung des Menschen ist von diesem selbst mitbestimmt. Aber auch gesellschaftliche und historische Einflüsse wirken auf die Entwicklung eines Menschen ein.

- Auf einen weiteren Aspekt der menschlichen Entwicklung sei schließlich noch hingewiesen: In der Entwicklung lässt sich nichts übereilen oder überspringen. Bestimmte Einstellungen und Fähigkeiten setzen die Bewältigung spezifischer Aufgaben im Vorfeld voraus.

Vom Wachsen
Ein chinesischer Reisbauer pflanzte einst junge Pflanzen in sein Feld. Das Gleiche tat sein Sohn. Der Alte ging nach getaner Arbeit heim, legte sich schlafen und überließ alles Weitere der Sonne, dem Wind und dem Wasser.
Der Sohn aber ging am Morgen hin, um zu schauen, wie weit die Pflänzchen schon gediehen waren. Als er keinen Fortschritt sehen konnte, zupfte er jedes Pflänzchen ein wenig nach oben und freute sich, dass sie schon so weit wären.
Nach einigen Tagen besahen Vater und Sohn ihre Felder wieder. Und siehe: Die Pflanzen des Sohnes waren gelb und ließen die Köpfe hängen. Die des Vaters aber sprossten in frischem Grün, und er hatte seine Freude daran.[100]

2.6 Kritische Lebensereignisse und Übergänge

Das Bröckeln der Normalbiografie und damit die Zunahme unserer Freiheiten und Freisetzungen haben eine wesentliche Konsequenz für das individuelle Leben: Wir müssen in unserer Biografie mehr Übergänge und Umbrüche bewältigen. Dies ist oft zunächst einmal mit Krisen verbunden.

Bislang wurden zu den krisenfördernden Ereignissen in unserer Biografie vor allem folgende Einschnitte gezählt: Verwitwung oder Tod eines nahen Angehörigen, Trennung oder Scheidung, Pensionierung oder Verlust des Arbeitsplatzes, Eintritt von Krankheit oder Behinderung usw. Diese Ereignisse wurden schwerpunktmäßig für die zweite Lebenshälfte erwartet. Krisen in der ersten Hälfte der Biografie waren in den psychologischen Diskussionen eher randständig. Doch jetzt wird immer öfter ein krisenhafter Einschnitt bei den jungen Erwachsenen Mitte 20 beschrieben: die »Quarterlife Crisis«, eine psychische »Massenkrankheit, die sich in den letzten Jahren in den westlichen Industriestaaten rasend schnell ausgebreitet hat und mit dem rebellischen und anarchischen Frust früherer Generationen rein gar nichts mehr zu tun hat.«[101] Die Ursachen für eine solche Quarterlife Crisis können in zwei Richtungen gesucht und gefunden werden: zum einen in der (zu) frühen Traumverwirklichung junger Erwachsener, die schon so viel erreicht haben, dass sie keine Träume mehr haben können. Zum anderen in der hoffnungslosen Situation anderer junger Männer und Frauen, die ihre Träume niemals werden realisieren können. Diese »Schicksale« treffen zudem eine Personengruppe, die keine gemeinsamen Erinnerungen, Worte und Ziele teilt und tendenziell zur Eigenbrötlerei neigt.

Das mittlere Erwachsenenalter wird bei manchen zu einer Zeit der Verunsicherung, selten aber zu einer Zeit der Krise. Denn die berühmte Midlife-Crisis scheint es nicht zu geben. Auf jeden Fall ist die Zeit der Lebensmitte eine Phase der Bilanzierung und der persönlichen Vorausschau. »Das mittlere Lebensalter ist eine *twilight-zone*, ein Zwischenbereich, in dem zwei Welten aufeinander treffen und ein seelisches Beben verursachen: Die Persönlichkeit, zu der man in der ersten Hälfte des Lebens geworden ist, kollidiert mit einem neuen Selbst, von dem man noch gar nicht weiß, wie es aussehen wird.«[102] So genannte »innere Werte« gewinnen an Bedeutung.

Bei Menschen im mittleren Lebensalter lässt sich ein Prozess der »Interiorisierung« beobachten, womit die Wissenschaftler eine Hinwendung zu den »inneren« und »sozialen Werten« beschreiben. Menschen in der Lebensmitte stehen vor folgenden Lebensaufgaben:[103]
- *Selbstbestimmung*: Sie sind herausgefordert, unabhängig von anderen Menschen ihr Leben zu leben.
- *Unterstützung der eigenen Eltern*: Die Eltern sind nicht mehr zum eigenen Schutz da. Vielmehr wird es aufgrund deren Älterwerdens wahrscheinlich, dass sie nun des Schutzes ihres/r Kindes/er bedürfen.

Was man wissen sollte, wenn man sich mit Biografie(n) beschäftigt

- *Erweiterung des Lebensinteresses über die Familie hinaus*: Dies ist besonders bedeutsam angesichts eines bevorstehenden Auszuges der Kinder aus dem Elternhaus (»empty nest«).
- *Integration ungelebter oder verleugneter Seiten in der Persönlichkeit*: Somit bekommt die Identität in eine neue Balance.
- *Generativität*: Damit meint man zweierlei: »Es ist zum einen der Wunsch nach symbolischer Unsterblichkeit – man möchte etwas schaffen, das die eigene Existenz überlebt. Und es ist der Wunsch, gebraucht zu werden, von Bedeutung für andere Menschen zu sein, etwas für sie zu tun.«[104] Generativität im mittleren Lebensalter steht in engem Zusammenhang mit Gesundheit und Zufriedenheit im Alter.

Die Vorbereitung auf das Altwerden gehört schließlich auch noch in das mittlere Erwachsenenalter. Der Protagonist in Doris Dörries Roman »Was machen wir jetzt?«[105] erwartet da nichts Gutes:

»*Meine Zukunft wird immer berechenbarer. Ich werde vielleicht nur noch 23 Kondome in meinem ganzen Leben brauchen, noch ungefähr Zwölftausendmal meine eigenen Zähne putzen, wenn alles gut läuft, noch ca. 48 Mal meinen Hausschlüssel verlegen, bevor man ihn mir endgültig abnimmt, 39 Erkältungen überstehen und 156 Strafzettel bekommen. Meine Gefühle werden sich abnutzen wie meine Gelenke, ... und der Rest wird auch nicht mehr das machen, was ich will.*«

Eine sehr grundlegende Lebenskrise und ihre Ursache(n) schildert in Sandor Marais Roman »Die Glut«[106] der alte General:

»*Das ist der größte Schicksalsschlag, der einen Menschen treffen kann. Die Sehnsucht, anders zu sein, als man ist: eine schmerzlichere Sehnsucht könnte im Herzen nicht brennen. Denn das Leben lässt sich nur ertragen, wenn man sich mit dem abfindet, was man für sich selbst und für die Welt bedeutet. Man muss sich damit abfinden, dass man ist, wie man ist, und wissen, dass man für dieses weise Verhalten kein Lob bekommt, dass einem keine Orden an die Brust gesteckt werden, wenn man weiß und erträgt, dass man eitel ist oder egoistisch oder glatzköpfig oder schmerbäuchig – nein, das muss man wissen, dass man kein Lob, keine Belohnung erhält. Man muss es ertragen, das ist das ganze Geheimnis.*«

Wir reagieren auf solche Krisen mit spezifischen Bewältigungsmechanismen, die wir biografisch erworben haben und die Teil unserer Persönlichkeit geworden sind. Auch vermeintliches Nichtstun ist eine mögliche Bewältigungsform. Es gilt: Man kann nicht nicht reagieren. Die Reaktionsformen sind nicht immer genau voneinander zu unterscheiden und in der Wirklichkeit sind häufig Mischformen zu beobachten. Trotzdem können zwanzig verschiedene Bewältigungsmechanismen unterschieden werden[107]:

Nr.	Bewältigungsform	Beispiel
1	*Leistung:* Krisen werden dadurch bearbeitet, dass mittels Ressourcen (z. B. Geld) oder persönlichen Energieeinsatzes deren Folgen in Angriff genommen werden.	Nach Eintritt einer Behinderung wird durch den Erwerb von Hilfsmitteln und durch persönliches Training an deren Folgen gearbeitet.
2	*Anpassung an institutionelle Aspekte:* Belastende Situationen können dadurch bewältigt werden, dass der/die Betroffene sich an die organisatorischen Rahmenbedingungen der Situation anpasst.	Der Arbeitslose nutzt alle Möglichkeiten der Arbeitsvermittlung und der Absicherung des Lebensunterhalts.
3	*Anpassung an die Bedürfnisse anderer:* Hier vollzieht sich die Anpassung durch die Angleichung der eigenen Interessen und Bedürfnisse an die anderer Menschen.	Ein Ehepartner passt sich den Wünschen und Erwartungen der zweiten Person an, um eine Beziehungskrise zu bewältigen.
4	*Aufgreifen von Chancen:* Von Krisen Geschüttelte können die Chancen wahrnehmen und nutzen, die meistens mit diesen Belastungssituationen verbunden sind. Dies setzt eine aktive Auseinandersetzung mit dem Krisengeschehen voraus.	Die Trennung vom Partner wird als Chance zur Weiterentwicklung der Eigenständigkeit genutzt.
5	*Bitte um Hilfe:* Das Hilfeersuchen in Lebensumbrüchen kann sich an andere Personen richten, an Organisationen und Institutionen oder an angenommene übernatürliche Mächte.	Der in Finanznot geratene Student bittet seine Großeltern um eine kurzfristige Unterstützung.
6	*Stiftung und Pflege sozialer Kontakte:* In Krisen kann der Kontakt zu anderen Betroffenen gesucht und die gegenseitige (materielle, soziale, emotionale) Unterstützung aufgebaut werden. Es entstehen soziale Netzwerke.	Rheuma-Erkrankte schließen sich in einer Selbsthilfe-Gruppe zusammen.
7	*Zurückstellen eigener Bedürfnisse:* Die Befriedigung eigener Bedürfnisse wird nach Krisenausbruch zunächst zurückgestellt. Verzicht wird geübt.	So behauptet man nach einer krisenhaften Trennung von dem/der Partner/-in: »Ich brauche keine Zärtlichkeit.«
8	*Sich auf andere verlassen:* »Papa wird's schon richten« könnte hier das Motto lauten –	Wenn ich mit Grippe im Bett liege, kann ich mich darauf verlassen, dass meine Freundin

→ Was man wissen sollte, wenn man sich mit Biografie(n) beschäftigt

Nr.	Bewältigungsform	Beispiel
	wobei für »Papa« jede andere Person einsetzbar ist. Diese Reaktionsform muss nicht nur passiv und fatalistisch sein, sie kann auch auf einem intensiven Vertrauensverhältnis beruhen.	für mich einkauft, kocht und sorgt.
9	*Korrektur von Erwartungen:* Krisenhafte Erfahrungen, insbesondere Enttäuschungen und Frustrationen führen dazu, dass Erwartungen an das Leben allgemein oder an bestimmte Lebensbereiche angepasst und korrigiert werden.	Man gibt nach einer Scheidung den Wunsch nach einer neuen Ehe nicht auf. Man korrigiert sich aber im Sinne von »Ich habe mir von der Ehe zu viel erwartet« und setzt niedrigere oder andere Ansprüche.
10	*Widerstand:* Wer in Krisen Widerstand leistet, weigert sich, Ratschlägen und Hinweisen zu folgen oder Zwang und Druck nachzugeben. Jeder Rat oder Tipp wird abgewehrt und zurückgewiesen.	Nach Einbruch einer Krankheit weigert sich der Betroffene, zum Arzt oder Therapeuten zu gehen. Auch der Hinweis von Freunden auf einen »Wunderheiler« findet keinen Anklang.
11	*Selbstbehauptung:* Bei dieser Reaktion geht es um die Sicherung der physischen wie psychischen Existenz des/der in die Krise Geratenen. Er/sie versucht, das innere Gleichgewicht zu bewahren und das Selbstwertgefühl zu schützen und zu festigen.	Das Scheitern einer Prüfung wird auf die ungünstigen Rahmenbedingungen und nicht auf vermeintlich mangelnde Intelligenz oder fehlen Fleiß zurückgeführt.
12	*Akzeptieren der Situation:* Die Krisensituation wird angenommen. Ein Resignieren ist dabei nicht zu beobachten.	Eine Krankheit wird vom Patienten angenommen, er gibt nicht auf, ist aber auch zur positiven Deutung (noch) nicht fähig.
13	*Positive Deutung der Situation:* In der Krisensituation werden positive Aspekte gefunden und hervorgehoben. Der/die Betroffene entdeckt in allem Fragmentarischen einen tieferen Sinn.	Die Scheidung wird als Möglichkeit des Abschied- und Abstandnehmens aus einer emotional belastenden Situation betrachtet.
14	*Situation den Umständen überlassen:* »Jetzt mach ich erst mal langsam« – so reagieren manche Menschen in Krisen. Sie verzichten in der aktuellen Situation auf eine Auseinandersetzung mit der Krise – entweder weil sie ihre Zukunft(-spläne) noch nicht so recht im Blick haben oder weil sie den Krisenprozess erst noch reifen lassen wollen.	Nach der 20. Absage im Bewerbungsprozess beschließt die Arbeitnehmerin am derzeitigen Arbeitsplatz zu bleiben und die »Dinge auf sich zukommen zu lassen.«
15	*Hoffnung:* Das begründete Vertrauen, dass es besser werden wird, nennen wir »Hoffnung«. Dabei kann dieses Vertrauen auf einem immanenten oder transzendenten Glauben beruhen. Quelle der Hoffnung kann aber auch das Verleugnen einer Gefahr sein – nach dem Motto »Es wird mir schon nichts passieren.«	Der Patient glaubt die günstige Prognose des Arztes hinsichtlich seine Krebsleidens und hofft auf Besserung. Deswegen verzichtet er vielleicht auch auf die notwendige Nachsorge-Untersuchung.

85

Nr.	Bewältigungsform	Beispiel
16	*Depression:* Stimmungen der Gedrücktheit, der Traurigkeit, der Resignation und der Ohnmacht gehören zu den krisentypischen Reaktionen. Sie können alle im Ergebnis dazu führen, weitere Bemühungen aufzugeben.	Nach einer Scheidung und weiteren misslungenen Beziehungen bricht der Mann seine begonnene Psychotherapie ab: »Es hat keinen Sinn mehr. Ich bin sowieso beziehungsunfähig.«
17	*Identifikation:* Die Bewältigung einer Krise kann sich darin vollziehen, dass man den Blick von sich und seiner Situation abwendet und dafür die Schicksale anderer Menschen in den Blick nimmt. Das Beteiligtsein am Wohlergehen anderer und das Engagement für andere ist eine oft zu findende Form der Krisenbewältigung.	Eltern, deren Kind bei einem Unfall gestorben ist, engagieren sich in einer onkologischen Station für erkrankte Kinder und deren Eltern.
18	*Ausweichen und Vermeiden:* Das Verlassen der bisherigen Lebensposition (z. B. durch Umzug), das Verdrängen des Eingetretenen oder die Vermeidung der Belastungsquelle sind weitere Bewältigungsmöglichkeiten von Krisen.	So beendet nach der Trennung von seiner Familie der Vater den Kontakt zu seinen Kindern. Die Begegnung mit ihnen reißt die Wunden der Vergangenheit immer wieder neu auf.
19	*Betonte Realitätsorientierung:* Das ausdrückliche Vergegenwärtigen der aktuellen, brüchig gewordenen Lebenssituation dient dem Zweck, irreale Hoffnungen und Erwartungen nicht lebensbestimmend werden zu lassen.	Ein an AIDS erkrankter Mann, dessen Lebenserwartung auf drei Monate beziffert wird, nimmt täglich von einem Menschen in seinem Umfeld mit einem Ritual bewusst Abschied.
20	*Kritik und Aggression:* Von Krisen Betroffene können sich ihrem Umfeld wie sich selbst gegenüber verbal und/oder physisch aggressiv zeigen.	Nach einem Sportunfall reagiert die Athletin auf ihre Umwelt im Krankenhaus mit Wut, Spott und Zynismus.

👁 Selbstständig lernen 6

Es gibt keine an sich »guten« oder »schlechten« Bewältigungsmechanismen. Alle hier genannten Verhaltensweisen werden vom jeweiligen Individuum dazu eingesetzt, die Balance und die Stabilität im Leben zu bewahren bzw. wieder herzustellen (meist auf einem anderen Niveau). Sie können dabei bewusst eingesetzt oder unbewusst angewendet werden. Sie können für die Personen stimmig sein, sich aber auch als situationsunangemessen erweisen. Kurz-, mittel- oder langfristig stellen sie sich als produktiv oder als schädlich bezüglich der physischen wie psychischen Gesundheit heraus. Diese Bewältigungsmechanismen (auch coping genannt) werden im Laufe einer Biografie angeeignet bzw. entwickelt und können relativ stabil sein. In der Arbeit mit alten Menschen kann es für die Begleitperson sehr hilfreich sein, die Bewältigungsmechanismen eines älteren Menschen zu kennen, um diese in Interventionen integrieren zu können.[108]

 Selbstständig lernen 7

Aus Krisen können Chancen werden. Denn sie stellen End-, Wende- und Anfangspunkte von Entwicklungen dar. In Krisen können Entwicklungen und Lebensphasen ihren Abschluss finden, Beziehungen enden, die Phase der Berufstätigkeit aufhören, Abschnitte des persönlichen Wachstums und des Erfolgs zu ihrem Ende kommen. Somit stellen sie Wendepunkte dar, denn das Leben muss neu ausgerichtet werden, sei es das Alleineleben, die nachberufliche Lebensphase oder eine Zeit, in der der Status quo erhalten wird oder Stagnation voranschreitet. Somit fängt in jeder Krise auch etwas neu an: Das selbstbestimmte Leben als Single oder als Pensionär/Rentner bzw. eine Lebensphase, in der man von Erfolgen absieht und sich verstärkt um die nachfolgenden Generationen kümmert. *Günther Anders* stellt in seinen Tagebüchern folgenden Zusammenhang zwischen Krisen und Weiterentwicklung her[109]:

»Verlor gestern B. gegenüber, als ich ihn nach Hause begleitete, ein paar nervöse Worte über meinen miserablen Job. ‚Da sind Sie bei mir am falschen Schalter', sagte er abweisend. Und als ich ihn erstaunt anblickte: ‚Dafür habe ich nicht das mindeste Verständnis.' Und dann legte er los: ‚Wer die richtige Frau nimmt, der verspielt die Chance der Erfahrung. Wer ‚seinen' Beruf findet, der bleibt nur bei sich selbst. Wer nur auf Klaviaturen spielt, die ihm nach Maß gearbeitet sind, dessen Finger lernen nichts mehr.' – ‚Aber?' – ‚Jawohl aber!' rief er. ‚Denn nur, was nicht passt, nur was nicht für Sie gemacht ist, nur was hier zu kurz ist oder dort zu lang, nur das Falsche ist das Richtige! Nur das macht erfahren! Nur das ist die Welt!' Er sah dabei nicht ironisch aus. ‚Wirklich', fuhr er fort, ‚Sie haben Ihre Leben entsetzlich falsch in die Hand genommen. Denn wonach haben Sie gejagt? Immer nur nach dem Richtigen. Immer nur nach dem Passenden. Immer nur nach der Erfüllung. Und dann und wann hatten sie sogar das Pech, dass Ihnen das gelang, dass Sie die Erfüllung zufällig fanden. In dieser Frau. In diesem Freund. In dieser Sache. In dieser Arbeit. Aber wenn sie mich fragen,

mein Lieber, diese Episoden waren die allerunwichtigsten Stücke in Ihrem Leben. Richtig allein waren nur die Durststrecken dazwischen. Die Jahre, die mit Zufällen angefüllt waren. Die Berufe, die Sie verflucht haben. Wenn Sie ein Minimum von Erfahrung erworben haben sollten, zu danken hätten Sie das ausschließlich diesen Zeiten des angeblichen Zeitverlustes.'«

Krisen können eine Lernerfahrung darstellen. Das Undankbare daran ist: Meistens kann man die Lernerfahrung erst nach der Krise einschätzen und schätzen. Hilfreich ist in diesem Zusammenhang oft die Frage:»Was hätte ich nicht gelernt, wenn diese Krise nicht gekommen wäre?« *Erika Schuchardt* hat – was den Verlauf einer Krise betrifft – ein idealtypisches Modell vorgelegt, bei dem acht Stufen durchschritten werden müssen. Die Phasen einer Krise schauen im Einzelnen wie folgt aus:[110]

- In der Phase der *Ungewissheit* wird man zumeist unerwartet und unvorbereitet von einem Ereignis getroffen. Man kann die Situation noch nicht einordnen, was Unsicherheit auslöst. Und es stellt sich ein Gefühl der Verleugnung ein nach dem Motto »das darf doch nicht wahr sein!«
- Es folgt die Phase der *Gewissheit*. Man erkennt den Verlust von Lebensmöglichkeiten, weiß, dass die Situation unabänderlich ist, was aber noch nicht heißt, dass man die neue Situation angenommen hat.
- Es folgen nun Phasen, die von größerer Emotionalität geprägt sind: In der Phase der Aggression sucht sich der/die von der Krise Betroffene Objekte, an denen er/sie ihre Wut über das eingetretene Ereignis auslassen kann. Dabei muss die Wut aber nicht offen zu Tage treten – sie kann auch zu passiver oder aktiver Selbstvernichtung führen.
- In der vierten Phase wird *verhandelt*. »Wenn ich dies oder das tue, dann wird es wieder so wie vorher.«
- Wenn das Verhandeln nicht zum gewünschten Erfolg führt, folgt eine Phase der *Depression*. Die nach außen gerichteten Verhaltensmuster sind aufgebraucht. Es fehlt die Kraft zur weiteren Aktivität, aber auch zur Verleugnung des eingetretenen Ereignisses und der daraus folgenden Verluste. Nun eröffnet sich der Raum für die Trauerarbeit:»Sie dient der Vorbereitung auf die Annahme des Schicksals, sie enthält die

Was man wissen sollte, wenn man sich mit Biografie(n) beschäftigt

Wendung zur Um-kehr, zu nach innen gerichteter Einkehr und zur Begegnung mit sich selbst. Aus diesem Sich-selbst-Finden erwächst die Freiheit, sich von erlittener Erfahrung zu distanzieren und die notwendigen nächsten Handlungen selbst zu gestalten.«[111]

- Durch die Trauerarbeit ist nun die *Annahme* des Ereignisses, der Verluste und der eigenen Person möglich geworden.»Annahme ist nicht zustimmende Bejahung. Kein Mensch kann bereitwillig harte Verluste bejahen, aber er kann bei der Verarbeitung seiner Krisen lernen, das Unausweichliche anzunehmen.«[112]
- Diese Annahme setzt nun Kräfte zu neuer *Aktivität* frei. Der/die von der Krise Betroffene ist nun in der Lage, das Leben wieder selbst zu gestalten.
- Diese Aktivität kann schließlich in ein *solidarisches Handeln* für die Gesellschaft übergehen. Man findet sich eventuell mit vom gleichen Schicksal Betroffenen zusammen, um auf gesellschaftlicher Ebene aktiv zu werden.

👁 Selbstständig lernen 8

Damit wir langfristig unter den Einbrüchen des Lebens nicht erkranken oder der Demoralisierung unterliegen, gilt es eine schützende und stärkende Haltung zu entwickeln, die uns bei der Meisterung von Krisen hilft und physische wie psychische Gesundheit erhält bzw. fördert. Diese Fähigkeit oder Haltung wird als»Resilienz« bezeichnet.»Resilienz ist eine Fähigkeit, die jeder Mensch lernen kann. ... Auch Erwachsene sind zu jedem Zeitpunkt ihres Lebens grundsätzlich in der Lage, ihre Widerstandsfähigkeit zu schulen. ... Indem sie sich zum Beispiel resiliente Menschen zum Vorbild nehmen und aus deren Verhalten in einer Lebenskrise lernen.«[113] Sicherlich lässt sich hierauf auch das große Interesse an (Auto-)Biografien zurückführen, z. B. *Gerald Metroz* oder *Frida Kahlo*. Betrachtet man Haltungen und Verhalten solcher krisenfester Personen genauer, dann kann man folgende Merkmale feststellen:[114]

- *Akzeptanz der Krise* und der damit einhergehenden Gefühle: Die Krise wird angenommen und bejaht. Das Heil liegt nicht in der Flucht oder der Verdrängung. Gefühle der Trauer, der Wut oder der Hilflosigkeit

89

werden als berechtigt und notwendig angesehen. Sie sind nun einmal da.

- *Lösungsorientierung:* Nicht Jammern, Grübeln und vergangenheitsorientierte Ursachenforschung sind Kennzeichen der Resilienz, sondern die Problembearbeitung und die Suche nach Lösungen für die Gegenwart und die Zukunft.
- *Inanspruchnahme von Netzwerken:* Resiliente Menschen sind keine Einzelkämpfer/-innen. Sie suchen das Gespräch mit Menschen, von denen sie nach eigener Einschätzung Empathie und Unterstützung erwarten können.
- *Überwindung der Opferrolle:* Nicht dauerhafte Resignation und beständiges Selbstmitleid sind Merkmale krisenfester Menschen. Vielmehr entscheiden sie sich relativ zügig dafür, die Kontrolle über ihr Leben wieder zu übernehmen.
- *Optimismus:* Resiliente Menschen verfügen nicht über einen platten Optimismus nach dem Motto »alles wird gut«. Aber sie akzeptieren eingetretene Krisen und wissen zugleich, dass schlechte Zeiten nicht ewig andauern.
- *Realistische Sicht der Ursachen:* Wer die Ursache für Krisen ausschließlich bei sich selbst sucht und sich deswegen in Selbstvorwürfen ergeht, kann nur schwer aus einer Krise herausfinden. Widerstandsfähige Personen suchen die Auslöser für Krisen nicht nur bei sich selbst, sondern auch im Umfeld und gehen somit auch pfleglich mit ihrem Selbstwertgefühl um.
- *Gedankliche Vorbereitung auf Krisen:* »Resiliente Menschen ... halten nichts für selbstverständlich. Sie rechnen mit den Wechselfällen des Lebens und beschäftigen sich gedanklich damit. ... Auf diese Weise sind sie auf die ‚vorhersehbaren Veränderungen' im Leben vorbereitet.«[115]

※ *Miteinander lernen 9 und 10*

Selbstständig und miteinander lernen

 1. Miteinander lernen – Wenn Menschen sich erinnern ...

Die Teilnehmer/innen erhalten auf einem Blatt Papier den Satzanfang »Wenn Menschen sich erinnern, dann...« und werden gebeten, den Satz aus ihrer Erfahrung zu vervollständigen.

Im Anschluss werden die Satzergänzungen auf Zuruf am Flipchart notiert und mit den Wirkungen des Erinnern und Erzählens verglichen.

 2. Miteinander lernen – Klagebuch

Wenn man sich in Gruppen mit den Biografien der Gruppenmitglieder beschäftigt, ist es hilfreich, ein sogenanntes »Klagebuch« an geeigneter Stelle (z. B. Kapelle, mit Kerzen) aufzulegen. In dieses Buch können die Teilnehmer/innen ihre Klagen aufschreiben und »loswerden«.

Was passiert nach dem Kurs mit dem Klagebuch? Wir haben es beispielsweise in der Osternacht ins Osterfeuer geworfen.

3. Selbstständig lernen – Lebenswege

Zeichnen Sie in Ihr Lebensbuch wie auf einer Landkarte den Weg, den Sie bisher gegangen sind. Tragen Sie wichtige Abschnitte und Stationen, Begleiter und Orte ein.

Stellen Sie in einem zweiten Schritt auch Kreuzungen und Abzweigungen dar, an denen Sie Entscheidungen für eine bestimmte und gegen andere Richtungen getroffen haben.

Beantworten Sie die nachstehenden Fragen angesichts Ihrer Lebenswege und -kreuzungen in Ihrem Lebensbuch:
- Mit welchen Entscheidungen sind Sie zufrieden, mit welchen weniger zufrieden?
- Überlegen Sie für die jeweiligen Weggabelungen, was Sie durch diese Entscheidung gewonnen, worauf Sie durch diese Entscheidung verzichtet haben.
- Betrachten Sie die Wege, für die Sie sich entschieden haben: Was hätten Sie nicht gelernt oder erfahren, wenn Sie diesen Weg nicht gegangen wären?

4. Miteinander lernen – Kreis der Lebensalter

Die Teilnehmer und Teilnehmerinnen werden gebeten, sich – ohne miteinander zu reden – der Reihenfolge nach entsprechend ihrem Alter aufzustellen. Wenn alle glauben, ihren Platz gefunden zu haben, kommt die Vorstellungsrunde, bei der jede/r ihr/sein Alter preisgibt.

In einer anschließenden Runde wird gefragt, wer ein bedeutsames historisches Ereignis aus seinem Geburtsjahr weiß. Notfalls kann hierzu auch eine Chronik des 20. Jahrhunderts zu Rate gezogen werden.[116] Eventuell kann zu einem Geburtsjahr auch die entsprechende Kurzgeschichte aus dem Jahrhundert-Rückblick von Günter Grass[117] vorgelesen werden.

Weiterhin kann die Frage gestellt werden, ob dieses historische Ereignis unbewusst vielleicht einen Einfluss auf die jeweilige Biografie genommen hat.

5. Selbstständig lernen – Die Geschichte und ich

Nehmen Sie die Auflistung historischer Ereignisse von Seite 73 zur Hand. Tragen Sie in die rechte Spalte Daten aus ihrer eigenen Lebensgeschichte bei der entsprechenden Jahreszahl ein. Sehen Sie Bezüge zur »großen Geschichte«? Inwieweit hat diese auf Ihre Lebensgeschichte Einfluss genommen?

6. Selbstständig lernen – Bewältigungen

Gehen Sie die Aufzählung der Bewältigungsmechanismen von Krisen (S. 84) noch einmal in aller Ruhe durch und notieren Sie für sich, welche dieses Reaktionsweisen Ihnen aus Ihrem eigenen Verhalten bekannt vorkommen.

7. Selbstständig lernen – Daseinstechniken

Überlegen Sie anhand Ihrer letzten zwei kritischen Lebensereignisse, wie Ihre (vielleicht typischen) Reaktionsweisen aussahen! Mehrfachstrategien sind möglich – benennen Sie dann einfach mehrere bzw. die Reihenfolge.
Unterscheiden Sie Ihre »Daseinstechniken« danach, inwieweit sie direkt / indirekt oder aktiv/passiv auf die Belastung in Ihrer Lebenssituation wirk(t)en:[118]

Was man wissen sollte, wenn man sich mit Biografie(n) beschäftigt

- direkt und aktiv: z. B. die Situation verändern, positive Einstellung entwickeln
- direkt und passiv: z. B. Situation vermeiden, ignorieren oder verlassen
- indirekt und aktiv: z. B. Belastung thematisieren, sich selbst verändern
- indirekt und passiv: z. B. Drogenkonsum, krank werden, zusammenbrechen

8. Selbstständig lernen Glück oder Unglück? – Chinesische Parabel

Ein alter Mann mit Namen Chunglang, das heißt »Meister Felsen«, besaß ein kleines Gut in den Bergen. Eines Tages begab es sich, dass er eins von seinen Pferden verlor. Da kamen die Nachbarn, um ihm zu diesem Unglück ihr Beileid zu bezeugen. Der Alte aber fragte: »Woher wollt ihr wissen, dass das sein Unglück ist?«
Und siehe da: Einige Tage darauf kam das Pferd wieder und brachte ein ganzes Rudel Wildpferde mit. Wiederum erschienen die Nachbarn und wollten ihm zu diesem Glücksfall ihre Glückwünsche bringen. Der Alte vom Berge aber versetzte: »Woher wollt ihr wissen, dass das ein Glücksfall ist?«
Seit nun so viele Pferde zur Verfügung standen, begann der Sohn des Alten eine Neigung zum Reiten zu fassen, und eines Tages brach er sich das Bein. Da kamen sie wieder, die Nachbarn, um ihr Beileid zum Ausdruck zu bringen. Abermals sprach der Alte zu ihnen: »Woher wollt ihr wissen, dass dies ein Unglücksfall ist?«
Im Jahr darauf erschien eine Kommission in den Bergen, um kräftige Männer für den Stiefeldienst des Kaisers und als Sänftenträger zu holen. Den Sohn des Alten, der noch immer seinen Beinschaden hatte, nahmen sie nicht.
Chunglang musste lächeln.[119]

- Lesen Sie den vorangegangenen Text!
- Welche Lebensgeschichten aus Ihrer Biografie fallen Ihnen ein, wenn Sie diese Geschichte lesen?
- Notieren Sie diese in Ihrem Lebensbuch!
- Welchen Konsequenzen sehen Sie für den Umgang mit Lebenskrisen?

9. Miteinander lernen – Brücken

In der Mitte der Anwesenden werden Fotografien oder Postkarten von Brücken ausgelegt. Die Gruppenmitglieder werden gebeten, sich zunächst die Fotografien anzusehen und sich dann das Bild auszusuchen und zu nehmen, das sie am meisten anspricht. Anschließend tauschen sich die Teilnehmer/innen in Dreier-Gruppen darüber aus, was sie zum einen an diesem Bild angesprochen hat und in welcher biografischen Brücken-Situation sie gerade stehen.

 10. Miteinander lernen – Der Stein der guten Wünsche

Ist jemand in Ihrer Familie oder in Ihrem Freundeskreis betroffen, bzw. steht jemandem ein schwerwiegendes Lebensereignis bevor (z. B. Scheidung, Operation), so können sich die Angehörigen oder Freunde zusammenfinden, um den Betroffenen in seiner Krise zu stärken.

In Anwesenheit des Betroffenen erzählen alle Anwesenden von je einer ähnlichen Krise, die sie in ihrem Leben bereits bewältigt haben. Dabei hebt jeder besonders hervor, was ihm bei der Bewältigung dieser Krise geholfen hat. Ein handgroßer Stein wandert dabei durch die Gruppe – jeder, der von seiner Krise erzählt, hält diesen Stein in seiner Hand.

Am Ende erhält die von der Krise betroffene Person den Stein – verbunden mit den Erfahrungen und den guten Wünschen der um ihn versammelten Angehörigen oder Freunde.

→ KAPITEL 3

3. »Erstens ist es anders, zweitens als man denkt.« – Wie man Biografie(n) deuten kann

Biografisch zu denken und biografiebewusst zu handeln, ist zwar einleuchtend, aber von so manch grundsätzlicher Einstellung her eher fremd: Es gilt an manchen Selbstverständlichkeiten zu rütteln und auf wichtige Erkenntnisse der Sozialwissenschaften aufmerksam zu machen: so auf die Tatsachen,

- dass uns die Wahrheit nur schwer, vielleicht sogar gar nicht zugänglich ist und wir »nur« von individuellen Wirklichkeiten sprechen können (vgl. Kap. 3.1);
- dass die individuellen Lebenswelten sehr unterschiedlich sein können – unter anderem auch aufgrund ihres biografischen Gewordenseins (vgl. Kap. 3.2);
- dass es so etwas wie eine stabile und eindeutige Identität von Menschen nur noch unter erschwerten Bedingungen geben kann (vgl. Kap. 3.3);
- dass es wesentlich lebensdienlicher ist, an unseren Potenzialen und Ressourcen anzusetzen, als an unseren Problemen und Schwächen (vgl. Kap. 3.4).

3.1 Deutungsmuster und Konstruktivismus

Vielleicht kennen Sie das: Geschwister erzählen aus ihrem gemeinsamen Elternhaus. Doch die Erzählungen sind so unterschiedlich, dass man meinen könnte, die jeweiligen Schwestern oder Brüder seien in unterschiedlichen Familien oder Haushalten aufgewachsen. Dies liegt daran, dass wir uns je eigene Bilder von unserer Wirklichkeit machen und diese dann für die objektive Wahrheit halten. So deuten wir das, was uns passiert, und konstruieren so unsere eigene Welt – deswegen heißt diese Erkenntnistheorie, die sich mit unseren Weltbildern beschäftigt, auch Konstruktivismus.

▨ *Miteinander lernen I*

(aus Klingenberger & Zintl, 2001; nach Kriz, 2001, 156)

Wie man Biografie(n) deuten kann

Die Karikatur verdeutlicht noch einmal das soeben Gesagte: Der rechte Mann erzählt von seinem Hund. Dabei hat er im Kopf das Bild, das er sich von seinem Hund gemacht hat. Die linke Person versucht nun auf Grund der Erzählungen des rechten Mannes ein Bild von dessen Hund zu konstruieren. Er wird wohl überrascht sein, wenn er den echten Hund dann wirklich sieht.

Und Ähnliches gilt auch für die zu Beginn des Kapitels genannten Geschwister: Sie haben sich jeweils ein Bild von ihrem Elternhaus gemacht. Diese Bilder stellen ihre jeweils spezifischen Wirklichkeiten dar. Was wahr ist, muss offen bleiben. So geht es beim Erinnern von Biografischem nicht um Wahrheit, sondern um persönlich bedeutsame Wirklichkeiten.

Diese Eigenart des menschlichen Erkennens lässt es auch zu, (biografische) Ereignisse umzudeuten, ihnen also eine andere Bedeutung zuzuschreiben. Aus dieser Bedeutungsveränderung heraus können dann bestimmten Situationen und Ereignissen andere Energien zuwachsen. Exemplarisch sei dies an einer Episode aus *Mark Twains* Roman »Tom Sawyers Abenteuer«[120] verdeutlicht: Tom Sawyer muss als Strafe für eine Rauferei den Gartenzaun seiner Tante Polly streichen:

Auf dem Bürgersteig erschien Tom mit einem Eimer Weißkalk und einem langstieligen Pinsel. Er besah sich den Zaun, und die Natur verlor ihren großen Glanz; tiefe Schwermut senkte sich auf sein Gemüt. Ein dreißig Yard langer, drei Yard hoher Zaun! Das Leben schien ihm hohl und leer und das Dasein nichts als eine Last. Seufzend tauchte er den Pinsel ein und ließ ihn über die oberste Planke gleiten; er wiederholte das Verfahren und dann noch ein zweites Mal, verglich den unbedeutenden Streifen Tünche mit dem sich weithin erstreckenden Kontinent ungeweißten Zauns und setzte sich entmutigt auf ein Fass.

Schnell versteht es aber Tom Sawyer seine missliche Situation umzudeuten – nicht nur vor sich selber, sondern auch vor anderen. Am Ende kann er sogar einen wortwörtlichen Gewinn aus seiner Situation ziehen:

»Hallo, alter Junge; musst arbeiten, was?«
»Ach, du bist's, Ben. Hab's gar nicht gemerkt.«
»Ich geh' schwimmen, hörst du? Würdest du nicht auch lieber mitkommen? Aber natürlich, du möchtest lieber schuften, nicht wahr?«

Tom betrachtete den Jungen ein Weilchen und fragte dann: »Was nennst du denn schuften?«

»Na, ist das vielleicht keine Schufterei?«

Tom machte sich wieder ans Tünchen und meinte gleichgültig: »Na, vielleicht, vielleicht auch nicht. Ich weiß nur eins: Tom Sawyer gefällt's.«

»Ach, geh doch, du willst mir dich nicht etwa einreden, dass es dir Spaß macht?«

Der Pinsel fuhr weiter.

»Ob's mir Spaß macht? Na, ich wüsste nicht, weshalb es mir keinen Spaß machen sollte. Bekommt ein Junge vielleicht jeden Tag einen Zaun zu streichen?«

Das ließ die Sache in neuem Licht erscheinen. Ben hörte auf an seinem Apfel zu knabbern: ... Nach einer Weile sagte er: »Du Tom, lass mich auch mal ein bisschen streichen.«

Tom dachte nach, war schon drauf und dran zuzustimmen, überlegte sich's dann aber wieder anders: »Nein, nein, geht nicht, Ben...«

»Tatsächlich? Ach, komm schon! Lass mich bloß mal versuchen, bloß ein kleines bisschen. An deiner Stelle würd ich dich lassen, Tom.«

»Ben, ich würd's ja gern tun, aber Tante Polly – weißt du...«

»... Komm, lass mich mal versuchen. Ich geb dir ein Stück von meinem Apfel, ja?«

»Nun – ach, Ben, lieber nicht, ich hab Angst...«

»Ich lass dir den ganzen!«

Tom gab den Pinsel her, Widerstreben im Antlitz, aber frohe Bereitwilligkeit im Herzen... Immer wieder schlenderten Jungen vorbei; sie kamen um zu spotten, und blieben um zu streichen ...

Und als der Nachmittag zur Hälfte vorbei war, da war aus dem am Morgen noch armen Tom ein Junge geworden, der sich buchstäblich in Reichtum wälzte.

Diese Möglichkeit des Umdeutens erlaubt es uns, biografische Erfahrungen in einem anderen Licht zu sehen und damit eventuell für aktuelle und künftige Lebensaufgaben wieder handlungsfähig zu werden. »Die Erlebnisse aus der Vergangenheit gehören zu einem Schicksal, das sich nicht ändern lässt. Was geschehen ist, lässt sich nicht rückgängig machen. Worauf man hingegen Einfluss nehmen kann, ist die Einstellung gegenüber dem Geschehenen ... Von diesen Einstellungen hängt es ab, ob unser Gesichtsfeld für die Aufgaben der Gegenwart differenziert oder eingeschränkt wird.«[121]

3.2 Lebenswelt

Unter der Lebenswelt eines Menschen kann man zweierlei verstehen: Zum einen den ökologisch-räumlichen und sozialen Lebensraum des Menschen, sein Umfeld und seine Netzwerke, in denen er lebt und von denen er beeinflusst wird. Zum anderen meint »Lebenswelt« die »geistige« Welt, die Welt im Kopf eines Menschen. Will man diese Welt näher analysieren, so sind die nachfolgenden Differenzierungen sehr hilfreich[122]:

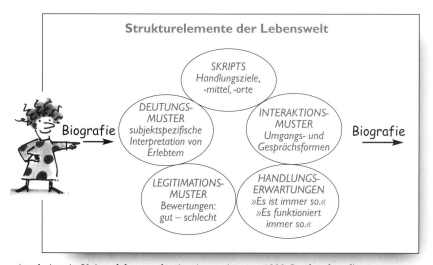

(nach Armin Kaiser, lebensweltorientierter Ansatz, 1990, Luchterhand)

- Unsere Lebenswelt besteht zunächst einmal aus unseren *Deutungsmustern* (vgl. Kap. 3.1). Es handelt sich bei diesen Deutungsmustern um Bilder und Interpretationen, die wir uns aus Erlebtem im Speziellen von der Welt im Allgemeinen gemacht haben. Solche Deutungs-

muster können sich im Laufe einer Biografie verändern und wandeln, so z. B. die Vorstellung von Liebe, Treue, Gerechtigkeit usw.
- Weiterhin gehören zu unseren Lebenswelten so genannte *Skripts* (Drehbücher). In solchen Skripts sind spezifische Handlungsabläufe fest umschrieben, die festlegen, wie man »richtig« an eine Sache herangeht. Der Aufbau solcher Skripts ist ebenfalls biografischen Wandlungen unterworfen. So können sich z. B. die Drehbücher vom angemessenen Ablauf einer Kontaktaufnahme zu einer fremden Person verändern.
- *Interaktionsmuster*, Umgangs- und Gesprächsformen gehören auch in die je individuelle Lebenswelt. Sich hier vollziehende Veränderungen sind Teil unserer Kommunikations-Biografie.[123]
- In die persönliche Lebenswelt gehören auch die *Handlungserwartungen*, mit denen man der Welt oder dem Leben gegenüber tritt. Dazu gehören Vorstellungen wie »Alles wird immer so bleiben, wie es ist«, »Es kann nur noch schlechter werden« oder »Es gibt noch so viele Möglichkeiten«. Dass sich solche Handlungserwartungen mit dem Ansteigen des chronologischen Alters verändern werden, erscheint ohne weitere Erläuterung plausibel.
- Schließlich sind in den Lebenswelten noch »*Legitimationsmuster*« zu finden. Damit meint man (moralische) Bewertung, also Vorstellungen von dem, was gut und was böse ist, was Recht und was Unrecht ist. Auch solche Setzungen unterliegen dem biografischen Wandel.

Wer Menschen verstehen will, kann diese fünf Elemente der Lebenswelt heranziehen, um deren Gedankenwelt genauer zu analysieren.

3.3 Identität

»Identität« beschreibt unser Selbstbild und den Selbst-Wert, den wir diesem Bild von uns selber zuschreiben.

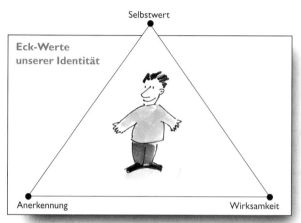

(nach Lothar Böhnisch)

Identität bewegt sich in einem Dreischritt zwischen Selbstwert, Anerkennung und Wirksamkeit: Habe ich das Gefühl, dass ich von anderen anerkannt bin und dass ich in der Welt etwas bewirke (also meine Spuren hinterlasse), dann wirkt sich dies positiv auf meinen Selbstwert aus. Umgekehrt: Empfinde ich einen hohen Selbstwert und erfahre ich von anderen eine hohe Anerkennung, so steigt die Wahrscheinlichkeit, dass ich in der Welt etwas bewirken kann. Und wieder umgekehrt: Verfüge ich über einen hohen Selbstwert und bewirke ich etwas in der Welt, so ist mir die Anerkennung anderer so gut wie sicher.

Bislang haben sich mit dem Begriff »Identität« zwei Prämissen verbunden: Zum einen die, dass es eine in sich *geschlossene* Identität gibt. Zum anderen, dass diese relativ *stabil* sei.

Angesichts der gesellschaftlichen Veränderungen, die in diesem Buch immer wieder skizziert werden, müssen wir allerdings davon ausgehen, dass Identitäts-Krisen zu einem Normalfall unseres Seelenlebens werden. »Identität wird vor diesem Hintergrund diskutiert, als sei sie gar nicht mehr möglich. Identitätskonzepte verweisen denn auch darauf, dass Identität zersplittert, dass Identitäten im Selbstbild brüchig werden, im Kern auseinandergerissen, multiple Persönlichkeiten sind.«[124] Die persönliche Integrität wird immer wieder neu herzustellen sein. »Wer bin ich?«, »Was geschieht mit mir?« und »Was wird aus mir?« – das sind Fragen, mit denen wir uns in unserer Biografie stets aufs Neue auseinander setzen müssen.[125] Das Herausbilden einer persönlichen Identität wird zu einer alltäglichen Arbeit. Identität ist kein stabiles Ergebnis, sondern ein Projekt, genauer eine Abfolge von (zum Teil unterschiedlichen und widersprüchlichen) Projekten. Um einen Identitätskern herum bildet sich eine Art »Patchwork-Identität«.

Der Biografiearbeit kommt hier eine besondere Bedeutung zu: Denn durch das Erzählen oder Aufschreiben von Lebensgeschichten versichere ich mich dieses Identitätskernes und lerne somit immer wieder neu, wer ich bin: »Wir sind, woran wir uns erinnern.«[126]

Der Theologe *Michael Schibilsky* beschreibt den Zusammenhang von Biografie und Identität wie folgt[127]: »Die erzählten Lebensgeschichten sind die Gewänder der Menschen, die sie umkleiden und die Besonderheit veranschaulichen.«

3.4 Ressourcen und Kompetenzen

Wir neigen dazu, unseren eigenen Fehlern und Defiziten und denen anderer mehr Aufmerksamkeit zukommen zu lassen als den Fähigkeiten und Stärken. »Allzu oft vergessen wir unsere eigene Tüchtigkeit und glauben, dass wir eher inkompetent als tüchtig sind. Wir übernehmen Aschenputtel-Rollen, sind Sündenbock, und was es alles in dieser Richtung gibt.«[128]

Eine solche Problem- oder Defizitorientierung, die das eigene (oder fremdes) Unvermögen und unbefriedigende Lebenssituationen in den Mittelpunkt der Wahrnehmung und des Handelns stellt, bleibt nicht ohne Folgen:

- »Die *Energie* folgt der Aufmerksamkeit«, lautet ein wichtiger therapeutischer Grundsatz. Richtet sich die Wahrnehmung auf die Defizite, das Unvermögen, das Nicht-Erreichte oder das Scheitern, so fließt die Energie zu diesen statt zu den Potenzialen und Kompetenzen, die jeder Mensch hat.
- Eine Defizitorientierung wirkt sich auch negativ auf die (Lebens-)*Motivation* von Menschen aus. Warum soll ich mich aufraffen und engagieren (sozial, in der Bildung oder »nur« für mich selber), wenn ich sowieso nicht glaube, den Aufgaben nicht gewachsen zu sein?
- Wenn ich mich inkompetent fühle und meine Lebenssituation problematisch ist, dann brauche ich andere, die mir helfen und mich unterstützen: »Besser-Wisser« oder »Besser-Könner«, neutral gesagt: Experten. Indem diese dann meine Situation (vermeintlich) verbessern, wird letztlich meine *Hilflosigkeit* nur noch verstärkt.

Im Gegensatz zur Defizit- und Problemorientierung nimmt die Ressourcen-Orientierung die Potenziale und Fähigkeiten der Menschen in den Blick. Und dies hat Auswirkungen: »Das Auseinandersetzen mit unseren Schwächen schwächt uns. Das Wissen über unsere Stärken stärkt uns.«[129]

Beschäftigen wir uns also mit dem, was wir wissen oder können, so fließt die Energie aus diesen Erfolgserfahrungen wieder zu uns selbst zurück. Sie ermutigt und stärkt uns für weitere Aufgaben und Herausforderungen in unserer Biografie.

- Auf diese Weise sind wir motiviert, uns mit dem kommenden Leben auseinander zusetzen und uns ihm zu stellen. Wir spüren, dass wir den kommenden Aufgaben gewachsen sind, und können sie annehmen.
- Indem ich mich selbst als kompetent erlebe, werde ich auch unabhängiger von den Experten. Ich weiß und spüre, ich kann es selber schaffen. Ich werde zum »Subjekt meines Lebens«.

Eine konstruktiv verstandene Biografiearbeit setzt an diesen Ressourcen und Kompetenzen der Menschen an und will sie für das Leben in der Gegenwart und in der Zukunft fruchtbar machen.

👁 *Selbstständig lernen 2*

Selbstständig und miteinander lernen

1. Miteinander lernen – Welt-Bilder

Diese Übung kann im Ansatz erfahrbar machen, was die Erkenntnistheorie vermitteln will:
Die Teilnehmer/innen finden sich in 3er-Gruppen zusammen (A, B, C). A kann auf eine Leinwand schauen; B und C sitzen mit dem Rücken zur Leinwand. A beschreibt B und C zwei Minuten lang, was auf folgendem Bild zu sehen ist: Das Bild heißt »Die Beschaffenheit des Menschen« und stammt vom belgischen Maler René Margritte. Es hat eine besondere Pointe: Es gibt nämlich ein Bild im Bild: Vor dem Fenster steht eine Staffelei und auf dieser wiederum eine Leinwand. Das auf die Leinwand Gemalte fügt sich so gut in die Landschaft vor dem Fenster ein, dass das Bild im Bild für manche nur schwer zu entdecken ist. Ob das Bild auf der Staffelei ein Abbild der Landschaft draußen ist, können wir nicht erkennen. Hinter der Leinwand könnte eine Telefonzelle oder ein See sein. Wir wissen es nicht.[130] A, B und C schauen anschließend gemeinsam das Bild an und tauschen sich darüber aus, welches Bild sich B und C gemacht haben, wie sich dieses Bild von der Vorlage unterscheidet und ob sie eventuell mehr oder anderes auf der Vorlage entdeckt haben als A.
Auch wir machen uns Bilder von der Welt und unserem Leben darin. Wenn andere uns diese ihre Bilder schildern, dann können wir in der Regel – ähnlich wie bei Margrittes Bild – nicht sehen, was hinter diesen Bildern steckt.

2. Selbstständig lernen – Siegerehrung

Lassen Sie Ihr Leben vor Ihrem inneren Auge an sich vorüber ziehen. Richten Sie Ihren Blick insbesondere darauf, worauf Sie in Ihrer Biografie besonders stolz sind. Das können Ereignisse und Situationen sein,
- in denen Sie etwas (Besonderes) geleistet haben (z. B. die Erziehung der Kinder),
- in denen Sie auf etwas (Wichtiges) verzichtet bzw. es unterlassen haben (z. B. das Rauchen aufhören),

Wie man Biografie(n) deuten kann

- in denen Sie etwas (Belastendes) ausgehalten und überstanden haben (z. B. eine lange Krankheit) oder
- in denen Sie sich weiterentwickelt haben (z. B. nach einer Trennung).

(In Gruppen können die Teilnehmer und Teilnehmerinnen die Ereignisse auf vorbereitete Medaillen – runde Kartons – schreiben und sich diese um den Hals hängen.)

KAPITEL 4

4. Die Fäden in meiner Hand – Wie man genauer auf Biografie(n) schauen kann

Der Begriff und das Phänomen »Leben« (erster Wortbestandteil von Biografie) ist so weitgreifend, dass es sinnvoll ist, einen differenzierteren Blick darauf zu werfen.

Bereits im ersten Kapitel habe ich Ihnen hierzu eine Reihe von Metaphern vorgestellt. Will man darüber hinaus verstehen, was der Begriff »Biografie« alles umfassen kann, so ist das Bild der Kordel oder das Bild eines Wollfadens hilfreich: So wie dieser Faden aus einzelnen Strängen »zusammengesetzt« ist, ist auch die Biografie aus unterschiedlichen »Teilbiografien« zusammengesetzt.

Zu diesen Teilbiografien gehören:
- Die soziale Biografie – das ist die Geschichte unserer sozialen Beziehungen und Lebensverhältnisse (vgl. Kap. 4.1);
- die Kulturbiografie: Sie umfasst sowohl unsere Begegnungen mit der »großen« Kultur (Oper, Theater u.a.) als auch die Alltagskultur, wie sie sich in Alltagsritualen und Gewohnheiten zeigt (vgl. Kap. 4.2);
- die Naturbiografie beschreibt zum einen die Geschichte unseres Körpers und zum anderen die der natürlichen Umwelten, in denen wir gelebt haben (vgl. Kap. 4.3);
- die Mythobiografie: Darunter fasst man die Glaubenseinstellungen und Weltanschauungen und deren Wandel in unserem Lebensverlauf zusammen (vgl. Kap. 4.4);

- die Lern- und Bildungsbiografie beschreibt unsere formalen Bildungsabschlüsse und die beiläufigen Lernerfolge im Lebensverlauf (vgl. Kap. 4.5).
- All diese Aspekte fließen zusammen in die Entwicklung unserer Persönlichkeit und beziehen sich deshalb auf die Persönlichkeitsbiografie (vgl. Kap. 4.6).
- Schließlich gibt es noch die Betrachtung von Biografien unter geschlechtsspezifischem Blickwinkel (vgl. Kap. 4.7).

Diese Teilbiografien stellen Aspekte unseres Menschseins dar; sie können glatt ablaufen, aber auch von krisenhaften Einbrüchen bestimmt sein.

4.1 Die soziale Biografie

Jeder Mensch verbringt unterschiedliche Lebensphasen manchmal mit den gleichen, häufig aber mit immer wieder anderen Menschen (Herkunftsfamilie, Freunde, Kollegen, Nachbarn, Partner oder Partnerinnen, Kinder, Enkel) und er macht kurz- oder längerfristige Einsamkeitserfahrungen. Dies ist seine soziale Umwelt, deren Wandel in der Sozio-Biografie beschrieben wird.

Ein »Genogramm« stellt eine gute Möglichkeit dar, sich einen formalisierten (und damit auch distanzierten) Überblick über die familiären Bezugspersonen und das damit verbundene komplexe System zu verschaffen. Zur Erstellung eines Genogramms ist es nützlich, einige grundlegende Symbole und Gestaltungselemente zu kennen:

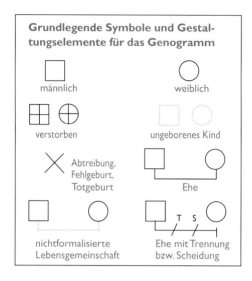

In das Genogramm können nach dem Zeichnen zusätzlich noch Beziehungsdaten eingetragen werden. Dazu gehören:[131]
- (Vor-) Name, Alter bzw. Geburts- oder Todes-Daten der jeweiligen Personen
- Daten von Kennenlernen, Heirat, Trennung oder Scheidung
- Wohnorte und Ortswechsel
- Krankheiten und Todesursachen
- Berufe

Weiterhin können noch eingetragen werden:
- Drei Eigenschaften pro genannter Person
- Begriffe zur Kennzeichnung der Familienkultur/-atmosphäre
- »immerwährende« Streitfragen und Tabus in der Familie

Mit Hilfe dieser Gestaltungselemente können Sie sich nun einen Überblick sowohl über Ihre derzeitige »Familie« als auch über Ihre Herkunftsfamilie verschaffen. Sie werden gerade für Ihre Herkunftsfamilie feststellen, dass Sie über manche Informationen gar nicht verfügen. Dies kann Anlass zu ebenso vorsichtigen wie ergebnisreichen Gesprächen sein. Wie ein solches Genogramm dann aussehen kann, zeigt folgendes Beispiel:

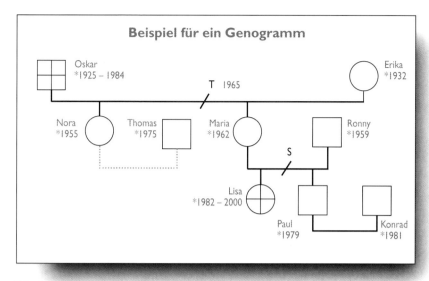

Erika (geboren 1932) war mit Oskar (1925–1984) verheiratet. 1965 trennten sie sich. Aus ihrer Ehe gingen zwei Töchter hervor: Nora (geboren 1955) und Maria (geboren 1962). Nora lebt in einer nichtformalisierten Lebensgemeinschaft zusammen mit Thomas (geboren 1975). Maria heiratete Ronny (geboren 1959), von dem sie sich 1995 scheiden ließ. Aus deren Ehe gingen zwei Kinder hervor: Lisa (geboren 1982), die im Jahr 2000 tödlich verunglückte, und Paul (geboren 1979), der mit Konrad (geboren 1981) in einer formalisierten Lebensgemeinschaft zusammen lebt.

Zu den vielfältigen familiären Beziehungen gehören diejenigen zu den Eltern, zu den Großeltern, zu den Geschwistern, zu den Partner/innen, zu den Kindern und (Ur-) Enkeln.

Es können ganz besondere Menschen sein, zu denen wir einen intensiven und prägenden Kontakt hatten, Vater oder Mutter, einzelne Geschwister, Großvater oder Großmutter oder andere familiäre oder außerfamiliäre Personen. Das österreichische Sängertrio STS[132] beschreibt in seinem Lied »Großvater« eine solche besondere Beziehung:

> *Bei jedem Wickel mit der Mutter*
> *war mein erster Weg von daheim zu dir*
> *Und du hast g'sagt, sie is allein, das musst' versteh'n,*
> *all's vergeht, komm, trink a Bier*
> *Dann hast du g'meint,*

das ganze Leb'n besteht aus Nehmen und viel mehr Geb'n
Worauf i aus dein' Kasten in der Nacht
die paar tausend Schilling g'fladert hab
Zum Verputzen in der Diskothek,
a paar Tag drauf hast' mi danach g'fragt
Ich hab's bestritten, hysterisch plärrt
Dein Blick war traurig, dann hab' i g'reart
Du hast nur g'sagt, komm, lass' ma's bleib'n
Geld kann gar nie so wichtig sein

Wenn du vom Krieg erzählt hast,
wie du an' Russen Aug in Aug gegenüberg'standen bist
Ihr habt's euch gegenseitig an Tschik an'boten,
die Hand am Abzug hat zittert vor lauter Schiss
Oder die' Frau, die den ganzen Tag dir die Ohr'n vollg'sungen hat
Du hast nur g'sagt, i hab sie gern
I muss net alles, was sie sagt, immer hör'n

Großvater, kannst du net owakommen auf an schnell'n Kaffee
Großvater, i möchte dir so viel sag'n, was i erst jetzt versteh'
Großvater, du warst mein erster Freund und das vergess i nie
Großvater

Du warst kein Übermensch, hast auch nie so tan,
grad deswegen war da irgendwie a Kraft
Und durch die Art, wie du dein Leben g'lebt hast,
hab i a Ahnung kriegt, wie man's vielleicht schafft
Dein Grundatz war, z'erst überleg'n, a Meinung hab'n, dahinterstehn
Niemals Gewalt, alles bereden
Aber auch ka Angst vor irgendwem

Großvater, kannst du net…

T. u. M.: Gert Steinbäcker. © edition Karl Scheibmaier, Wien

Es ist aufschlussreich, darüber nachzudenken, vor welchem Hintergrund an prägenden Menschen man selbst steht.

 Selbstständig lernen I

Zur sozialen Biografie gehören aber auch die materiellen Bedingungen, in denen der Mensch durch seinen Lebenslauf hindurch lebt (z. B. die Wohlstands- oder Armutsbiografie). Besondere Aspekte sind hier beispielsweise die Höhe des Einkommens, der Wohnstandort, das Verfügen über ein Kraftfahrzeug (und welches?) ...

4.2 Die Kultur-Biografie

Unter »Kultur« ist dabei zum einen die »große« Kultur, also das Theater, die Oper, die Literatur, die Malerei u. ä. zu verstehen. Zum anderen gehört der Bereich der Alltagskultur mit seinen Stilen und Gewohnheiten zu diesem Aspekt.

Der Literaturkritiker *Marcel Reich-Ranicki* beschreibt in seiner Autobiografie die prägendsten Einflüsse dieser »großen« Kultur aus seiner Kindheit[133]:

»Die folgenreichsten Eindrücke kamen von der Musik. Meine Schwester spielte Klavier, ich habe in unserer Wohnung häufig Bach und, häufiger noch, Chopin gehört. Zugleich hatte mich ein ganz anderes Instrument begeistert: das Grammophon. Wir hatten viele Platten, die mein Vater, ungleich musikalischer als meine Mutter, ausgesucht hatte. Neben populären symphonischen Werken, modern in seiner Jugend – von Griegs »Peer Gynt«-Suiten bis zu Rimskij-Korsakows »Scheherazade« -, waren es vor allem Opern: »Aida«, »Rigoletto« und »Traviata«, »Boheme«, »Tosca« und »Madame Butterfly«, »Bajazzo« und »Cavalleria Rusticana«. Es gab auch eine Wagner-Platte, die einzige: Lohengrins Gralserzählung. Ich wurde nicht müde, immer wieder dieselben Arien, Duette und Ouvertüren zu hören. Aus dieser Zeit stammen meine leise Abneigung gegen Grieg und Rimskij-Korsakow und meine unverwüstliche Liebe zur

italienischen Oper, zu Verdi vor allem, aber auch zu Puccini, dem ich bis heute die Treue gehalten habe.«

Die Musik ist aber nur ein Teil dieses Kulturbereiches. Dazu gehören auch Malerei, Bildhauerei, Theater und die Literatur.

❋ Miteinander lernen 2

Vor allem aber geht es bei der Kulturbiografie um die ganze normale Alltagskultur, also unsere Wohnkultur, Kleidungskultur, Esskultur oder Streitkultur, aber auch städtische oder ländliche Kultur (Milieus). Diese Alltagskultur lässt sich auch mit dem »Stil«-Begriff umschreiben: »Stil ist die Summe von Sprechweise, Auftreten, Umgangsformen, von Kleidung und Accessoires, aber auch von Geschmacksvorlieben und Konsumgewohnheiten. Der Stil eines Menschen ist das Destillat seiner sichtbaren Lebensführung.«[134] Jeder Mensch hat (s)einen Stil – und sei es auch in den Augen anderer ein schlechter. Ausdrucksfelder dieses Stils oder der Alltagskultur sind[135]:

- die Kleidung
- Essen und Trinken
- die Wohnung
- der Umgang mit den Medien und den Technologien
- Einstellungen zu Arbeit und Freizeit
- der künstlerische und/oder politische Selbstausdruck.

Den in diesen Bereichen entfalteten Stil erwerbe ich mir in Auseinandersetzung mit anderen Stilen und Kulturen in fünf biografischen Phasen:[136]

- Die erste Phase dauert bis zum ca. zehnten Lebensjahr. Hier werden von den nächsten Bezugspersonen (Familie, Erzieher, Lehrer) grundlegende Prinzipien des Stils übernommen – zumeist unbewusst. Hier wird die Grundlage für die weitere Stilbiografie gebildet.
- Im Teenageralter orientieren wir uns stilistisch neu, vor allem an der Gruppe der Gleichaltrigen. Mit diesen bilden wir häufig eine Wertegemeinschaft, die sich sowohl von der Kultur der Eltern abgrenzt als auch von der Jugendgeneration zuvor.

- Die dritte Phase dauert von der Teenagerzeit bis in die Mitte der zwanziger Jahre: Die Eltern haben für den Stil hier eine geringer werdende Bedeutung, verschiedene Jugendkulturen bieten Orientierung für den eigenen Stil – aber kennzeichnend für diese Phase ist die Herausbildung eines individuellen Stiles, eines persönlichen Ausdrucks.
- Die vierte Phase dauert bis ungefähr zum dreißigsten Lebensjahr. Der persönliche Stil verfestigt sich. Er wird unverwechselbar. Aus dem persönlichen Stil wird nun der »Lifestyle«, das heißt, es findet eine demonstrative Darstellung des persönlichen Ausdrucks statt.
- Bis zur Mitte der dreißiger Jahre vollzieht sich nun die Etablierungsphase. Ab jetzt geht es weniger um das Zurschaustellen nach außen als vielmehr um die Entwicklung eines persönlichen Stiles nach innen (z. B. Wohnung oder Gestaltung der sozialen Verhältnisse).

👁 Selbstständig lernen 3

Was die Kleidungskultur mit unserer Biografie zu tun hat, zeigt eine Passage aus einem Roman von *Doris Dörrie*. Babette Schröder, eine der beiden Hauptfiguren im Roman »Das blaue Kleid«[137], beschreibt so – in Auszügen ihr Leben:

»Ihre gesamte Biografie hätte sie in Kleidungsstücken erzählen können. Ein Dirndl mit dunkelroter Schürze, das sie bekam, als sie fünf war. Schwarze Lackschuhe mit sechs, die sie sich in Brombeerbüschen zerkratzte und einen ganzen Nachmittag darüber heulte ... Mit fünfzehn ein paar braune Cordjeans, die so eng saßen, dass sie sich nur mühsam hinsetzen konnte. ... Ein hellblaues, fast durchsichtiges Nachthemd, das sie von ihrer Großmutter geerbt hatte und in dem sie versuchte, ihren ersten Freund zu verführen. Vergeblich. ... Zwei Jahre lang trug sie nichts anderes als Jeans und einen viel zu großen grünen Pullover mit Zopfmuster – von ihrem Vater ...«

Auch bezüglich der Esskultur in unserem Leben lassen sich verschiedene Phasen unterscheiden – je nachdem, welche Schwerpunkte man bei den Nahrungsmitteln gesetzt hat. Da gab es vielleicht eine »Müsli-Phase«, in der man sich besonders gesundheitsbewusst ernährt hat, oder eine »Fast-Food-Phase«, in der man häufig Gast in entsprechenden Lokalitäten war.

In seiner Inspektion der »Generation Golf« erinnert sich Florian Illies an die Esskultur seiner Jugend:[138]

»Die Speisekarte unserer Jugend ... war eher von Traditionsbewusstsein geprägt. Nach zahlreichen Diskussionen mit Mitgliedern der Generation Golf darf man zusammenfassen: Unsere Mütter kochten in der Regel genau sieben verschiedene Menüs, egal, ob sie in Osnabrück kochten, oder in Heilbronn. Zum festen Repertoire unserer kulinarischen Jugend gehörten Königsberger Klopse mit Soße und Reis und grünem Salat, Linsensuppe mit Würstchen, Leber mit Reis und Apfelmus, Apfelpfannkuchen mit Konfitüre, Nudelauflauf, Spaghetti mit Hackfleischsoße sowie sonntags ein Braten mit Kartoffeln. Danach gab es manchmal grünen Wackelpudding. Das war einer der großen Favoriten, nur noch übertroffen von dem halben Hähnchen mit Pommes und Ketchup, aber da musste schon Außerordentliches vorgefallen sein, bis wir das beim Metzger abholen durften. Wenn ich lange genug gebettelt hatte, gab es auch als Hauptgang manchmal eine jener Mahlzeiten, die uns auf spätere McDonalds-Besuche vorbereitete: Ravioli aus der Konservendose oder Fischstäbchen von Iglo.«

※ *Miteinander lernen 4*

Unsere kulturelle Biografie kann außerdem anhand der Wohnungen, in denen wir lebten, und deren Einrichtung betrachtet werden. Da gab es vielleicht eine kleine Zwei-Zimmer-Wohnung mit einfachen Holzregalen aus dem Möbeldiscount, die helle Doppelhaushälfte mit Garten, die vier Zimmer-Mietwohnung im Arbeiterviertel usw.

»Wohnen ist ... ein Grundtatbestand menschlicher Existenz, der sich durch hohe Universalität auszeichnet. Es ist eine simple Feststellung, dass – irgendwie – jeder Mensch wohnt.«[139] Wohnen ist eng verbunden mit dem menschlichen Sein *(Martin Heidegger)*. Die Wohnung bietet dem Menschen Geborgenheit, Schutz und inneren Frieden *(Otto Fr. Bollnow)*. Eine Wohnung befriedigt biologische Bedürfnisse in direkter Weise (z. B. Schutz), aber auch in indirekter Weise, indem sie Raum für die Nahrungsaufnahme oder die Fortpflanzung gibt. Aber auch soziokulturelle Bedürfnisse (z. B. nach Anerkennung und Prestige) lassen sich durch die

Art des Wohnens erfüllen. Wohnen lässt sich somit verstehen als »menschliches Leben im Rahmen bestimmter, in Besitz genommener Räumlichkeiten und ihrer materiellen wie sozialen Umwelt, wobei – bewusst oder unbewusst – als das gemeinsame, vorrangige Ziel einer raumbezogenen, gewohnheitsmäßigen Lebensgestaltung die Befriedigung elementarer physischer und sozialer Bedürfnisse gilt. Ablauf und Gestaltung des Wohnerlebens können ... interkulturell und interpersonell sehr unterschiedlich ausgeformt sein; sozio-kulturelle Unterschiede können sich unter anderem ergeben durch Herkunft, soziale Stellung, Alter oder Zukunftserwartungen sozialer Gruppen und Individuen«[140]. Die Kenntnis und Berücksichtigung der Wohnbiografie ist insbesondere bei Wechseln und Brüchen von großer Bedeutung, so z. B. beim Einzug in ein Heim.

Zu unserer Lebenskultur gehören auch die Gewohnheiten, mit denen wir leben. Damit gemeint sind wiederkehrende Verhaltensweisen und alltägliche Rituale, die uns Orientierung und Sicherheit geben. Wie das Wort »Gewohnheit« schon sagt, »wohnen« wir in diesen Vollzügen, das heißt, sie geben uns Beheimatung und Schutz[141]. Dieser Teil unserer Lebenskultur wird z. B. dann bedeutsam, wenn wir unseren Wohnort und/oder unsere Bezugspersonen wechseln (z. B. bei Arbeitsplatzwechsel des Familienvaters, der einen Umzug der gesamten Familie aus dem gewohnten Umfeld nach sich zieht; bei Eintritt des Pflegefalls, wenn man in die Familie der Kinder oder ins Altenheim einzieht). Kann ich auf Grund eines solchen Wechsels meine Gewohnheiten nicht mehr leben, so besteht die Gefahr, dass ich seelisch heimatlos oder obdachlos werde. Insofern stellt das Weiterleben meiner Gewohnheiten einen wichtigen Beitrag zur Lebenszufriedenheit dar.

Familienangehörige und Mitarbeiter/innen im Pflegebereich hätten oft die Möglichkeiten, genauer auf solche Gewohnheiten einzugehen, kennen diese aber nicht. An dieser Stelle kommt noch einmal die Idee des Lebensbuches zum Tragen: denn darin können Sie in Vorbereitung auf Ihr Alter Ihre Erinnerungen festhalten und zugleich Ihre Lebenskultur (Ihre Gewohnheiten) beschreiben. Sollten Sie sich selber einmal nicht aktiv äußern können, so sind begleitende Personen in der Lage, Ihren Lebensverlauf und Ihre Alltagsgestaltung ansatzweise nachzuvollziehen. Schreiben Sie z. B. in ein solches Lebensbuch etwas über Ihr Aufsteh- und Morgenritual: Wie stehen Sie auf? Was tun Sie im Badezimmer? Wie/was frühstücken Sie? usw. Gestalten Sie ein solches Lebensbuch so kreativ wie möglich: Schreiben Sie Zitate und Aussprüche hinein, kleben Sie Bilder und Postkarten dazu! Sie helfen damit nicht nur den Menschen, die Sie im Falle einer Demenz versorgen. Sondern Sie schaffen auch sich selbst eine Erinnerungsgrundlage (ähnlich wie Fotoalben und Tagebücher).[142]

Das Aufschreiben von Lebensgeschichten in einem »Lebensbuch« kann dabei durchaus weiterhelfen. »Durch das Schreiben werden Gefühle bewusst. Was vorher wirr im Kopf herum schwirrt, steht nun schwarz auf weiß auf dem Papier.«[143] Beim Aufschreiben von Lebensgeschichten können diese eventuell auch umgeschrieben werden. So entstehen alternative Entwürfe von der eigenen Biografie.

4.3 Die Natur-Biografie

Damit ist zweierlei gemeint: zum einen die Geschichte unserer eigenen Natur – also unseres Körpers, zum anderen unsere Geschichte in und mit der Natur, die z. B. abhängig ist von unseren jeweiligen Wohn- und Urlaubsorten.

Unsere eigene Natur: der Körper

»Jeder Mensch hat nur einen Körper, in dem oder gegen den er sein Leben lebt. Mit dem Körper drücken wir unsere unverwechselbare Identität aus. ... Er ist nicht allein passiver Ausdruck von Lebensweise und Befindlichkeit, sondern auch ein Instrument, mit dem aktiv gearbeitet werden kann, oder ein Opfer von Zumutungen seiner physischen und pychosozialen Umwelt.«[144] Der menschliche Körper erfährt im Laufe der Biografie spezifische Einflüsse und Prägungen. Einen begrenzten Sonderfall stellt die gesundheitliche Biografie dar, wie sie z. B. in der ärztlichen Anamnese ermittelt wird.

Es ist auch möglich, sich biografisch mit einzelnen Körperteilen auseinander zu setzen. So lässt sich eine Biografie des Fußes (Was hat er schon alles getan? Welche Böden hat er berührt? usw.) ebenso schreiben wie eine Biografie der Hand.

👁 Selbstständig lernen 5

Der Sport schlägt eine Brücke zwischen der eigenen Natur und der entwickelten Körperkultur. Der beinamputierte Buchautor und Sportmanager *Gérald Métroz* schildert den Sport seiner Kindheit und die Folgen so:[145]

»Und inspiriert von diesen herrlichen Bildern großer Sportler, trugen wir jeden Tag auf dem Spielplatz der Grundschule oder vor dem Bahnhof unseres Dorfes diverse Wettkämpfe aus. Wir verbrachten Stunden mit einem Ball, wir erfanden Spiele! Ich hatte einen neuen Rollstuhl bekommen, den ich selber bewegen und mit dem ich neue Heldentaten vollbringen konnte. Wenn wir erschöpft waren, machten wir eine kleine Pause und sprachen wieder von unseren Idolen Pelé, Gerd Müller und Cruyff...

Im Herbst, kurz bevor die Hockeysaison begann, holten wir unsere Stöcke vom Vorjahr aus dem Keller und im Laufe von denkwürdigen Spielen mit alten Tennisbällen gaben wir ihnen den letzten Schliff...

Diese Erlebnisse waren so intensiv, dass ich später diese Liebe für das Hockeyspiel zu meinem Beruf machte.«

Zur Natur und Kultur gleichermaßen gehört auch der Themenbereich der Schönheits- und Körperpflege. »Schönheit und körperliche Attraktivität sind heute mehr denn je zu Symbolen für Erfolg und Leistungsfähigkeit, zu Mitteln der individuellen Sehnsucht und Identitätsfindung geworden. ... Schönheit ist ein Thema, das Männer und Frauen beschäftigt und mehr oder weniger Einfluss auf deren Alltag hat.«[146]

Die Natur um uns herum

Aber auch die Einstellung zu und der Umgang mit der äußeren (naturhaften) Umwelt unterliegt biografischen Prägungen und Wandlungen. Umgekehrt prägt die äußere Natur uns. So macht es einen Unterschied aus, ob man in den Bergen oder am Meer, in einem Waldgebiet oder in einer Heidelandschaft aufgewachsen ist.

Die uns umgebende Natur, die Natur, in der wir aufgewachsen sind und uns Zeiten unseres Lebens aufgehalten haben (z. B. Meer, Berge, Fluss, Heide, Wald, Stadt, Land usw.) lässt sich vielleicht am besten über die »Lebensorte« aufzeigen. Solche Lebensorte können aber nicht nur allgemeiner topografischer Natur sein. Es können auch ganz konkrete Stellen und Plätze sein, z. B. Ecken und Winkel, an denen wir uns in unserer Kindheit gerne aufgehalten haben, so genannte »Orte der Geborgenheit[147]«.

Die Schriftstellerin Marie Luise Kaschnitz hat in einem Büchlein solche Lebensorte beschrieben.[148] Es kann beispielhafte Vorlage für das kreative Schreiben in Gruppen und Seminaren sein:

»Das Mamarameer, und wie wir da auf dem Verdeck des griechischen Schiffes standen, am Heck, in der letzten Abendsonne, die aber das Schiff nicht mehr erreichte, nur die Wellen, diese von der Schraube nach rechts und nach links ausgeschickten Heckwellen, so dass etwas entstand wie ein gestreifter Rücken, schwarz und golden, ein fantastisches Tier. Ein Riesenleib, der uns dahintrug, fort von allen bestimmbaren Ländern, von unserem so und so gearteten, bestimmbaren Selbst. Verlust unserer Erinnerungen, unserer Zugehörigkeiten, wie schon gestorben, wie schon vergessen, und hätte sich das getigerte Tier in den Himmel erhoben, wen hätte es erstaunt. Hand in Hand stehen, aber eigentlich einander schon fremd, einander schon vergessen habend, und plötzlich der Ton des Gongs, Abendessengong, diese kleine unverrückbare Ordnung auf allen Meeren, und von der Reling lösten sich gehorsam die Schatten, während auf den Wellen die magische Beleuchtung erlosch.«

Zur Naturbiografie gehören also auch die Urlaubsorte, die natürlich mehr sind als nur Teil der Naturbiografie – haben wir dort doch auch meistens andere Menschen und Kulturen kennen gelernt.

Aber nicht nur Orte und deren topografische Beschaffenheiten sind Elemente der Natur-Biografie. Dazu gehören auch die Jahreszeiten und die Veränderungen, die sie im natürlichen Umfeld bewirkt haben. So wird der Herbst in einem Weinbaugebiet anders ge- und erlebt als an der Nordsee. Marion Gräfin Dönhoff schildert die Frühjahre der Kindheit so:[149]

»*Der Rhythmus des Jahres, der immer der gleiche blieb, bestimmte unser Leben, so dass die Bilder der Jahreszeiten sich tief in mein Gedächtnis eingegraben haben: Das Frühjahr, die Erlösung vom langen Winter, kündigt sich an, wenn das Wasser in den Seen und Flüssen blauer wird und das Schilf leuchtend gelb; wenn große Stürme die alten Bäume schütteln, dass die Erde bebt und einem ganz bang ums Herz wird; wenn die Krähen sich wieder sammeln auf dem Acker, der langsam fleckig wird, weil die Feuchtigkeit allmählich abtrocknet. Dann kommen bald die Kiebitze und später die Stare und Störche. Es riecht im Wald nach Frühling, und wenn die Morgensonne durch das erste Grün der Buchen fällt und hier und da ein paar Lichtreflexe auf das feierliche Dunkel der hohen Fichten setzt, dann weiß man, dass die lange Zeit des Winters vorüber ist und auch das Warten auf den neuen Herzschlag der Natur.*«

4.4 Die Mytho-Biografie

Die Mytho-Biografie ist die Geschichte unseres Glaubens, unserer Weltbilder und unserer Ideologien: »Wer Auto-Biografien liest, findet die Fäden der religiösen Herkunft stets mit verwoben und selbst dort noch vorhanden, wo man ihrer Spur entronnen zu sein glaubt – und dies natürlich nicht allein in Biografien evangelischer oder katholischer Webart, sondern je auch in anders religiöser beziehungsweise in liberaler, agnostischer und atheistischer Variante.«[150] Jedes Leben vollzieht sich vor dem Hintergrund von unbewussten oder bewussten transpersonalen Mächten. Die Wahrnehmung, Integration in das eigene Leben oder Verleugnung solcher Mächte durch den Lebenslauf hindurch gehören zur Mytho-Biografie.

Dabei ist die individuelle Glaubensgeschichte oder -biografie mehr als eine Anhäufung und Abfolge von religiösen Erfahrungen und Glaubensvollzügen. Die individuelle Glaubensgeschichte ist gekennzeichnet durch[151]:

- die Überlagerung von *persönlichen* (z. B. Geschlecht, Bezugspersonen) und *gesellschaftlichen Faktoren* (z. B. Lebenswelt, Familie),
- die Erfahrungen mit und Deutungszuweisungen zu *religiösen Bildern* und *Symbolen* und zur *religiösen Sprache*. In diesem Zusammenhang sind auch die Wandlungen von Gottesbildern, ethisch-moralischen Einstellungen und die Erfahrungen mit der konkreten Kirche vor Ort von Bedeutung.
- *Krisen und Umbrüche*, in denen die subjektiven Glaubensüberzeugungen und -deutungen besonders zum Tragen oder ins Schwanken kommen,
- die *Unabgeschlossenheit* der Frage- und Entwicklungsprozesse hinsichtlich der Überzeugungen, Wertorientierungen und Verhaltensweisen: »Glaube wird nie fertig. Da ist eine Tür. Und du machst die Tür auf, und da ist noch eine Tür, und dann noch eine. Und jeder Raum ist anders und schön und spannend, und es geht immer weiter so, und du hoffst nur, dass es wirklich lange so weitergeht.«[152]

Der Autor *Peter Seewald* schildert folgendermaßen Etappen und Meilensteine seiner Mythobiografie:[153]

»Als Kind stapfte ich in den Tagen vor Weihnachten durch den Schnee, um am Morgen in unserer Dorfkapelle die Kerzen anzuzünden. Der Weg war so finster, dass ich Angst vor meinem eigenen Schatten bekam. Wir hatten eine ziemlich genaue Vorstellung von Gut und Böse, und niemand kam auf die Idee, die vielfältigen Riten, Gebräuche und Symbole, die einem eine neue Ordnung in der Welt zeigten, hinterfragen zu müssen. Kommunion und Firmung waren unangenehm, aber das lag an den viel zu kurzen Hosen, die man von den älteren Geschwistern aufzutragen hatte. Einmal im Monat musste die Klasse geschlossen zur Beichte marschieren, rein in diesen seltsamen Kasten, der wie eine Waschmaschine aussah und einen auch tatsächlich irgendwie reinigte. ... Für uns war sie [die Beichte; H. Kl.] auch eine Möglichkeit, mit Mädchen ins Gespräch zu kommen und den begangenen Sünden noch schnell eine weitere hinzuzufügen. ...

Wie man genauer auf Biografie(n) schauen kann

In einer Stadt wie Passau ..., wo ich zur Schule ging, war es kaum möglich, als revolutionärer Mensch etwas anderes als Kommunist zu sein. Gleicht euch der Welt nicht an, hatte Christus gefordert, doch war nicht speziell seine Kirche längst Teil des Establishments geworden, restriktiv und hässlich? ... Nachts druckten wir Flugblätter, und wenn wir sie frühmorgens vor den Fabriktoren verteilen wollten, wartete die Polizei auf uns. Festnahmen, Verhöre, Prozesse. Das ganze Programm. Zuerst flog ich von der Schule, dann aus dem Lehrvertrag. Nicht gesellschaftsfähig. ...

Ich glaube nicht an ein unveränderliches Schicksal. Doch auf dem Weg des Lebens gibt es Kreuzungen, die einen in eine andere Bahn bringen, das ist unbestreitbar. Da sind Bücher in einem Basar, die einem etwas sagen sollen. Ein Erlebnis in Assisi. Lange Gespräche auf dem Balkon, mit Paul und viel schottischem Spirit. Ein Stadtpfarrer, der eine gute und klare Art hat, Liturgie so zu feiern, dass sie Raum für die Kräfte des Geistes gibt. Die eigenen Kinder natürlich, die zuallererst. Und vielleicht sogar Partys, auf denen Atheisten, ohne es zu wollen, zu Advokaten des Glaubens werden, weil nichts provozierender wirkt als die Frage, ob denn nicht auch die Möglichkeit bestünde, die Kirche könne mit ihrer ungebührlichen Position auch Recht haben. ...

Irgendwann begann ich, in mein Bethaus an der Ecke zu gehen. Das Häuflein an Christen, das ich vorfand, bestand vorwiegend aus älteren Frauen, meist Nonnen, die sich auf das Sterben vorbereiteten. Ich stellte mich in eine Bank, aber Kniebeugen und Kreuzzeichen empfand ich als Verstoß gegen die Menschenwürde. Mir schien freilich auch, als geschähe hier in diesem Raum etwas, von dem man da draußen keine Ahnung mehr hat. Etwas, das wie eine Lichtschranke wirkt und wirklich auch Dinge öffnen kann.«

👁 *Selbstständig lernen 6*

Um die Mythobiografie etwas besser in den Griff zu bekommen, empfiehlt es sich auch hier, einzelne Aspekte, Personen oder Ereignisse gesondert zu betrachten. Das kann zum Beispiel die Geschichte meiner Gottesbilder sein oder die Biografie meines Kirchgangs.

✳ *Miteinander lernen 7*

Die Mythobiografie kann sich auch um das Thema der Kirchlichkeit drehen. Sicherlich haben wir hier in unserem Leben unterschiedliche Positionen eingenommen: Zu manchen Zeiten waren wir vielleicht leidenschaftlich für und in der Kirche engagiert, wollten vielleicht sogar ein Amt in ihr Anstreben. Zu anderen Zeiten waren wir eventuell eher distanziert oder ganz weit weg und wollten keinen Kontakt mehr zu ihr haben. Dann haben wir uns vielleicht eine Nische in ihr gesucht, wo wir unseren Glauben unbehelligt vom Lehramt leben konnten.

👁 *Selbstständig lernen 8*

4.5 Die Lern- und Bildungsbiografie

»Die persönliche Bildungsbiografie meint etwas sehr Persönliches und Intimes. Sie ist das Resultat aus den vielen Lebenserfahrungen und Lebensbestimmungen, an deren Ende die entfaltete Persönlichkeit des Menschen steht. Enttäuschung und Vernachlässigung sind darin genauso enthalten, wie die Momente, in denen starke Motivation und Förderung erlebt wird.«[154]

Mit der Lernbiografie ist zum einen die Biografie unseres Lernens in *Institutionen* (Schule, Fahr-, Tanz-, Hochschule usw.) und unserer Bildungsabschlüsse gemeint (z.B. Hauptschulabschluss, Abitur, Führerschein etc.). Dazu gehören zum anderen alle Lernerfahrungen (Wissen, Haltungen, Fertigkeiten), die wir quasi nebenbei »*en passant*« aufgenommen haben, z.B. durch Reisen, Lebenskrisen usw. Die nachstehende Grafik veranschaulicht, dass Lernen eben nicht nur auf Schule etc. beschränkt ist und somit auch nicht auf Kindheit und Jugend fokussiert werden kann. Lernen ist ein lebenslanges Phänomen. Der Mensch ist ein Lernender. Und es ist eine Kunst und bedarf letztlich großer Anstrengungen, nicht zu lernen.

Wie man genauer auf Biografie(n) schauen kann

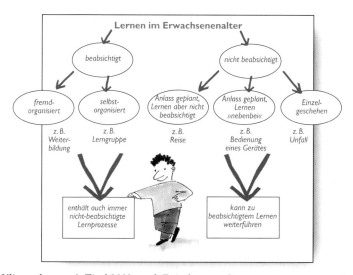

(aus: Klingenberger & Zintl 2002; nach Reischmann, Lernen en passant, 1995)

Berücksichtigt man all diese Lernmöglichkeiten und -felder, so lässt sich für jedes Leben eine Lern- und Bildungsbiografie skizzieren. Im Folgenden geschieht dies beispielhaft mit Hilfe des Zeitstrahles – eines universell einsetzbaren Mittels der Biografiearbeit:

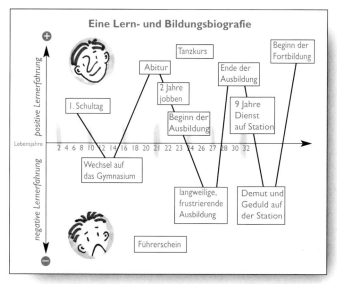

(aus: Klingenberger, 1995, 17.)

Ein schönes Beispiel zur institutionellen wie informellen Lernbiografie findet sich bei dem Liedermacher *Reinhard Mey*:

Zeugnistag
Ich denke, ich muss so zwölf Jahre alt gewesen sein,
Und wieder einmal war Zeugnistag.
Nur diesmal, dacht' ich, bricht das Schulhaus samt Dachgestühl ein,
Als meines weiß und hässlich vor mir lag.
Dabei war'n meine Hoffnungen keineswegs hochgeschraubt,
Ich war ein fauler Hund und obendrein
Höchst eigenwillig, doch trotzdem hätte ich nie geglaubt,
So ein totaler Versager zu sein.

So, jetzt ist es passiert, dacht' ich mir, jetzt ist alles aus,
Nicht einmal eine 4 in Religion.
O Mann, mit diesem Zeugnis kommst du besser nicht nach Haus,
Sondern allenfalls zur Fremdenlegion.
Ich zeigt' es meinen Eltern nicht und unterschrieb für sie,
Schön bunt, sah nicht schlecht aus, ohne zu prahl'n!
Ich war vielleicht `ne Niete in Deutsch und Biologie,
Dafür konnt' ich schon immer ganz gut mal'n!

Der Zauber kam natürlich schon am nächsten Morgen raus,
Die Fälschung war wohl doch nicht so geschickt.
Der Rektor kam, holte mich schnaubend aus der Klasse raus,
So stand ich da, allein, stumm und geknickt.
Dann ließ er meine Eltern kommen, lehnte sich zurück,
Voll Selbstgerechtigkeit genoss er schon,
Die Maulschellen für den Betrüger, das missrat'ne Stück,
Diesen Urkundenfälscher, ihren Sohn.

Mein Vater nahm das Zeugnis in die Hand und sah mich an
Und sagte ruhig: »Was mich anbetrifft,
So gibt es nicht die kleinste Spur eines Zweifels daran,
Das ist tatsächlich meine Unterschrift.«

Wie man genauer auf Biografie(n) schauen kann

Auch meine Mutter sagte, ja, das sei ihr Namenszug,
Gekritzelt zwar, doch müsse man versteh'n,
Dass sie vorher zwei große, schwere Einkaufstaschen trug,
Dann sagte sie:»Komm, Junge, lass' uns geh'n.«

Ich hab' noch manches lange Jahr auf Schulbänken verlor'n
Und lernte widerspruchslos vor mich hin
Namen, Tabellen, Theorien von hinten und von vorn,
Dass ich dabei nicht ganz verblödet bin!
Nur eine Lektion hat sich in den Jahr'n herausgesiebt,
Die eine nur aus dem Haufen Ballast:
Wie gut es tut, zu wissen, dass dir jemand Zuflucht gibt,
Ganz gleich, was du auch ausgefressen hast!

Ich weiß nicht, ob es rechtens war, dass meine Eltern mich
Da rausholten, und wo bleibt die Moral?
Die Schlauen diskutieren, die Besserwisser streiten sich,
Ich weiß es nicht, es ist mir auch egal.
Ich weiß nur eins, ich wünsche allen Kindern auf der Welt,
Und nicht zuletzt natürlich dir, mein Kind,
Wenn's brenzlig wird, wenn's schief geht, wenn die Welt zusammenfällt,
Eltern, die aus diesem Holze sind,
Eltern, die aus diesem Holz geschnitten sind.[155]

(aus: Taschenbuch »Alle Lieder«, Maikäfer Musik Verlagsgesellschaft mbH, Berlin)

Unsere Lernbiografie gewinnt auch von daher an Bedeutung, dass wir ein einer Lern- oder Wissensgesellschaft leben, in der lebenslanges Lernen geradezu (über-)lebensnotwendig wird. Der Sozialwissenschaftler *Lothar Böhnisch* fasst dies in die Worte: »Was Hänschen gelernt hat, kann Hans vielleicht gar nicht mehr gebrauchen.«[156] Da Lernen immer »Anschluss-Lernen« ist, also an das anknüpft, was bereits an Wissen, Kompetenzen und Erfahrungen da ist, ist der biografische Rückblick sehr wichtig. Er erlaubt es, den bisherigen Lernweg zu betrachten, vorhandene Fähigkeiten und Kenntnisse zu erkennen und neue Lernschritte zu planen.

👁 *Selbstständig lernen 9*
Der individuelle Lernweg endet selten mit der Schule. Berufliche Weiterbildungen schließen sich an; praktische Erfahrungen bereichern unseren Kompetenz-Schatz; bestimmte Themen finden unser Interesse. Auch hier sind Anknüpfungspunkte für weitere Lernherausforderungen.

👁 *Selbstständig lernen 10*
Die Reflexion über die eigene Lernbiografie hilft Ihnen, Ihre Lernerfahrungen auf einen Punkt zu bringen. Dies stärkt Ihr Selbst-Bewusstsein, bietet Ansatzpunkte für weitere Lern- und Handlungswege und zeigt auf, was Sie an Angehörige und nachfolgende Generationen weitergeben können/wollen.

👁 *Selbstständig lernen 11*

4.6 Die Persönlichkeits-Biografie

All die zuvor genannten Aspekte prägen insgesamt unsere Persönlichkeit: unsere Denkmuster (Kognition), unsere gefühlsmäßige Entwicklung (Emotion) und unserer Verhalten (z. B. Reaktionsweisen und Bewältigungsmuster in Krisen). Sie machen uns als »Gesamtkunstwerk« aus, bestimmen unsere Identität.

Die Persönlichkeitspsychologie hat zur Beschreibung von Persönlichkeitsunterschieden fünf Basisdimensionen formuliert, mit Hilfe derer sich Charaktereigenschaften gut umschreiben lassen. Diese fünf Dimensionen sind:[157]

- Menschliche Persönlichkeiten lassen sich dahingehend unterscheiden, ob sie mehr oder weniger emotional ansprechbar sind. Um diesen abstrakten Oberbegriff besser fassen zu können, unterscheidet man hier zwischen mehr oder weniger großer Ängstlichkeit, Reizbarkeit, stark oder weniger stark vorhandener Depression und Befangenheit, stark oder weniger stark ausgeprägter Impulsivität und Verletzlichkeit.

- Die zweite Dimension wird mit dem Begriff »Extraversion« beschrieben. Man unterscheidet Menschen dahingehend, ob sie mehr extrovertiert oder introvertiert sind. Dies kann weitergehend dahin unterschieden werden, ob Menschen mehr oder weniger herzlich, gesellig und durchsetzungsfähig sind, wie stark oder weniger stark ihre Aktivität, ihr Erlebnishunger und ihr Frohsinn ausgeprägt sind.
- Die dritte Dimension beschreibt die »Offenheit für Erfahrungen«. Es geht hier um das (Nicht-)Vorhandensein von Fantasie, Ästhetik. Es wird gefragt, in welchem Maße eine Person für Gefühle, Werte und Normen aufgeschlossen ist. Es geht darum, über wie viele Ideen eine Person verfügt und inwieweit diese in Handlungen umgesetzt werden.
- Menschen lassen sich auch dahingehend unterscheiden – und das ist die vierte Dimension –, wie verträglich sie sind. Dies zeigt sich in ihrem Vertrauen, ihrer Freimütigkeit und ihrem Altruismus. Entgegenkommen, Bescheidenheit und Gutherzigkeit sind weitere Kennzeichen von Verträglichkeit.
- Schließlich gibt es noch die Persönlichkeitsdimension der Gewissenhaftigkeit. Man geht davon aus, dass Menschen mehr oder weniger gewissenhaft an Aufgaben herangehen. Dies zeigt sich in ihrer Ordnungsliebe, ihrem Pflichtbewusstsein und ihrem Leistungsstreben. Für ihre Gewissenhaftigkeit steht die individuelle Kompetenz, die Selbstdisziplin und die Besonnenheit im Erledigen von Aufgaben.

Mit Hilfe dieser fünf Persönlichkeitsdimensionen und ihrer jeweiligen Ausprägung lässt sich nun beobachten, inwieweit sich Charaktere im Verlauf eines Lebens verändern. Die biografieorientierte Persönlichkeitspsychologie kommt hier zu interessanten Ergebnissen:

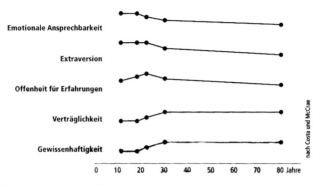

(aus: Saum-Aldehoff, 2003, 30.)

So lassen sich bis zum dreißigsten Lebensjahr durchaus Verschiebungen hinsichtlich der unterschiedlichen Dimensionen feststellen. Ab dann aber sind die Wesensmerkmale des Menschen relativ gefestigt. »Die meisten Menschen werden mit der Zeit noch ein wenig gewissenhafter, emotional gefestigter und verträglicher. Die Offenheit für neue Erfahrungen lässt etwas nach. Das Gros der Leute wird mit fortschreitendem Alter eher intro- als extravertierter.«[158]

Offensichtlich schaffen wir uns – so behaupten die Persönlichkeitspsychologen – mit zunehmendem Alter Nischen in unserer sozialen Umwelt, in denen wir so sein können, wie wir sind.

Ein weiteres Thema, das mit Blick auf die Persönlichkeitsbiografie bearbeitet werden kann, ist das Thema »Zeit« und »Zeiterleben«: Der Romanautor Peter Hoeg gibt hierzu in seinem Roman »Der Plan von der Abschaffung des Dunkels« folgenden Überblick:[159]

»Im Leben von Menschen, in deinem und in meinem, gibt es lineare Zeitabläufe, mit und ohne Anfang und Ende. Zustände und Epochen, die auftauchen, mit und ohne Vorwarnung, und danach vorbei sind und nie mehr wiederkommen.

Und es gibt Wiederholungen, Zyklen: schlechte und gute Zeiten, Hoffnung und Verzweiflung, Liebe und Ablehnung. Sie türmen sich immer wieder auf und sterben ab und kehren zurück. Und es gibt Blackouts, das vorübergehende Aufhören von Zeit. Und es gibt Zeitbeschleunigungen. Und plötzlich Zeitverzögerungen. Es gibt eine überwältigend starke Tendenz dazu, wenn Menschen zusammen sind, eine gemeinsame Zeit zu bilden. Und es gibt aller erdenklichen Kombinationen, Mischformen und Übergangszustände zwischen all diesen. Und es gibt aufblitzende Erlebnisse von Ewigkeit.«

Ein anderes Beispiel ist die Fähigkeit, persönliche Grenzen wahrzunehmen oder zu setzen und zu verteidigen. Solche Grenzen betreffen unsere Körperlichkeit (wer darf mich berühren?), unser Revier (wer darf mir nahe kommen?) und die Gegenstände, die wir unser Eigentum nennen (wer hat welchen Zugriff?). Wo wir jeweils Grenzen setzen und wie wir diese verteidigen, dies verändert sich durch den Lebenslauf hindurch und dies ist mit beeinflusst durch »Grenzerfahrungen« in unserer Biografie: »So war in manchen Familien das Zusperren des eigenen Zimmers oder von Intimbereichen wie Schlafzimmer oder Bad nicht üblich ... In anderen Familien gab es klare Grenzziehungen und Tabubereiche.«[160]

Aber auch zentrale Lebensfelder können unter dem Aspekt der Persönlichkeitsbiografie thematisiert werden, so z. B. die Berufslaufbahn/-karriere. Auch wenn die berufliche Biografie im Modell oben nicht verortet ist, prägt sie doch stark die Persönlichkeit und kann deshalb als Aspekt der Persönlichkeitsbiografie genannt werden.

◉ Selbstständig lernen 12

Auch die berufliche Biografie ist starken Veränderungen unterzogen. Sie war bislang in spezifische Phasen eingeteilt: »Das dritte Lebensjahrzehnt war weitgehend durch die berufliche Qualifizierung und den Berufseinstieg geprägt. Das vierte Lebensjahrzehnt war die Phase der beruflichen Reife. Im fünften Jahrzehnt stand die Schaffenskraft der Arbeitnehmer in voller Blüte und sie strebten dem Zenit ihrer Karriere entgegen. Mit dem fünfzigsten Lebensjahr war dieser meist erreicht. Er wurde dann noch einige Jahre gehalten, bis sich der Ruhestand am Horizont abzeichnete.«[161] Ein solcher Verlauf verliert weitgehend an Gültigkeit. Abbrüche, Umbrüche und Aufbrüche prägen zunehmend die Berufsbiografien. Nur noch 40 Prozent der Erwerbstätigen in Europa können eine »normale« Erwerbsbiografie vorweisen.[162] Da der Beruf und die berufliche Stellung für viele Menschen aber wichtig für ihre Identität ist (so stellen wir uns fast immer mit unserem Beruf vor), wird von diesen Entwicklungen auch unser Selbstbild und Selbstwert berührt.

👁 *Selbstständig lernen 13*

4.7 Geschlechtsspezifische Aspekte

Eine besondere Perspektive stellt schließlich noch der Blick auf geschlechtsspezifische Aspekte dar. Einfach ausgedrückt: auf die Männer- und die Frauenbiografien und ihre jeweiligen Prägungen. Hier wird noch einmal in besonderer Weise die Verknüpfung individueller und sozio-kultureller Faktoren erfahren: »Lebensläufe von Frauen und Männern sind in unterschiedliche gesellschaftliche Rahmenbedingungen eingebettet, wodurch sich deutliche Geschlechterunterschiede im Prozess des Alterns ergeben.«[163] Stichwortartig werden u. a. folgende unterschiedlichen Stationen und Entwicklungen in den Lebensläufen von Männern und Frauen beobachtet:[164]

- Die Biografien der Frauen sind (immer noch) stark von der Familienorientierung geprägt, während die Lebensläufe der Männer von Beruf und historischen Ereignissen beeinflusst sind.
- »Die Biografie eines Frauenlebens weist in der Regel mehr Einschnitte und Weichenstellungen auf als die Biografie eines Männerlebens.« Die erlebten Einschnitte in die weibliche Biografie resultieren stärker aus dem privaten und familiären Bereich.
- Erste »Alterserscheinungen« werden von den Frauen früher erlebt als von den Männern.
- Die selbst erworbenen Rentenansprüche der Frauen sind immer noch niedriger als die der Männer.
- Nach der Pensionierung wird für Männer eine neue Aufgabe bedeutsam: Sie müssen sich verstärkt auf Haus und Familie, Nachbarschaft und Ehrenamt einlassen – Bereiche, die landläufig Frauen vertrauter sind (»Zentrierung auf weibliche Vergesellschaftungsformen«).

Wie man genauer auf Biografie(n) schauen kann

- Allein lebende Frauen im Alter benötigen dagegen mehr Durchsetzungskraft und Aggressivität – Eigenschaften, die eher Männern zugeschrieben werden.

 👁 *Selbstständig lernen 14*

Zum Bereich geschlechtsspezifische Biografie gehört auch der Themenbereich »Sexualität«, denn dieses wesentliche Lebensfeld lässt sich weder auf rein naturhaft-körperliche noch auf kulturelle Faktoren reduzieren. Dass wir auch diesbezüglich eine oft bewegte und bewegende Geschichte erzählen können, zeigt der Pfarrer und Psychotherapeut *Paul Gerhard Platte*:[165]

»Ein religiös-pietistisches Elternhaus machte mir den Zugang zur Sexualität sehr schwer. Trotz älterer Schwestern und im Haushalt lebender Tanten entsinne ich mich nicht, etwa vor dem 21. Lebensjahr ein weibliches Wesen nackt gesehen zu haben, auch nicht auf Bildern ... Meine beginnende Sexualität bestand in Fantasien und heimlicher Selbstbefriedigung, diese verbunden mit Schuldgefühlen.

Mit zunehmendem Alter sehnte und suchte ich eine Frau (herbei). Klar war, der Geschlechtsverkehr war erst in der Ehe möglich. Wegen der Ausbildung und fehlender Mittel war meine Heirat erst mit 26 Jahren möglich. Meine Zeit bis dahin war geprägt von der Spannung zwischen Lust und Moral. In meinem Tagebuch kreuzte ich die Tage der »Selbstbefleckung« an, um mir auf diese Weise zu helfen, davon loszukommen.

So war meine männliche sexuelle Identität in den Anfangsjahren der Ehe sehr widersprüchlich. Fantasiebilder vom weiblichen Geschlecht und was damit alles anzustellen sei, musste ich sehr schnell korrigieren. Konflikte blieben auf diesem Hintergrund nicht aus. ... Meine Stimmungen waren meist abhängig von dem: »Darf ich, kann ich, wann, wo, wie?« Lust und Frust lagen dicht beieinander.

Die Schwangerschaften meiner Frau und ihre Verantwortung für unsere Kinder ließen mich mit meinen sexuellen Wünschen scheinbar immer zu kurz kommen. Ich wollte immer mehr, schaute nach anderen Frauen, war unausgeglichen im Beruf und zu Hause. ...

Mit zunehmenden Alter entdecke ich die Chancen der Sexualität in meiner Ehe-Partnerschaft. Die Kinder sind aus dem Haus, Ruhe und mehr Zeit füreinander machen eine »schnelle Nummer« unnötig. Eine vertiefte Beziehung lässt auch eine tiefere Befriedigung wachsen. Dieses wünsche ich mir allerdings öfter, das nachlassende Interesse meiner Frau versuche ich immer wieder anzufachen, oft umsonst. Dann merke ich, wie ich das inzwischen leichter wegstecken kann oder andererseits im Reden darüber Verständnis aufbringen kann, wie es umgekehrt auch möglich ist.«

Gabriel Garcia Marquez, der kolumbianische Schriftsteller, erzählt in seiner Autobiografie, wer ihn in seiner Kindheit und Jugend geprägt hat und wie seine ersten sexuellen Erfahrungen mit dem anderen Geschlecht aussahen[166]:

»*Ich glaube den Kern meines Wesens und Denkens den Frauen der Familie und den vielen weiblichen Dienstboten zu verdanken, die meine Kindheit behütet haben. Sie hatten einen starken Charakter und ein sanftes Herz und behandelten mich mit der Natürlichkeit des irdischen Paradieses. Unter den vielen, an die ich mich erinnere, war Lucia die einzige, die mich mit ihrer naiven Arglist überraschte, als sie mich in die Froschgasse führte und ihren Kittel bis zur Taille hob, um mir ihr kupferfarbenes, wirres Fellchen zu zeigen ... Die anderen Frauen wirkten dagegen wie Erzengel der Reinheit: Sie zogen sich vor mir um, badeten mich, während sie selbst badeten, setzten mich auf meinen Nachttopf und setzten sich auf den ihren, breiteten mir ihre Geheimnisse aus, ihren Kummer, ihren Groll, als verstünde ich das alles nicht, und merkten dabei nicht, dass ich alles begriff, weil ich die Enden verknüpfte, die sie für mich lose gelassen hatten.*«

👁 **Selbstständig lernen 15**

→ Wie man genauer auf Biografie(n) schauen kann

Selbstständig und miteinander lernen

👁 1. Selbstständig lernen – Menschen im Hintergrund

In der nachfolgenden Anregung biete ich Ihnen die Möglichkeit, sich selbst vor dem Hintergrund der Sie prägenden Menschen zu sehen. Sie stehen quasi hinter uns, haben uns etwas mit auf den Weg gegeben und spuken uns immer wieder mit konkreten Sprüchen und Aussagen im Kopf herum. Vorlage für diese Anregung waren die Gemälde von Frida Kahlo, einer mexikanischen Malerin des 20. Jahrhunderts.[167] Sie hat sich in ihren Selbstbildnissen häufig zusammen mit sie prägenden Personen dargestellt.

Nehmen Sie ein Porträtfoto von sich selbst zur Hand. Schneiden Sie Ihre Körpersilhouette aus und kleben Sie diese auf einen großen Bogen Papier.
Malen Sie nun um sich herum Personen, die Sie in Ihrem Leben geprägt haben. Vielleicht haben Sie noch weitere Fotos, aus denen Sie diese Personen ausschneiden können. Nutzen Sie alle kreativen Gestaltungsmöglichkeiten, z. B. Collage, Malen, Aquarellieren usw.

2. Miteinander lernen – Bücher meiner Jugend

Die Teilnehmer/-innen erhalten ein Arbeitsblatt. Darauf werden sie aufgefordert, sich zunächst allein zu folgenden Fragen Gedanken zu machen:
- Welche Bücher habe ich in meiner Jugend gelesen?
- Welche Bücher wurden zu dieser Zeit in der Familie gelesen?
- Welche Bücher wollte ich lesen oder waren verboten?

Anschließend Austausch über die Ergebnisse in Kleingruppen.[168]
Diese Gesprächsanregung funktioniert auch wunderbar zum Thema Fernsehsendungen/Serien meiner Kindheit oder Jugend. Die hier gestellten Fragen können analog übertragen werden:
- Welche Fernsehsendungen habe ich in meiner Kindheit/Jugend gesehen?
- Welche Fernsehsendungen wurden zu dieser Zeit in der Familie angeschaut?
- Welche Fernsehsendungen hätte ich gerne gesehen oder waren verboten?

3. Selbstständig lernen – Meine Stilbiografie

Nehmen Sie Ihr Lebensbuch zur Hand und beantworten Sie die folgenden Fragen:
- Wer hat Ihren Lebensstil beeinflusst? (Familie, Freunde, Kollegen, ...)
- Wie haben diese Menschen Ihren Lebensstil beeinflusst?
- Gab es Subkulturen, die Sie in besonderer Weise geprägt oder beeinflusst haben? Gab es in Ihrer Biografie Subkulturen, die Sie besonders interessiert haben?

Wenn Sie sich die biografischen Phasen der Stilentwicklung betrachten: Was war für Sie in den jeweiligen Abschnitten bedeutend? Beantworten Sie diese Frage differenziert nach den Aspekten Kleidung, Essen und Trinken, Wohnung, Medien und Technologie, Arbeit und Freizeit, künstlerischer Ausdruck, politischer Ausdruck?

	Kleidung	Essen u. Trinken	Wohnung	Medien u. Technologie	Kunst u. Politik
1. Phase der primären Bezugspersonen					
2. Phase der Gleichaltrigen					
3. Phase der Individualisierung					
4. Expressive Phase					
5. Etablierungsphase					

Wie man genauer auf Biografie(n) schauen kann

4. Miteinander lernen – Biografisches Buffet

In einem Seminar zum biografischen Arbeiten werden alle Teilnehmer gebeten, zum nächsten Treffen etwas zum Essen oder Trinken mitzubringen, das sie in ihrem Leben schon einmal (gerne und öfter) zu sich genommen haben. Auf dem »Biografischen Buffet« sind dann allerlei Kuchen und Waffeln zu finden, aber auch vieles zum Naschen aus der Kindheit, z. B. Waldmeisterbrausepulver.

5. Selbstständig lernen – Biografie meiner Hand

Malen Sie auf einem großen Blatt Papier die Umrisse Ihrer »Haupthand« (also bei Rechtshändern der rechten) nach! Schreiben Sie nun um die Hand herum oder in die Handfläche hinein Tätigkeiten, die Sie mit dieser Hand schon gemacht haben.

Streicheln • Schreiben • Tippen • Auto lenken • Nase bohren • Kämmen • Kratzen • Abspülen • Abtrocknen • Rasieren • Zähne putzen • Motorsäge bedienen • Auto lackieren • Laster fahren • Bierflaschen spülen • Grillfleisch wenden • Brille putzen • Kinder waschen • Weihnachtssterne basteln • Semmelkisten schleppen • Brotteig kneten • massieren • Fenster putzen • häkeln • stricken • kitzeln • schlagen • schnupfen • Sand spüren • Drachenschnüre halten • Wände weißeln • Gemüse schneiden • Zigarillos rauchen • Pfeife stopfen • Handy tippen • Kinder führen • Freundin führen • Holz hacken • Staudämme bauen • Geschichte schreiben • heute Glasmalerei gemacht

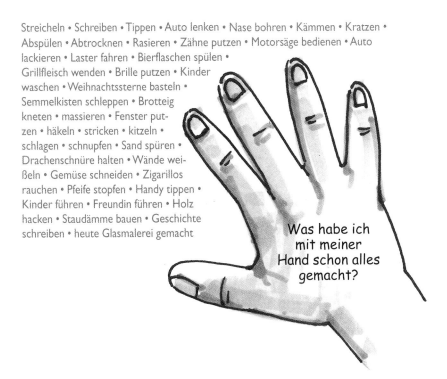

Was habe ich mit meiner Hand schon alles gemacht?

6. Selbstständig lernen – Etappen der Mythobiografie

Lesen Sie den Text von Peter Seewald, S. 120! Können Sie auch in Ihrer Mythobiografie Etappen, Schlüsselereignisse oder bedeutsame Personen ausmachen? Notieren Sie Ihre Erinnerungen in Ihrem Lebensbuch!

7. Miteinander lernen – Biografie der Gottesbilder

Fotos einer Bilderkartei zum Thema »Gottesbilder« werden ausgelegt. Die Teilnehmer und Teilnehmerinnen werden aufgefordert, sich ihre Gottesbilder aus der Biografie vor Augen zu führen und passend dazu eine Fotografie zu einem früheren Gottesbild und eine Fotografie zum heutigen Gottesbild auszusuchen. Anschließend tauschen sich die Gruppenmitglieder über die ausgesuchten Fotos aus.

8. Selbstständig lernen – Mystagogische Erkundung

Für die Reflexion der eigenen Religiosität und deren Entwicklung kann es hilfreich sein, sich mit religiösen Biografien auseinander zu setzen, z. B. von Ruth Pfau, Oscar Romero, Martin Luther King, Mahatma Gandhi.
Folgende Fragen helfen Ihnen, gezielter zu lesen und Antworten zu finden:
- Worin sehen Sie die Beweggründe der handelnden Person?
- Worin ruht das Vertrauen der handelnden Person, um Herausforderungen und Zumutungen anzupacken?[169]

9. Selbstständig lernen – Meine schulische Bildung

Notieren Sie sich die Antworten zu den folgenden Fragen in Ihr Lebensbuch:
1. Fächer
- Welche Schulen, Studiengänge etc. haben Sie besucht? Notieren Sie diese in chronologischer Reihenfolge!
- Welche der nachstehenden Fächer waren für Sie interessant? Ergänzen Sie gegebenenfalls fehlende Fächer!

→ Wie man genauer auf Biografie(n) schauen kann

- ☐ Deutsch
- ☐ Englisch
- ☐ Mathematik
- ☐ Physik
- ☐ Biologie
- ☐ Chemie
- ☐ Musik
- ☐ Geschichte
- ☐ Geografie
- ☐ Turnen
- ☐ Hauswirtschaft
- ☐ Werken
- ☐ Zeichnen
- ☐ Religion/Ethik
- ☐ Landeskunde
- ☐ Kunsterziehung
- ☐ Geometrisches Zeichnen
- ☐ Gesundheitslehre
- ☐ Philosophie
- ☐ Französisch
- ☐ EDV/Informatik

- ☐ Politische Bildung
- ☐ Ökologie
- ☐ Betriebswirtschaft
- ☐ Ernährung
- ☐ Buchhaltung
- ☐ Volkswirtschaft
- ☐ Staatsbürgerkunde
- ☐ Pflanzenbau
- ☐ Elektronik
- ☐ Mechanik
- ☐ Textiles Werken
- ☐ Tourismus
- ☐ Textverarbeitung
- ☐ Wirtschaftsinformatik
- ☐ Landwirtschaft
- ☐ Elektrotechnik
- ☐ Psychologie
- ☐ Medizin
- ☐ _____
- ☐ _____
- ☐ _____

- Welche Kenntnisse und Fähigkeiten haben Sie dabei erworben?
- Welche Kenntnisse und Fähigkeiten möchten Sie auffrischen bzw. ausbauen?

2. Schulische Ereignisse

- An welche Ereignisse und Erlebnisse mit Schülern oder Lehrern (z. B. Projekte, schulische Veranstaltungen, Klassenerlebnisse) können Sie sich erinnern?
- Welche Kenntnisse und Fähigkeiten haben Sie dabei erworben?
- Welche Kenntnisse und Fähigkeiten möchten Sie auffrischen bzw. aufbauen?

3. Prägende Personen

- Welche Personen (Klassenkameraden, Lehrer/innen o.a.) haben Sie besonders beeinflusst?

- Welche Kenntnisse oder Fähigkeiten haben Sie von/mit diesen Personen erworben?
- Welche Kenntnisse und Fähigkeiten möchten Sie auffrischen bzw. ausbauen?[170]

10. Selbstständig lernen – Meine Weiterbildung

Benutzen Sie auch bei dieser Übung Ihr Lebensbuch und notieren Sie sich darin die Antworten zu den nachstehenden Fragen:

1. Weiterbildungsveranstaltungen
- Welche Schulungen und Fachkurse, aber auch allgemein- oder persönlichkeitsbildende Seminare haben Sie besucht? Notieren Sie diese in chronologischer Reihenfolge!
- Welche Kenntnisse und Fähigkeiten haben Sie dabei erworben?
- Welche Kenntnisse und Fähigkeiten möchten Sie auffrischen bzw. aufbauen?

2. Praktische Erfahrungen
- Welche praktischen Erfahrungen haben Sie in Beruf, Praktika oder gesellschaftlichem Engagement gemacht?
- Welche Kenntnisse und Fähigkeiten haben Sie dabei erworben?
- Welche Kenntnisse und Fähigkeiten möchten Sie auffrischen bzw. aufbauen?

3. Themen und Inhalte
- Mit welchen Themen und Inhalten haben Sie sich außerhalb von Schule und Weiterbildung beschäftigt?
- Welche Kenntnisse und Fähigkeiten haben Sie dabei erworben?
- Welche Kenntnisse und Fähigkeiten möchten Sie auffrischen bzw. ausbauen?[171]

11. Selbstständig lernen – Brief an den Enkel

Schreiben Sie Ihrem Enkel (real oder fiktiv) einen Brief, in dem Sie beschreiben, was Sie in Ihrem Leben alles gelernt haben. Der Brief soll eher kurz sein. Beschränken Sie sich auf das Wesentliche und für Sie Wichtigste.

Wie man genauer auf Biografie(n) schauen kann

12. Selbstständig lernen – Berufs-Bilder

Nehmen Sie sich kleine Kärtchen zur Hand und zeichnen Sie darauf Symbole, die aus Ihrer Sicht den Begriff »Beruf« bildhaft darstellen können. Sie können dabei zunächst auch den Satzanfang »Beruf ist wie…« mehrmals ergänzen (z. B. ein fernes Ziel, eine sich entfaltende Blüte, ein Hamsterrad …) und die Sprachbilder dann zeichnerisch auf die Kärtchen übertragen.

Überlegen Sie anschließend, ob Sie diese Berufs-Bilder bestimmten Phasen Ihrer Biografie zuordnen können. Kleben Sie die Symbole entlang eines Zeitstrahls auf. Vergessen Sie nicht Kindheit und Jugend – auch da hatten Sie schon Vorstellungen vom Beruf.

- Wie haben sich Ihre Vorstellungen vom Beruf verändert?
- Hat dies eine Auswirkung auf den Platz, den der Beruf in Ihrem Leben einnimmt?
- Welchen Stellenwert ordnen Sie künftig dem Beruf zu?

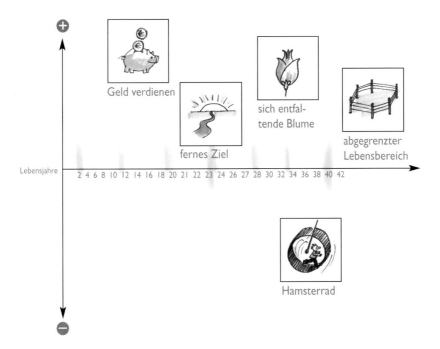

👁 13. Selbstständig lernen – Gern erinnert

Nehmen Sie sich zehn Kärtchen und schreiben Sie auf je ein Kärtchen ein Lebensereignis oder eine Lebensphase, an die Sie sich gerne erinnern. Ordnen Sie nun Ihre Kärtchen den aufgezählten Teil-Biografien zu.
Ein »richtig« oder »falsch« der Zuordnung gibt es nicht. Manche Lebensereignisse sind je nach Erleben unterschiedlichen Teil-Biografien zuzuordnen. So ist für manche Frauen die Geburt ihrer Kinder eher ein soziales Ereignis, für andere eher ein körperliches und für dritte eher ein spirituelles.

👁 14. Selbstständig lernen – Mädchen und Jungen

Nehmen Sie für die Beantwortung der folgenden Fragen Ihr Lebensbuch zur Hand. Setzen Sie sich jeweils fünf bis zehn Minuten mit folgenden Fragen auseinander:
- Was hatte es für Vor- und Nachteile, als Junge bzw. Mädchen aufzuwachsen?
- Was mussten Sie, was durften Sie, was nicht, weil Sie Junge oder Mädchen waren?
- Welche Regeln und Gebote mussten Sie befolgen, weil Sie Junge oder Mädchen waren?
- Was für ein Bild hatten Ihre Eltern von Mädchen- oder Junge-Sein?

(Anregung zur Weiterarbeit in Gruppen: Austausch in je einer Männer- und einer Frauengruppe)

👁 15. Selbstständig lernen – Männer / Frauen, die mich prägten

Nehmen Sie Ihr Lebensbuch zur Hand und notieren Sie darin die Antworten auf die folgenden Fragen:
- Für Männer: Welche Frauen haben mich insbesondere in meiner Männlichkeit geprägt? Mit welchen habe ich meine ersten sexuellen Erfahrungen gemacht?
- Für Frauen: Welche Männer haben mich in meiner Persönlichkeit geprägt? Mit welchen habe ich meine ersten sexuellen Erfahrungen gemacht?

→ KAPITEL 5

Erinnern – Entdecken – Entwerfen – Was Biografiearbeit außer Rückschau noch ist

Auseinandersetzung mit der eigenen Biografie (oder mit der anderer Menschen, z. B. in der Erwachsenen- oder Altenbildung) heißt nicht ausschließlich Beschäftigung mit der Vergangenheit. Das wäre eine Verkürzung und würde einer Tendenz in Richtung »Nostalgiearbeit« Vorschub leisten. Sicherlich gehört die lebensbilanzierende Funktion und Wirkung auch zum biografischen Arbeiten und zur biografischen Kompetenz. Aber auch die Bewältigung aktuell anstehender Probleme und Herausforderungen und die Planung des noch kommenden Lebens gehören hierher. Ganz im Sinne des Religionsphilosophen *Sören Kierkegaard: »Das Leben kann nur rückblickend verstanden werden, es muss aber vorausschauend gelebt werden.«*

Oder in anderen Worten: »Das Gestern erkennen, im Heute den freien Willen kraftvoll und bedacht umsetzen, so sind die Weichen gestellt für ein glückliches Morgen – auch wenn wir es noch nicht kennen.«[172]

Biografisches Arbeiten blickt also nicht nur auf vergangene Ereignisse und Entwicklungen. Vielmehr verfolgt sie drei unterschiedliche Ziele und Absichten:

- mit Blick auf die Vergangenheit: die *Lebensbilanzierung* (vgl. Kap. 5.1),
- mit Blick auf die Gegenwart: die *Lebensbewältigung und -veränderung* (vgl. Kap. 5.2),
- mit Blick auf die Zukunft: die *Lebensplanung* und das Entwerfen des künftigen Lebens (vgl. Kap. 5.3);

- letztlich ermutigt die Biografie die Menschen zur selbstverantworteten Lebensführung.

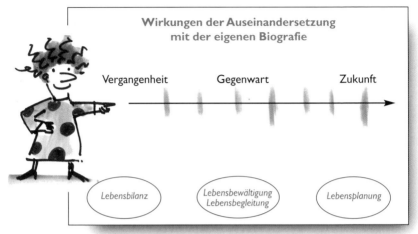

(aus: Klingenberger & Zintl, 2001a, 30.)

5.1 Lebensbilanz und Lebensrückblick

Dies ist die allgemein bekannteste Form von Biografiearbeit: Wir blicken zurück in unsere Vergangenheit. Wir fragen nach dem was war, was es uns gebracht hat, welche Lehren wir daraus ziehen, eventuell auch was wir versäumt und verpasst haben. Diese Form der Biografiearbeit ist uns vertraut, sei es informell in Familie und Freundeskreis, sei es organisiert in der Erwachsenen- oder Altenbildung.

👁 *Selbstständig lernen I*

Hinsichtlich solcher Lebensrückblicke haben sich unterschiedliche Schwerpunkte etabliert und begrifflich verfestigt:[173]
- »*Reminiszenz*« meint »das Erinnern vergangener Ereignisse oder Gefühle ohne irgendein spezifisches Ziel und ohne Versuche auf Vollständigkeit im Hinblick auf den Lebensverlauf«.

Was Biografiearbeit außer Rückschau noch ist

- Als »*Life Review*« bezeichnet man »die bewusste Sammlung von Ereignissen und Gefühlen einer spezifischen Lebensgeschichte, die nicht notwendigerweise schriftlich fixiert sein muss«.
- Als »*Autobiografie*« bezeichnet man schließlich »den persönlichen Bericht einer individuellen Lebensgeschichte«.
- Mit »*Erinnerungsarbeit*« wird die Verarbeitung von Erinnerungen und Erfahrungen beschrieben – sei sie spontan vollzogen oder von anderen angeleitet. Erinnerungsarbeit rekonstruiert Ereignisse aus dem Gedächtnis und will sie einer Erklärung und Bewertung zuführen.

Biografiearbeit mit Vergangenheitsorientierung bietet auch die Möglichkeit, den roten Faden im eigenen Lebensverlauf zu entdecken. Der Begriff des »roten Fadens« geht u. a. auf ein historisches Faktum der königlich-britischen Marine zurück: Dort wurde in das Tauwerk ein roter Faden eingewoben. Dieser machte es möglich, aufgefundenes Tauwerk der britischen Marine zuzuordnen, also zu identifizieren. Wollte man den roten Faden heraustrennen, so musste man das ganze Tauwerk zerstören. Ähnliches gilt für den roten Faden in unserer Biografie. Er ist untrennbar mit dem Kern unserer Identität verbunden, macht uns aus und als Persönlichkeit erkennbar.

👁 *Selbstständig lernen 2*

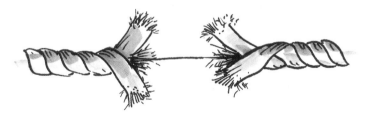

Es geht weiterhin auch darum, sich wiederholende Lebensmuster oder Lebensfallen zu erkennen und sie somit eventuell besser loslassen bzw. damit umgehen zu können.

Beim Lebensrückblick wird man auch verschiedene Etappen oder Abschnitte festmachen können. Abgeschlossen oder neu eingeleitet werden solche Lebensabschnitte durch so genannte »Meilensteine«, also

Ereignisse und Begegnungen, die weichenstellend waren und den Wechsel markierten.

※ Miteinander lernen 3

Der an Aids erkrankte amerikanische Schriftsteller Harold Brodkey[174] zieht in seinem Buch »Die Geschichte meines Todes« eine Lebensbilanz: »*Ich habe nicht immer zu schätzen gewusst, was ich hatte, aber nun ist mir deutlich, dass es so ziemlich der Wahrheit entsprach, wenn man mir vorwarf, ich hätte in der Liebe und auch sexuell Glück. Und ich hatte intellektuell Glück und gelegentlich Glück mit den Leuten, mit denen ich zusammengearbeitet habe. Ich habe über Liebe und Sex keine traurigen Geschichten zu erzählen. Und mein Werk wird überleben, glaube ich. Ich bin es auch leid, es zu verteidigen, ihm mein Leben zu opfern, um meine Person sind ästhetische und literarische Kontroversen entstanden, ich war eine Zielscheibe für die Barbarei und den Spott der Medien, gelegentlich auch für Lob. Der Strom des New Yorker und europäischen Klatschs hat hinterhältige Angriffe gegen mich hervorgebracht, und es hat mich enorme Kraft gekostet, mit all dem fertig zu werden. Aber ich habe mein Leben gemocht. Ich mag mein Leben auch jetzt, wo ich krank bin. Ich mag die Menschen, mit denen ich zu tun habe. Ich habe nicht das Gefühl, ich würde von der Bühne gefegt, ermordet oder in einen Wäschekorb gestopft, während mein Leben noch nicht abgerundet ist. Ich sterbe, ich bin an der Reihe – dass manche Leute das interessant finden, sehe ich ein, nicht aber, dass es tragisch wäre. Ja, manche Dinge wurden mir vorenthalten, um manche bin ich ein Leben lang gemein betrogen worden, aber wer nicht, also, was soll's? Ich habe auch viele Privilegien genossen. Manchmal bin ich traurig, weil es vorüber ist, aber so ergeht es mir auch mit Büchern, Sonnenuntergängen und Gesprächen. Die Medikamente, die ich nehme, lassen meinen Stimmungen nicht viel Spielraum, daher misstraue ich diesen Reaktionen, aber ich glaube, es sind meine. Mein ganzes Leben bin ich ein Narr gewesen, habe große Stücke Zeit verschenkt und Jahre mit nichts Besonderem vertan. Ich hatte eine manische Liebe für tapfere Worte, und ich habe mit dem Möglichen geflirtet oder etwas davon geahnt – und danach wollte ich mich hinlegen und darüber nachdenken.*«

👁 Selbstständig lernen 4

Was Biografiearbeit außer Rückschau noch ist

5.2 Lebensbewältigung und -veränderung

Die Auseinandersetzung mit dem gegenwärtigen Leben ist eine wichtige Voraussetzung, um die biografische Zukunft gestalten zu können. Der Zukunftsforscher John Naisbitt unterstützt dies mit den Worten: »Der zuverlässige Weg, um die Zukunft zu sehen, ist das Verstehen der Gegenwart.«[175]

Eine Bestandsaufnahme hilft zunächst einmal dabei, den eigenen biografischen Ort zu finden und die Vergangenheits- und die Zukunftsperspektive in den Blick zu nehmen.

👁 **Selbstständig lernen 5**

Wir verlassen damit die Vergangenheitsperspektive und setzen uns mit den Herausforderungen und Aufgaben der Gegenwart auseinander: Lebensangebote und krisenhafte Einbrüche wechseln sich in unserer biografischen Gegenwart ab. Krisen und kritische Lebensereignisse rufen zur Bewältigung heraus und stellen Chancen zur Weiterentwicklung dar (vgl. Kap. 2.6). Veränderungen werden von äußeren Umständen erzwungen oder aufgrund eigener Entscheidungen angestrebt.

Zunächst einmal ist uns das gegenwärtige Leben eher fremd. Es stellt wohl eher die Ausnahme dar. Wir leben häufig mehr in der Vergangenheit oder in der Zukunft. Der Romanautor *Milan Kundera*[176] beschreibt in seinem Roman »Der Scherz« die meist beobachtbare Einstellung so:

»Alle grundlegenden Situationen im Leben sind unwiederbringlich. Damit der Mensch Mensch ist, muss er diese Unwiederbringlichkeit mit vollem Bewusstsein durchleben. Sie bis zur Neige auskosten. Er darf nicht schwindeln. Er darf nicht tun, als würde er sie nicht sehen. Der moderne Mensch schwindelt. Er versucht, alle Meilensteine zu umgehen und so vom Leben in den Tod zu gelangen, ohne zu bezahlen.«

In der Gegenwart zu leben ist aus unterschiedlichen Gründen bedeutsam und lebensnotwendig[177]:

- Gegenwärtig-Sein erlaubt es uns, konzentriert und aufmerksam zu arbeiten.
- Indem ich ganz in der Gegenwart bin, kann ich die Anforderungen an mich vonseiten meiner menschlichen, sozialen und natürlichen Umwelt wahrnehmen und erleben.
- Nur indem ich gegenwärtig bin und nicht vollkommen in der Vergangenheit oder der Zukunft verhaftet bin, kann ich mich selbst weiterentwickeln.
- Wenn ich in der Gegenwart lebe, kann ich die Einladungen wahrnehmen, die mich zum Spielen und zum Tanzen, zum Zuhören und zum Gespräch, zum Naturerleben und zur Kontemplation herausfordern.

Doch oft sind wir mit Vergangenheit und Zukunft derartig verbunden, dass ein Gegenwärtig-Sein nur schwer möglich ist. So kann mich die Glorifizierung der Vergangenheit ebenso fesseln wie nicht verarbeitete Verletzungen. Statt an beiden festzuhalten geht es zum einen darum, das loszulassen, was (mir) passiert ist. Dies kann dadurch geschehen, dass man erkennt, dass man nicht der Mittelpunkt der Welt ist, dass Verletzungen unvermeidbar sind, aber auch durch Verzeihen und Vergeben. Zum anderen geht es darum, das zuzulassen, was in (meine) Gegenwart hineinwirkt, persönlichkeitsprägende Aspekte zu erkennen und dankbar für Geschenktes zu sein. Andererseits kann ich aber auch durch die Zukunft gefesselt sein: Zukunftsängste können mich ebenso fixieren wie unklare oder zwanghaft verfolgte Zukunftsvorstellungen. Auch hier liegt die positive Wendung im Loslassen und im Zulassen: So kann ich versuchen, nicht alles vorwegzunehmen und neue Herausforderungen nicht gleich abzuwehren. Ich lerne, mich auf neue Menschen und auf neue Aufgaben einzulassen und verzichte dementsprechend auf Absicherungsmaßnahmen. Wichtig ist es auch, warten zu können, offen zu sein für neue Entwicklungen und auf »versinkende Möglichkeiten« verzichten zu können und nicht krampfhaft an ihnen festzuhalten.

Wenn wir nicht in der Gegenwart leben, übersehen wir auch vieles Ermutigende und nehmen die Angebote, die das Leben uns macht, nicht wahr. Die bewusste Wahrnehmung dessen, was sich in uns und um uns

Was Biografiearbeit außer Rückschau noch ist

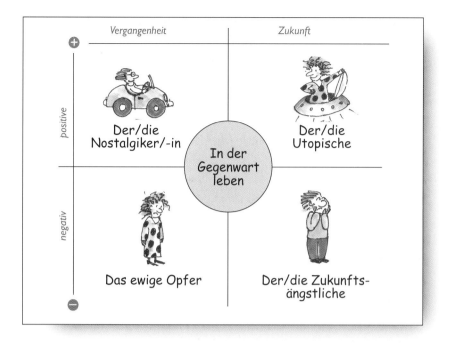

herum tut, ist also die grundlegende Aufgabe, die zunächst einmal zu bewältigen ist. »Das Leben mit allem, was es uns zu bieten hat, findet immer nur in der Gegenwart statt. Wir können den Sonnenuntergang von gestern nicht heute genießen und den Geschmack der Schokolade, die wir morgen essen, jetzt auf der Zunge haben. Wir können uns zwar an Vergangenes erinnern und auf Zukünftiges freuen. Aber eigentlich steht uns nur das Gegenwärtige wirklich zu. ... Das Leben ist ständig im Fluss. In diesem Fluss schwimmen wir mit, ob wir wollen oder nicht. Wenn wir Vergangenem nachhängen oder uns vom Zukünftigem allzu sehr in Beschlag nehmen lassen, versäumen wir es, das Gegenwärtige voll auszuschöpfen.«[178]

👁 *Selbstständig lernen 6*

In der Gegenwart kommen immer wieder Angebote auf uns zu, die unser Leben bereichern und weiterführen können. Vielfach haben wir für diese Angebote keinen Blick oder, wenn wir denn die Angebote

erkennen, wir können sie unter Umständen nicht annehmen. Oft antworten wir mit dem berühmten »Aber«:
- »Aber das ist doch zu teuer.«
- »Aber das ist doch unvernünftig.«
- »Aber das geht doch nicht.«
- »Aber das ist doch unmoralisch.«
- »Aber das kann ich doch nicht machen.«
- »Aber das haben wir doch noch nie gemacht!«

In einem Seminar zum Improvisationstheater habe ich so genannte »Blockade-Techniken« kennen gelernt. Es handelt sich hier um Verhaltensweisen, die verhindern, dass eine spannende Spiel-Geschichte entstehen kann. Sie werden mitunter auch eingesetzt, »um eine Geschichte zu ruinieren«. »Blockieren heißt alles, was die Entwicklung einer Handlung verhindert oder wodurch das Angebot des Partners zunichte gemacht wird. Geht die Handlung weiter, war es kein Blockieren.«[179]

Diese Blockade-Techniken sind nicht nur im Improvisationstheater zu finden. Auch im »richtigen Leben« werden sie von uns – oft unbewusst – verwendet. Wenn das »Leben« uns neue (Beziehungs-, Stellen-, Erfahrungs- usw.) Angebote macht, reagieren wir vielfach so:[180]

- Mit Verweigerung: »Willst du mit mir in Urlaub fahren?« – »Nein!«
- Mit negativer Einstellung: »Wie findest du die Algarve?« – »Furchtbar!«
- Mit Kneifen oder Hinauszögern: »Willst du mit mir in Urlaub fahren?« – »Dazu kann ich jetzt nichts sagen.«
- Mit Auslöschen: »Oder fahren wir nach Südschweden?« – »Das ist doch alles Blödsinn.«
- Mit Tratschen: »So ein gemeinsamer Urlaub würde mir gefallen.« – »Klaus und Maria waren letzten Sommer zum Bergsteigen in Südtirol. Dort haben sie sich ganz schön gestritten.«
- Mit Überbrücken: »Willst du mit mir in Urlaub fahren?« – »Lass uns erst einmal über meinen heutigen Arbeitstag reden.«
- Mit Ausweichen: »Willst du mit mir in Urlaub fahren?« – »Gestern ist mir ein Reh ins Auto gelaufen.«

Was Biografiearbeit außer Rückschau noch ist

- Mit Gags: »Wir fliegen nach Mexiko.« – »Ich kannte ein Mädchen in Mexiko, die hatte einen sexy Po.«
- Mit komischer Übertreibung: »Wir könnten auf die Malediven fahren.« – »Ach, wie wär's denn gleich mit dem Mond?!«
- Mit Konflikt: »Ich möchte mit dir in Urlaub fahren.« – »Ach, lass mich doch in Ruhe mit deinen blöden Ideen!«
- Mit einem Sofort-Problem: »Ich möchte mit dir in Urlaub fahren.« – »O Gott, Du schnarchst doch so schlimm.«
- Mit dem Senken des Einsatzes: »Ich möchte mit dir in Urlaub fahren.« – »Wie wär's mit Kaffeetrinken.«

Wohl gemerkt: Für all diese Einstellungen und Verhaltensweisen mag es gute Gründe geben. Und wir können wahrscheinlich gar nicht alle Angebote aufgreifen, die uns vom Leben präsentiert werden. Zugleich ist zu bedenken: Diese Blockadefloskeln blockieren Lebensgeschichten, verhindern Neues und bremsen die Horizonterweiterung. »Leute, die ein langweiliges Leben haben, glauben oft, das sei einfach Zufall. In Wirklichkeit entscheidet jeder Mensch mehr oder weniger selbst, wie er blockiert oder bejaht.«[181]

👁 Selbstständig lernen 7

Die Herausforderung besteht darin, eine bejahende Haltung für das uns Begegnende zu entwickeln und Zukünftiges zu eröffnen. Um den Wert des Bejahenden weiß schon Hermann Hesse.[182] Er schreibt: »Widerstand verstärkt, Hingabe mildert. Bejahen ist Magie.«

Der »Lebenskunst«-Philosoph *Wilhelm Schmid*[183] nennt eine solch offene Lebenseinstellung eine »essayistische Existenz«: Es handelt sich bei dieser essayistischen Verfahrensweise »um den Versuch, *auf andere Gedanken zu kommen,* anders denken zu lernen, als man schon gedacht hat, ... glückliche Seitensprünge des Denkens und der Existenz.« Diese Lebenseinstellung schätzt Fantasie und Träume, lebt vom freien und reifen Geist und ist bereit zu Umwegen. Der »Versuch« ist zentrales Instrument essayistischen Lebens. Der/die Lebenskünstler/in unternimmt vorsätzlich Versuche, lässt sich aber auch in Versuchung führen. Das Leben mit dem Zufall erschließt »verborgene Möglichkeiten, die ohne ihn nicht entdeckt worden wären und die ein Vorhaben besser voranbringen als die Planung, die mit dem Zufall nicht rechnen wollte.«[184]

Zwei Aspekte möchte ich besonders betonen: Zum einen beginnen die Erörterungen Wilhelm Schmids zum »Experimentellen Lernen« mit den Worten »*im Zweifelsfall*«. Das heißt: Wir können nicht komplett, ganz und gar im Modus des Versuchens leben. Das würde uns wohl überfordern. Aber »im Zweifelfalle«, wenn wir einmal nicht wissen, wie wir uns entscheiden sollen, kann es sinnvoll und weiterführend sein, sich für einen Versuch zu entscheiden. Zum anderen müssen wir uns unter einem Versuch *nichts Großes* vorstellen. Es genügt, einmal mit der Straßenbahn auf dem Weg zur Arbeit eine Haltestation weiter als sonst zu fahren und von dort aus zur Arbeitsstelle zurückzulaufen. Wir können dann neue Entdeckungen und Erfahrungen machen, neue Geschäft, neue Restaurants, neue Biergärten – und von diesen wiederum können wir uns dann in Versuchung führen lassen.

Als Leitfrage für den Umgang mit auftretenden Lebensangeboten kann auf eine Fragestellung aus *Doris Dörries*[185] Roman »Was machen wir jetzt?« zurückgegriffen werden: »Hast du den schönsten Augenblick deines Lebens schon erlebt?«

In der Gegenwart leben – der Dichter *Rainer Maria Rilke* beschreibt diese Lebenseinstellung im folgenden Gedicht:

Du musst das Leben nicht verstehen

Du musst das Leben nicht verstehen,
dann wird es werden wie ein Fest.
Und lass dir jeden Tag geschehen
So wie ein Kind im Weitergehen
Von jedem Wehen
Sich viele Blüten schenken lässt.

Sie aufzusammeln und zu sparen,
das kommt dem Kind nicht in den Sinn.
Es löst sie leise aus den Haaren,
drin sie so gern gefangen waren,

*und hält den lieben jungen Jahren
nach neuen seine Hände hin.*

Gegenwärtiges Leben kann – so meine ich – mit drei Wahlsprüchen gut umschrieben werden:
- Neu anfangen
- Wahrnehmen und genießen
- Verabschieden und loslassen

Mit diesen Wahlsprüchen lassen sich menschliche Entwicklungswege gut beschreiben. In den verschiedensten Lebensbereichen vollzieht sich die Entwicklung im Dreischritt von Anfangen, Wahrnehmen und Loslassen. Dies geschieht nicht überall parallel, so dass wir in unterschiedlichen Lebensfeldern uns jeweils im Anfangen, Wahrnehmen und Loslassen befinden können.»Der eine tut sich beim Anfangen leicht, der andere mit dem Bleiben, und der Dritte kann leicht lassen. Entscheidend ist, die eigenen Stärken und Schwächen zu erkennen und auszugleichen – und weiterzugehen, den nächsten Schritt zu tun, der ansteht.«[186]

Neu anfangen

Ankommens- und Anfangssituationen durchziehen unsere Biografie: Immer wieder haben wir irgendwo irgendwas angefangen.

Miteinander lernen 8

Aber Anfangen verunsichert uns vielfach. Denn wir verlassen vertrautes Terrain und machen uns auf den Weg in unbekanntes Land. Dazu ist es notwendig und sinnvoll, sich über drei Fragen genauere Gedanken zu machen:
- Wo will ich hin?
- Wer ist von meinem Aufbruch betroffen? Wer könnte ihn unterstützen, wer blockieren?
- Woher bekomme ich Energie und Kraft auf dem neuen Weg?

Wahrnehmen und Genießen

Das Ganz-da-Sein in der Gegenwart stellt wohl eine der größten Herausforderungen dar. Die dafür notwendige Haltung erschließt sich meines Erachtens aus dem folgenden Text der Bibel »Alles hat seine Stunde«:

> *Alles hat seine Stunde. Für jedes Geschehen unter dem Himmel gibt es eine bestimmte Zeit:*
> *eine Zeit zum Gebären und eine Zeit zum Sterben,*
> *eine Zeit zum Pflanzen und eine Zeit zum Abernten der Pflanzen,*
> *eine Zeit zum Töten und eine Zeit zum Heilen,*
> *eine Zeit zum Niederreißen und eine Zeit zum Bauen,*
> *eine Zeit zum Weinen und eine Zeit zum Lachen,*
> *eine Zeit für die Klage und eine Zeit für den Tanz,*
> *eine Zeit zum Steine werfen und eine Zeit zum Steine sammeln,*
> *eine Zeit zum Umarmen und eine Zeit, die Umarmung zu lösen,*
> *eine Zeit zum Suchen und eine Zeit zum Verlieren,*
> *eine Zeit zum Behalten und eine Zeit zum Wegwerfen,*
> *eine Zeit zum Zerreißen und eine Zeit zum Zusammennähen,*
> *eine Zeit zum Schweigen und eine Zeit zum Reden,*
> *eine Zeit zum Lieben und eine Zeit zum Hassen,*
> *eine Zeit für den Krieg und eine Zeit für den Frieden.*
> *Kohelet 3,1–8*

Miteinander lernen 9

Der Leitsatz, dass alles seine Zeit hat, besitzt drei Implikationen, die sich wie unverrückbare Pflöcke des Gegenwärtig-Seins darstellen:

- *Jeder Prozess braucht seine Zeit.* Jede Entwicklung dauert ihre Zeit. »Wer zu viel verändert, stört die Entwicklung«, sagt Organisationsentwickler Waldefried Pechtl. So hat z. B. die Trauer ihre Phasen und nimmt sich ihre Zeit. Sie lässt sich nicht beschleunigen. Ebenso wenig wie der Genuss.
- *Jeder Mensch hat seine Geschwindigkeit.* Dem einen geht eine bestimmte Tätigkeit schneller von der Hand. Die andere braucht für eine

andere Entwicklung etwas länger. Jedes Individuum besitzt sein persönliches Lebenstempo.
- Für jede Tätigkeit gibt es den richtigen Zeitpunkt. Die Gunst der Stunde zu nutzen, ist eine hohe Kunst. So kann eine Liebeserklärung z. B. zu früh oder zu spät kommen. Den richtigen Zeitpunkt erspüren zu können, ist ein wesentlicher Aspekt des Gegenwärtigseins.

Verabschieden und Loslassen

Das Loslassen ist eine zentrale Lebensaufgabe, der wir uns immer wieder stellen müssen. Zwei Beispiele zeigen auf, an welch unterschiedlichen Stellen der individuellen Biografie die »Kunst des Loslassens« gefragt ist:
- Nadjas Mann ist ausgezogen. Nach vielen belastenden Ehejahren ist die Trennung vollzogen – äußerlich. Innerlich gibt es noch vieles, was die beiden aneinander bindet: große Abenteuer, schöne Stunden, gemeinsame Interessen. Die Tendenz ist stark, wieder in das Vertraute zurückzukehren. »Du musst ihn vergessen!«, rät eine wohlmeinende Freundin.
- Igor wird bald vierzig. Wenn er spät abends von der Arbeit nach Hause fährt, fragt er sich, ob das alles so weitergehen kann: Soll das Streben nach Leistung, Ansehen und Erfolg weiterhin zentral in seinem Leben stehen? Will er so noch die nächsten 20 Jahre leben und arbeiten? »Du musst auf dich schauen«, meinen Kollegen und Freunde.

»Mit vollen Händen kann man nichts Neues anpacken.« Mit diesem körpersprachlich ganz einfachen Bild lässt sich die Notwendigkeit des Loslassens umschreiben. Neues muss in meinem Leben einen Platz finden können. Wenn ich vieles festhalten will, kann es nur wenig oder keinen Raum für neue Möglichkeiten geben: für neue Menschen, neue Interessen, neue Orientierungen, neue Erfahrungen. Loslassen ist somit auch eine wesentliche Voraussetzung für Veränderung.

Wir müssen oder wollen auf unserem Lebensweg immer wieder etwas oder jemanden loslassen und freigeben: Menschen, Interessen und Aufgaben, persönliche Werte und Lebensorientierungen. Mit Blick auf unser eigenes Leben können wir vereinfachend zwei Situationen unterscheiden, in denen die »Kunst des Loslassens« gefragt ist: Zum einen nach *einschneidenden Lebensereignissen*, die uns etwas Wichtiges genommen haben, wie beispielsweise der Tod des Partners oder der Partnerin, der Verlust des Arbeitsplatzes und Ähnliches; zum anderen nach *persönlichen Entscheidungen*, in denen ich Schwerpunkte gesetzt habe und somit gleichzeitig Werte, Dinge, Personen als nicht so oder als nicht mehr bedeutsam eingeordnet habe. In beiden Fällen heißt es Abschied nehmen und loslassen von ganzen Lebensabschnitten und Phasen.

Abschiedsrituale können uns helfen, solche Abschiede zu gestalten. Bei Beerdigungen ist das ganz offensichtlich: Das Belobigen der verstorbenen Person in den Grabreden, das Hören der tröstenden Worte des Priesters, das persönliche Abschiednehmen am Sarg oder am Grab und das Bestätigen des »Ich-bin-ja-nicht-alleine« beim oft geschmähten Leichenschmaus erleichtern dem Trauernden das Loslassen.

Überträgt man diese vier Punkte auf andere Loslösungsprozesse, so ergeben sich wichtige Anregungen:[187]

- Ich *würdige* das, was losgelassen werden soll. Sicherlich gab es schöne und bereichernde Stunden mit dem/der ehemaligen Partner/in. Sicherlich hatte ich Phasen der Zufriedenheit und höchster Motivation an der Arbeitsstelle, die ich jetzt verlasse. Sicherlich hatten bestimmte Werte, die ich jetzt aufgebe, ihren Nutzen in meinem Leben. (Hier könnte auch der Nutzen der lateinischen Aufforderung »Nihil de mortuis nisi bene« liegen – denn Wut und Nachtragen binden und lösen nicht.)
- Ich verfüge über *Kraftquellen*, die mir in Phasen der Trauer Zuversicht schenken können. Ich werde mir – möglichst schon in Phasen der Lebensfreude und einer zuversichtlichen Lebenseinstellung – bewusst, was mich trägt, ermutigt und mir gut tut. Eine Liste mit dreißig kleinen und großen Mutmachern (z. B. spazieren gehen, eine Reise unternehmen u. a.) an die Kühlschranktür gepinnt, bietet auch in dunklen Phasen Anregung für so manchen Lichtblick.
- Ich nehme mit einem kleinen *Ritual* Abschied. Ein kurzer Brief an die loszulassende Person, die abzuschließende Lebensphase, den Wert,

Was Biografiearbeit außer Rückschau noch ist

den ich aufgeben möchte, wirkt loslösend. Der Brief kann abgesendet, verbrannt oder als Schiffchen auf einem Bach freigegeben werden.
- Ich weiß um *Menschen*, die mich in meinem Loslösungsprozess unterstützen. Ich spreche mit diesen über den neuen Weg, den ich gehen möchte. Ich bitte sie um Begleitung und Unterstützung. Und ich tue dies so konkret wie möglich.

Ein wichtiger Satz kann uns in solchen Phasen des Loslassens begleiten: »Die Energie folgt der Aufmerksamkeit.« Das heißt: Worauf ich meinen Blick richte, dorthin bewegt sich meine Kraft. Schaue ich auf den Verlust, so investiere ich meine Energien in Menschen, Tätigkeiten oder Werte, die unwiederbringlich sind oder mir nicht gut getan haben. Blicke ich auf die Möglichkeiten und Chancen, die das Loslassen mir eröffnet, fließt meine Kraft in das Neue. In diesem Zusammenhang offenbart sich auch die Ambivalenz des Loslassens: Denn Loslassen heißt nicht nur frei werden von etwas, sondern auch frei werden für etwas.

👁 Selbstständig lernen 10

Loslassen steht in enger Verbindung mit Gelassenheit. Sie ist sogar die Grundlage des Los- und Zulassens: Wer gelassen ist, kann sich wahrscheinlich einfacher von Vergehendem verabschieden und offener sein für das Kommende. Und umgekehrt gilt: Wer beim Los- und Zulassen die Erfahrung machen durfte, dass das Leben trägt, der oder die wird eine gelassenere Lebenseinstellung und -führung (weiter-)entwickeln können.

Die Philosophie der Lebenskunst rückt die Gelassenheit in die Nähe der »Seelenfestigkeit«, der »Gleichmütigkeit« und der »Selbstmächtigkeit«. Diese bewirken, das »Widerstrebende, das Üble, Schmerzliche und selbst Widerliche gelassen hinzunehmen, ebenso jedoch das Angenehme und Lustvolle, nämlich ohne Exaltation und ohne sich daran zu klammern, so dass es mühelos wieder losgelassen werden kann. … Da ohnehin mit der Veränderlichkeit der Dinge gerechnet werden muss – das einzig Beständige ist die Veränderung -, kommt es darauf an, sich für sie offen zu halten.«[188]

All das klingt nach Schwere und Leidenschaftslosigkeit, schließt aber Leichtigkeit und Lebendigkeit keineswegs aus. Ein großes Programm, das der alltäglichen Erkundung und der praktischen Umsetzung bedarf: Eine besondere Perspektive kann uns helfen, Gelassenheit zu gewinnen: der so genannte »Blick von außen«. Das heißt, ich gehe in Distanz zur vorgegebenen Problemstellung, betrachte sie aus der Entfernung und relativiere sie dadurch.

Bei Veränderungen richten wir unsere Aufmerksamkeit und damit auch unsere Energien viel zu häufig auf die großen Schritte. Diese sind meist gar nicht zu schaffen, und nach dem Scheitern sind wir uns umso sicherer, dass wir es nicht können.

👁 *Selbstständig lernen 11*

Ein abschließender Blick auf die genannten Beispiele zeigt auf, wohin das Loslassen und Zulassen auf der Grundlage einer gelassenen Lebenseinstellung uns führt:

- Nadja schreibt ihrem ehemaligen Partner einen Brief. Sie schildert darin, was sie alles der Beziehung zu ihm verdankt, beschreibt gute Erfahrungen und schöne Stunden und dankt ihm dafür. Sie stellt aber auch klar: Diese Lebensphase ist jetzt vorbei. Nach dem Schreiben fühlt sie sich freier.

- Igor stellt sich die »Wunderfrage«: Was wäre morgen anders, wenn ich mich über Nacht von meinem leistungsorientierten Werten verabschiede und mehr auf mich selber schaue? Drei konkrete Veränderungen fallen ihm sofort ein. Am Abend des nächsten Tages verlässt er pünktlich sein Büro und meldet sich in einem Fitness-Studio an.

👁 *Selbstständig lernen 12*

Veränderungen Raum geben

Veränderungen Raum zu geben, ist kein einfaches Programm. Denn es sind häufig nicht nur irgendwelche Verhaltensänderungen, die wir vollziehen wollen. Vielmehr sind mit Veränderungen zumeist auch Fragen grundlegender Einstellungen, existenzieller Gefühle und des persönlichen Selbstbildes angesprochen. Allein unsere (Meta-)Einstellung gegenüber Bewahren und Verändern ist hier schon von zentraler Bedeutung.

Was Biografiearbeit außer Rückschau noch ist

(aus: Schmidt-Tanger, Veränderungscoaching, Verlag Junfernmann, 1998.)

Veränderungen fallen uns oft schwer. Auch dann, wenn das abzulegende Verhalten als banal erscheint. Der Blick auf die Veränderungspyramide erklärt, warum es oft so schwer ist, etwas Altes sein zu lassen und etwas Neues anzufangen:[189]

- Auf der untersten Ebene der Veränderungspyramide finden wir die Veränderung der äußeren Umgebung. Vielleicht wollen wir unsere Wohnung umstellen oder unser Kleidungs-Outfit erneuern. Dies klingt einfach und schnell umsetzbar, wird aber dann zu einem Problem, wenn diese Absicht mit einer weiter höher liegenden Ebene der Veränderungspyramide kollidiert: Rührt beispielsweise die Veränderung unserer Kleidungskultur an unserem Selbstbild und unserer Identität, dann kann es sein, dass diese vermeintlich einfache Veränderung sehr schwierig wird.
- Die nächste Ebene der Veränderungspyramide bilden die Verhaltensweisen und Handlungen. Vielleicht wollen wir das Rauchen aufhören oder uns ein anderes Ernährungsverhalten aneignen. Auch hier kann eine Kollision mit einer höher gelegenen Ebene der Veränderungspyramide eintreten: Vielleicht wird durch die Änderung unseres Ess- oder Trinkverhaltens die Zugehörigkeit zu einer Freundesgruppe

gefährdet, wenn diese sich beispielsweise durch ein bestimmtes Konsumverhalten auszeichnet.
- Fähigkeiten und Strategien bilden die dritte Ebene der Veränderungspyramide. Wir wollen uns beispielsweise weiterbilden und etwas dazulernen. Aber auch diese Veränderungsabsicht kann in Konflikt treten mit einer darüberliegenden Ebene der Veränderungspyramide: Zum Beispiel dann, wenn wir auf einen Glaubenssatz zurückgreifen, der besagt »Ich kann das sowieso nicht«.
- Auf der vierten Etage der Pyramide finden wir unsere persönlichen Einstellungen, Glaubenssätze und Wertvorstellungen. Diese verändern zu wollen, stellt schon eine ziemlich anspruchsvolle Aufgabe dar. Auch hier wird deutlich: Eine Veränderung auf dieser Ebene zieht Konsequenzen in darüberliegenden Ebenen nach sich. Verändere ich beispielsweise Glaubenssätze über meine eigenen Person, so ist auch meine Identität und eventuell auch meine Zugehörigkeit zu bestimmten sozialen Gruppen in »Mitleidenschaft« gezogen.
- Der Wandel der eigenen Identität ist eine der schwersten Aufgaben. Sie zieht sicherlich Konsequenzen in der Zugehörigkeit zu Bezugsgruppen und Netzwerken nach sich. Denn die Frage ist, inwieweit bleibe ich in diese Bezugsfelder integriert, wenn ich mich verändere?
- Eine der zentralen Themenstellungen im Zusammenhang mit Veränderungen ist die Zugehörigkeit zu sozialen Gruppen, z. B. Familie, Freunde, Kollegen usw. Wie wir schon im Identitätskapitel gesehen haben (vgl. Kap. 3.3), stellt diese Zugehörigkeit eine wesentliche Basis unseres Selbstwertgefühles dar. Die Zugehörigkeit zu einer Bezugsgruppe zu verlieren, kann auch unser Selbstwertgefühl gefährden.
- Die oberste Ebene der Veränderungspyramide bildet die Spiritualität: Auf dieser Ebene findet sich unsere je persönliche Antwort auf die Sinnfrage, unser Eingebundensein in eine geistige Gemeinschaft und unsere persönliche Lebensvision.

Angesichts dieser Veränderungspyramide wird klar, warum Veränderungen uns so schwer fallen: So können Veränderungen auf den unteren Ebenen Auswirkungen auf die oberen Ebenen haben, das dort vorhandene

Gleichgewicht stören und somit von diesen oberen Ebenen her unterlaufen werden. Umgekehrt gilt: Eine Veränderung auf den oberen Ebenen beeinflusst die darunterliegenden. Wenn ich eine Veränderung in meinem Leben anziele, die auf der Veränderungspyramide weiter oben angesiedelt ist, dann hat dies größere und stärkere Auswirkungen (nämlich auf die Ebenen darunter) und kann somit anstrengender sein und länger dauern.

Vielfach scheitern wir aber an unseren eigenen Veränderungsplänen deswegen, weil wir uns zu viel vornehmen und zu viel erwarten. Die Psychologie spricht in diesem Zusammenhang vom »Falschen-Hoffnungs-Syndrom«. Dieses Syndrom umfasst mindestens vier Aspekte:[190]

- Wir nehmen uns zu viele Sachen auf einmal vor. Wir wollen gleichzeitig das allmorgendliche Joggen einführen, Rauchen aufhören und den Kaffeekonsum senken. All dies überfordert uns aber.
- Wir gehen davon aus, dass Veränderungen sich schnell vollziehen können, wenn man es nur richtig will. Dabei sind Rückschläge eigentlich feste Bestandteile eines jeden Veränderungsprozesses, »erfolgreiche Selbstveränderer haben im Durchschnitt fünf Anläufe hinter sich, ehe sie ihr Ziel erreichen«.[191]
- Wir erwarten uns zu viel und verlieren somit die Wahrnehmung für erste kleine Erfolge.
- Wir gehen davon aus, dass sich Veränderungen in einem Lebensbereich positiv auf andere Lebensfelder auswirken. Wer sich jeden Morgen zum Joggen »zwingt«, erwartet sich dadurch vielleicht auch beruflichen Erfolg und mehr Erfolg im Liebesleben. Stellen sich hier die Erfolge aber nicht (schnell) ein, so ist das Durchhalten beim Morgenlauf gefährdet.

Fazit: Die Messlatte bei Veränderungsprozessen sollte möglichst niedrig sein. Veränderungen vollziehen sich in kleinen Schritten, die nach Rückschlägen auch eventuell immer wieder neu durchlaufen werden müssen. Die großen Auswirkungen stellen sich meistens nicht zeitnah ein.

5.3 Lebensplanung und Leben entwerfen

Der Mensch wird zunehmend zu seinem eigenen biografischen Planungsbüro. Angesichts brüchiger werdender Werte- und Normvorgaben wird jede/r zu einem selbständigen Architekten des eigenen Lebensgebäudes. Er/sie erhält eine größere »Planungsautonomie«. Angesichts dieser gewachsenen Planungsfreiheiten und -notwendigkeiten gewinnen zunehmend unsere Träume an Bedeutung und vielleicht sogar an Realisierungsmöglichkeiten.

👁 *Selbstständig lernen 13*

Aber nicht nur Träume kommen zum Tragen, wenn wir über unsere Zukunft nachdenken. Vielmehr beeinflussen uns bei solchen Überlegungen auch Vorstellungen darüber, was »man« als Erwachsener alles erlebt und erfahren haben sollte.

👁 *Selbstständig lernen 14*

Sören Kierkegaard bringt die Frage nach der biografischen Zukunft auf folgenden Nenner:

»*Was wird kommen? Was wird die Zukunft bringen? Ich weiß es nicht, ich ahne nichts. Wenn eine Spinne von einem festen Punkt sich in ihre Konsequenzen hinabstürzt, so sieht sie stets einen leeren Raum vor sich, in dem sie nirgends Fuß fassen kann, wie sehr sie auch zappelt. So geht es mir: vor mir stets ein leerer Raum; was mich vorwärts treibt, ist eine Konsequenz, die hinter mir liegt. Dieses Leben ist verkehrt und grauenhaft, nicht auszuhalten.*«

Die Lebensplanung und das Entwerfen der persönlichen Zukunft ist mehr als das Bauen von Luftschlössern oder die logische Fortschreibung der aktuellen Situation. Bei der Lebensplanung kommen vernunftgesteuerte (kognitive) Überlegungen ebenso zum Tragen wie (emotionale) Wünsche und Träume. Schließlich gilt es auch, pragmatische und praktische Planungen anzustellen. Emotional und/oder rational begründete Ziele münden also in einen Plan oder ein Drehbuch (Script) – weswegen man auch von einem *Scriptansatz* spricht. Demgegenüber gibt es auch offenere und spontanere Zukunftskonzepte, so genannte *Improvisationsmodelle* (vgl. Kap. 5.2).

Was Biografiearbeit außer Rückschau noch ist

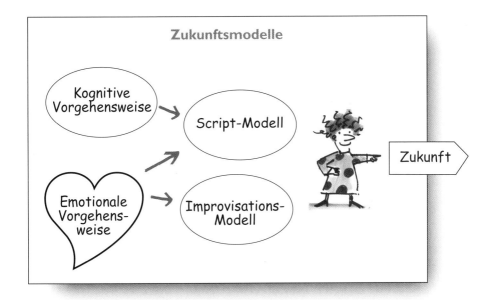

Natürlich ist klar, dass künftiges Leben nicht verplanbar, aber sehr wohl planbar ist. Und selbstverständlich weiß ich, dass unseren Planungen immer etwas in die Quere kommen kann. Ich will hier keinen biografischen Machbarkeitswahn pflegen. Aber ich möchte Ihnen für Ihre biografische Kompetenz eine Haltung ans Herz legen, die sich als »zielorientiert und ergebnisoffen« charakterisieren lässt. Das heißt, ich habe ein Ziel, eine Vorstellung davon, wo ich hin will. Ich folge diesem Ziel aber nicht stur und entwickle dabei keinen Tunnelblick, der verhindert, dass ich die Angebote links und rechts von meinem Lebensweg wahrnehme. Auch unerwartete Ereignisse fordern uns immer wieder zu Veränderungen heraus: »Manchmal genügt schon der Biss einer Zecke, um ein Leben aus der Bahn zu werfen. Ein kleiner Motorradunfall macht aus deinen Businessplänen Makulatur. Ein einziges Fehlverhalten zerstört über Nacht die Aussicht auf eine Karriere, die am Tag zuvor noch als unerschütterlich galt.«[192]

Die Zukunft kann aus verschiedenen Perspektiven heraus betrachtet und entworfen werden:[193]

- Die *intuitive* Perspektive ist stärker von der Emotionalität bestimmt und verbindet Lebenserfahrungen und rationale Überlegungen mit dem Gefühl.
- Die *explorative* Perspektive nimmt zunächst die vergangenen Entwicklungen in den Blick und baut darauf die Zukunftsentwürfe auf.
- Die *projektive* Perspektive ist ebenso eher rational. Sie formuliert Ziele und entwickelt daraus Strategien und Schritte.
- Die *rekursive* Perspektive umfasst die drei genannten und zieht regelmäßig Zwischenfazits zur eventuellen Kurskorrektur.

Emotionale Aspekte der Zukunftsplanung

Der Dichter *Hermann Hesse*[194] hat in einem bekannten Gedicht eine eher positive biografische Haltung beschrieben, die Sie auch schon bei den Symbolen für den Lebenslauf kennen gelernt haben: die Lebenstreppe; und verbunden mit diesem Symbol ist die Bereitschaft, nicht auf einem Niveau stehen zu bleiben, sondern immer weiterzugehen.

> *Stufen*
> *Wie jede Blüte welkt und jede Jugend*
> *Dem Alter weicht, blüht jede Lebensstufe,*
> *Blüht jede Weisheit auch und jede Tugend*
> *Zu ihrer Zeit und darf nicht ewig dauern.*
> *Es muss das Herz bei jedem Lebensrufe*
> *Bereit zum Abschied sein und Neubeginne,*
> *Um sich in Tapferkeit und ohne Trauern*
> *In andre, neue Bindungen zu geben.*
> *Und jedem Anfang wohnt ein Zauber inne,*
> *Der uns beschützt und der uns hilft, zu leben.*
> *Wir sollen heiter Raum um Raum durchschreiten,*
> *An keinem wie an einer Heimat hängen,*
> *Der Weltgeist will nicht fesseln uns und engen,*
> *Er will uns Stuf' um Stufe heben, weiten.*
> *Kaum sind wir heimisch einem Lebenskreise*

Was Biografiearbeit außer Rückschau noch ist

Und traulich eingewohnt, so droht Erschlaffen,
Nur wer bereit zu Aufbruch ist und Reise,
Mag lähmender Gewöhnung sich entraffen.
Es wird vielleicht auch noch die Todesstunde
Uns neuen Räumen jung entgegensenden,
Des Lebens Ruf an uns wird niemals enden...
Wohlan denn, Herz, nimm Abschied und gesunde!
(aus: Sämtliche Werke, Band 10: Die Gedichte. © Suhrkamp Verlag Frankfurt)

Um die eigene Zukunft gestalterisch entwerfen zu können, ist es sinnvoll, die übergeordnete Lebensvision näher zu bestimmen. Unter Lebensvision verstehen wir das Zukunftsbild, auf das hin wir leben und unsere konkreteren Ziele ausrichten. Diese Vision stellt ein eher grundsätzlicheres übergeordnetes Lebensziel dar, das als Begründung für konkretere Teilziele dient. Weiterhin stellt die Lebensvision ein Überprüfungskriterium für Ihre Einzelziele dar: Sind sie visionsförderlich oder laufen sie dagegen?[195] Zur biografischen Kompetenz gehört auch diese »Visionskompetenz«, d. h. die Fähigkeit, zukunftsträchtige Leit-Bilder entwickeln zu können. Dabei gilt ein Leitsatz des Organisationsentwicklers *Peter Senge:* »Das Wichtigste ist nicht die Vision, sondern was sie bewirkt.« Das heißt, im Vordergrund steht nicht allein die Frage, ob meine Vision erreicht wird und was genau der Inhalt ist. Genauso wichtig ist schlichtweg die Tatsache, dass ich mich überhaupt mit persönlichen Zukunftsfragen auseinander gesetzt habe.

❊ Miteinander lernen 15

Kognitive Überlegungen für die Lebensplanung

Hier lege ich das Modell der Lebenszentren zugrunde:[196] Unser Leben bewegt sich um typische Grundthemen herum, wobei zu bestimmten Zeiten manche Themen im Vordergrund stehen, während zu einem späteren Zeitpunkt andere Themen eine Vorrangstellung einnehmen können. Zu diesen Lebensthemen gehören:

- Die *Arbeit*: Sie kann zeitlich wie emotional in unserem Leben einen breiten Raum einnehmen. Wir können uns dort selbst verwirklichen, unsere Interessen ausleben, durch sie aber auch manches Unangenehme im Leben verarbeiten oder verdrängen.

- Die *Partnerschaft*: Sie kann zu einem zentralen Faktor in unserem Leben werden. Im Positiven bedeutet dies gegenseitige Ergänzung und Unterstützung zweier Menschen (Lern- und Lebensgemeinschaft), wobei beide ihre persönlichen Freiheiten akzeptieren und schützen. Im Negativen kann dies Abhängigkeit bedeuten.
- Der *Besitz*: Das »Sammeln« von Statussymbolen (Mercedes, Swimmingpool, Zweitwohnung im Tessin ..., aber auch Satellitenschüssel und HiFi-Anlage) kann im Mittelpunkt des Lebens stehen. (Mehr oder weniger) hochrangige materielle Güter zu besitzen – seien sie technologischer oder künstlerischer Art – kann zum Selbstzweck werden. Es können aber auch Bedürfnisse nach Sicherheit, Modernität oder Ästhetik dahinter stehen.
- Das *Vergnügen*: »Nicht leben, um zu arbeiten, sondern arbeiten, um zu leben« – das könnte das Motto dieses Lebensthemas sein. Fun und Event stehen hier im Vordergrund des Lebens – als bewusste Zuwendung zu den Freuden des Lebens oder als Flucht vor dem Ernst des Lebens.
- Die *Freundschaft*: Im Mittelpunkt dieses Lebensthemas steht das soziale Wohlbefinden, das Eingebundensein in ein soziales Netzwerk, das Wissen darum, dass andere da sind, wenn man sie braucht. Dafür ist man auch bereit, einiges zu »investieren«, die Kontakte zu pflegen und die Beziehungen aufrechtzuerhalten. Auch von diesem Lebensthema gibt es Schattenseiten, z. B. dort, wo ich von meinen Beziehungen abhängig werde und nicht mehr alleine mit mir zurecht kommen kann: »Wer nicht allein sein kann, ist auch nicht zur Freundschaft fähig.«[197] Und Freundesgruppen können einen belasten und einengen: durch ihre Erwartungshaltungen, Werte, Normen, Regeln.
- Die *Feindschaft*: Auch bei der Feindschaft geht es um soziale Beziehungen, doch der Bezug zu den Mitmenschen ist ein anderer: Es geht darum, anderen »eins auszuwischen«, »eine offene Rechnung zu begleichen«, »ihnen keine Chance zu lassen«. Ich grenze mich nicht aktiv von

Was Biografiearbeit außer Rückschau noch ist

anderen ab, sondern ich reagiere auf sie mit Gefühlen der Wut, der Rache oder der Ablehnung.

- Das *Engagement*: Das freiwillige Aktivwerden für andere(s) in der Freizeit – »Ehrenamt« oder »Bürgerschaftliches Engagement« genannt – stellt ein weiteres zentrales Lebensthema dar. Ob im Fußball- oder Gartenbauverein, ob in der Selbsthilfegruppe für Schuldner/innen oder in der Bürgerinitiative gegen den Bau einer Sondermülldeponie – dieses Lebensfeld kann im individuellen Leben einen breiten Raum einnehmen. Es kann sogar so stark in den Vordergrund treten, dass das Engagement andere Bereiche wie Arbeit oder Partnerschaft gefährdet.
- Die *eigene Person*: »Zunächst schaue ich auf mich.« Selbstverwirklichung und Selbstverantwortung sind in der gegenwärtigen Zeit hoch im Kurs. Menschen, die so denken und fühlen, sind aber nicht gleich alle »Egos« oder »Ichlinge«. Vielmehr stellen verschiedene Studien fest, dass die Ich-Zentrierung eine wichtige Voraussetzung für öffentliches Engagement ist.[198]
- Die *Familie*: Vielleicht kennen Sie auch (junge) Familien, die gerade nur ein Thema haben: sich selbst. Was Alleinstehende oft unheimlich bis unangenehm anmutet, ist für die Familie selbstverständlich: alles dreht sich um sie. Für die Familie wird gedacht, gearbeitet, geplant. Das Wohlergehen der Familienmitglieder steht im Mittelpunkt des Lebens.
- Das *Geld*: »Kohle machen« lautet das Leitbild mancher Menschen, die das Geldverdienen in den Mittelpunkt ihres Lebens stellen. »Verdienste was, biste was; verdienste nix, biste nix.« Der Selbstwert wird über den Marktwert definiert. Es kann beim Geldverdienen aber auch lediglich um die Existenzsicherung gehen.

Ein Zukunftsentwurf setzt die Einschätzung der gegenwärtigen Situation voraus. Ein hilfreiche Visualisierung bringt Aufschluss. Die nachstehende Grafik zeigt, welche Lebensthemen im Augenblick bedeutend sind und welche weniger ★. Je wichtiger ein Thema ist, umso weiter nach außen wird es angezeichnet. In einem zweiten Schritt kann eingetragen werden, wie bedeutsam das jeweilige Lebensthema in 20 Jahren sein soll ✗.

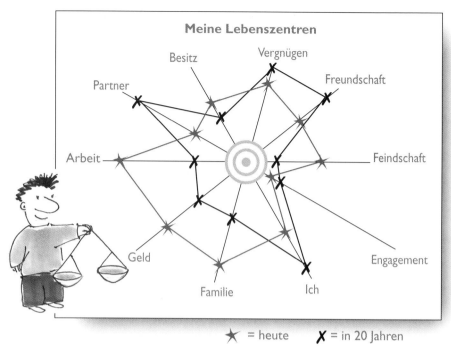

(aus: Klingenberger & Zintl, 2001a, 63)

Dieses Beispiel zeigt, dass die betreffende Person sich einiges vorgenommen hat: Die Lebenszentren Ich, Partner, Freunde und Vergnügen sollen an Bedeutung gewinnen. Familie, Geld, Feindschaft und Besitz werden an Bedeutung verlieren.

👁 *Selbstständig lernen 16*

Ist einmal die Grundsatzentscheidung bezüglich der Lebenszentren getroffen, können Ziele formuliert werden. Damit das Erreichen der Ziele bzw. der Fortschritt auf dem Weg dorthin kontrolliert werden kann, ist es sinnvoll, bei der Zielfestlegung zu beachten, dass Ziele in ihrer Formulierung folgende Kennzeichen besitzen sollen:

- *Persönlich*, d. h. sie beginnen mit dem Wort »Ich ...«
- *Positiv*, d. h. in der Formulierung kommen keine Verneinungen vor.
- *Messbar*, d. h. es sollten möglichst zahlenmäßige Festlegungen stattfinden.

Was Biografiearbeit außer Rückschau noch ist

- *Erreichbar*, d.h. es wird nichts beschreiben, was außerhalb aller Möglichkeiten liegt.
- *Motivierend*, d.h. die Zielformulierung sollte einladend und nicht verschreckend sein.
- *Konkret*, d.h. so eindeutig wie möglich.

Eine Zielbeschreibung wie »Man müsste an der Nordsee leben« ist wenig hilfreich. Sie ist weder verbindlich noch motivierend, geschweige denn kontrollierbar. Viel eindeutiger klingt (und wirkt) die Formulierung so: »Ich bin 50 Jahre alt und lebe alleine in einem reetgedeckten Haus mit Blick auf die Nordsee.«

Handlungsorientierte Aspekte der Lebensplanung

Betrachtet man angezielte biografische Veränderungen als Lebens-Projekte, so kann man sich für den Umgang mit solchen Plänen Anregungen beim Projekt-Management holen:[199]

Schritte	Leitfragen
1. Idee	Wo möchte ich mit meinem Leben was verändern?
2. Vorstudie	Welche Konsequenzen würde diese Veränderung nach sich ziehen? Bei mir, bei anderen? Was kostet mich die Veränderung? Was bringt sie mir?
3. Ziele	Was will ich wie mit wem bis wann wo konkret erreicht haben?
4. Start	Mit welchem äußeren Zeichen beginnen Sie Ihr Veränderungsverhalten?
5. Arbeitspakete	Wie unterteilen Sie Ihren Weg zum Ziel in Einzel-Schritte?
6. Stakeholder	Wer aus Ihrem Familien- und Freundeskreis unterstützt Sie bei Ihrem Vorhaben? Wie informieren Sie Familienangehörige und Freunde?
7. Krisen	Was sind die Kraftquellen für Krisenzeiten?
8. Abschluss	Wie feiern Sie (mit Ihren Stakeholdern) den erfolgreichen Abschluss Ihres Lebensprojektes?

Das Entwerfen von Zukunftsbildern und -plänen findet nicht im »luftleeren Raum« statt. In dieses Planen und Entwerfen fließen auch Erwartungen, Hoffnungen und Befürchtungen mit ein, die mit Entwicklungen im soziokulturellen Bereich und sozial-räumlichen Umfeld (z.B. Familie) zusammenhängen. Folgende Erwartungen kommen hierbei besonders zum Tragen:[200]

- Erwartungen hinsichtlich der *gesellschaftlichen* Weiterentwicklung (z. B. Krisen, soziale Konflikte, Wohlstand etc.),
- Erwartungen bezüglich der *politischen* Zukunft (z. B. Krieg, Zuwanderung, Altersversorgung etc.),
- Erwartungen, die die *wirtschaftliche* Entwicklung betreffen (z. B. Rezession, Konjunktur etc.),
- Erwartungen hinsichtlich *ökologischer* Trends (z. B. Umweltbelastung),
- Erwartungen bezüglich *familiärer* Veränderungen (z. B. Auszug der Kinder, Verwitwung etc.).

Sterben, Tod und wie damit leben?

Wenn es um die biografische Zukunft geht, kommen wir früher oder später auch nicht an den Themen Sterben, Tod und »das Leben danach« vorbei. Die vorbereitende Einstellung auf diese »tod-sicheren« Lebensereignisse gehört auch zum biografischen Arbeiten. Eine solche Einstellung wird als »abschiedliche Existenz« bezeichnet.

👁 *Selbstständig lernen I 7*

Mit der »abschiedlichen Existenz« eng verbunden ist das vorweggenommene, antizipatorische Trauern. Diese Trauer vor dem eigenen Tod stellt sich als ganz konkrete Lebens-Aufgabe für erkrankte Menschen. Aber auch gesunde Menschen sind immer wieder in ihrer Biografie herausgefordert, sich dem Gedanken an das eigene Sterben zu stellen. Die Frage nach dem persönlichen Lebensende ist bei vielen Menschen mit zweierlei Ängsten verbunden: zum einen mit der Angst vor dem Sterben (Wie werde ich sterben? Wann? Unter welchen Umständen? Werde ich leiden? Brauche ich Hilfe von anderen?) und zum anderen mit der Angst vor dem Tod selbst (Kommt etwas danach? Was? Gibt es ein Gericht? Komme ich in den »Himmel« oder in die »Hölle«?).

Die Antworten auf diese Fragen sind auch davon abhängig, welche Erfahrungen mit Sterben und Tod wir schon in unserer Biografie gemacht haben: Welche Sterbeprozesse bei anderen habe ich schon miterlebt? Wie habe ich den Tod anderer empfunden? Welche Formen des Trauerns habe ich kennen gelernt bzw. selber praktiziert? War ich selbst schon in Todesnähe?

Was Biografiearbeit außer Rückschau noch ist

Der amerikanische Schriftsteller *Harold Brodkey*[201] starb 1996 an Aids. In seinem Buch »Die Geschichte meines Todes« schreibt er zum Thema »Tod« in seiner Biografie:

»Bislang habe ich kaum Probleme damit gehabt, dass im Leben der Tod garantiert inbegriffen ist. Ich habe den Tod als Idee und Realität, als etwas Unvermeidliches niemals geleugnet, mich nie hysterisch davon abgegrenzt. Ich habe immer gewusst, dass ich sterben würde. Ich habe mich niemals unverwundbar oder unsterblich gefühlt. Ich habe die bedrohliche Gegenwart des Todes bei grellem Sonnenschein gespürt, im Wald und in gefährlichen Momenten im Auto und im Flugzeug. Ich habe sie im Leben anderer gespürt. Meine Furcht vor dem Tod, mein Wüten gegen ihn konzentriert sich darauf, mich in entscheidenden Augenblicken seinen weichen Fängen zu widersetzen, gegen die Unterbrechung, die Trennung anzukämpfen. Als ich noch jünger war, durchströmte mich in Momenten physischer Gefahr, beim Bergsteigen etwa oder wenn ich in einer Schlägerei oder in der Stadt von Räubern bedroht wurde, ungestüme Kraft. ... Der Tod schüchterte mich ein wenig ein, ängstigte mich vielleicht auch irgendwie, doch zugleich fürchtete ich ihn nicht sehr.

Wie andere Kinder auch fand ich den Tod, als ich noch sehr jung war, interessant – tote Insekten, tote Vögel, tote Menschen ... Der Tod kam einem sanft unerbittlich vor, wie der Ruin, wie ein neues Ordnungsprinzip, wie ein sanft aufdringliches, unwiderstehliches Schweigen. Er war etwas, wovon manche Jungen, die ich kannte, und ich selbst glaubten, wir sollten uns damit vertraut machen. Von jung an und auch als Heranwachsende hatten wir den bestimmten, bewussten Willen, uns nicht von Todesfurcht beherrschen zu lassen – bevor wir gewisse Dinge taten, würden wir eher sterben.«

Eher skurril und unterhaltsam berichtet der kolumbianische Schriftsteller *Gabriel Garcia Marquez* in seiner Autobiografie von seinen ersten Erfahrungen mit dem Tod:[202]

»Bis zu meinem fünften Geburtstag war der Tod für mich ein natürliches Ende gewesen, das andere ereilte. Für mich waren die Wonnen des Himmels und die Martern der Hölle nur Lektionen, die man für die Katechismusstunde bei Pater Astete auswendig lernen musste. Mit mir hatte das nichts zu tun, bis ich zufällig bei einer Trauerfeier bemerkte, wie die Läuse sich aus dem Haar des

Toten davonmachten und ziellos über die Kissen liefen. Nicht Furcht vor dem Tod beunruhigte mich seitdem, sondern die Angst vor der Peinlichkeit, dass, für alle Hinterbliebenen sichtbar, womöglich auch mich bei meiner Trauerfeier die Läuse fliehen könnten.«

Die Auseinandersetzung mit dem eigenen Ende gehört gerade angesichts der Verdrängung des Sterbens und der Sterbenden aus unserer Gesellschaft und Kultur zu den wichtigen Aufgaben bildnerischen und biografischen Arbeitens.

※ *Miteinander lernen 18*
Die Auseinandersetzung mit der eigenen Sterblichkeit und Endlichkeit kann zu unterschiedlichen Konsequenzen führen. Der griechische Schriftsteller *Nikos Kazantzakis* schildert in seinem Roman »Alexis Sorbas« zwei solcher Haltungen:[203]

»*Eines Tages kam ich in ein kleines Dorf. Ein steinalter Greis von neunzig Jahren pflanzte einen Mandelbaum. – ›He, Großväterchen‹, sage ich ihm, ›du pflanzt einen Mandelbaum?‹ Er, in seiner gebückten Stellung, wandte sich zu mir um und sagte: ›Ich, mein Sohn, handle so, als wäre ich unsterblich!‹ – ›Und ich‹, erwiderte ich ihm, ›handle so, als müsste ich jeden Augenblick sterben.‹ Wer von uns beiden hatte nun Recht?*«

5.4 Ermutigung

Ein wichtiges Ziel der Bildung im Allgemeinen und des biografischen Arbeitens im Besonderen besteht in der Ermutigung für das Leben. Einem solchen Ziel weiß sich der Empowerment-Ansatz verpflichtet. Die Menschen sollen für ihr Leben gestärkt werden. Dies kann dadurch geschehen, dass spezifische Lebensaspekte besonders fokussiert werden:
- das Verständnis der eigenen Lebenssituation,
- Erfahrungen von Kompetenz und Lebenstüchtigkeit,
- biografische Erfolgserlebnisse,

- soziale Unterstützungsnetzwerke
- und andere Quellen, aus denen Kraft geschöpft werden kann.[204]

Das Ziel des Empowerment ist der Aufbau der Selbstbestimmung des Menschen, es geht um die (Wieder-)Herstellung von Gestaltungsspielräumen bei den Umständen des eigenen Alltags«.

Zu den Wirkungen des biografischen Arbeitens unter der Ermutigungsperspektive gehören:
- eine veränderte Sichtweise und Beurteilung der eigenen Biografie,
- eine Verdeutlichung der historischen, gesellschaftlichen und kulturellen Einflüsse auf den eigenen Lebensverlauf und damit eine Entlastung bei zu groß erlebter Selbstverantwortlichkeit,
- das Aufweisen, dass Biografie gestaltbar und beeinflussbar ist,
- der Auf- bzw. Ausbau von Selbsterkenntnis und -bewusstsein,
- die Stärkung der Identität,
- die Steigerung der Kommunikationsfähigkeit,
- die Erweiterung der Handlungskompetenz.

Selbstständig und miteinander lernen

1. Selbstständig lernen – Höhen und Tiefen meines Lebens

Tragen Sie auf einen Zeitstrahl Ihren Lebensweg mit seinen Höhen und Tiefen ein und gestalten Sie die Grafik nach Lust und Laune kreativ. Benutzen Sie hierzu ein DIN A3-Blatt.

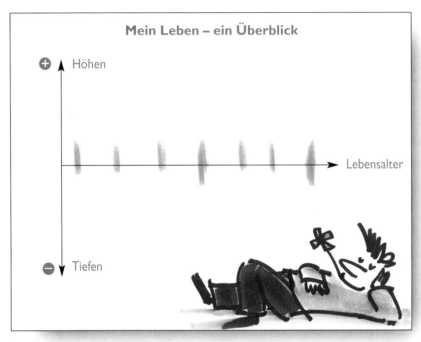

(aus: Klingenberger & Zintl, 2001a, 46.)

2. Selbstständig lernen – Der rote Faden

Beantworten Sie die folgenden Fragen in Ihrem Lebensbuch:
Was ist der »rote Faden« in meinem Leben (Eigenschaften, Interessen, Einstellungen, Muster…)?

- Was wurde abgeschnitten und gehört absolut der Vergangenheit an?
- Was ist trotz vieler Verluste geblieben?
- Wo kann ich wie wieder anknüpfen?[205]

Was Biografiearbeit außer Rückschau noch ist

3. Miteinander lernen – Meilensteine der Biografie

Die Teilnehmer/innen werden zu einem Spaziergang eingeladen, bei dem sie ihr bisheriges Leben einmal an sich vorüberziehen lassen sollen. Während dieses Spazierganges sollen sie weiterhin zehn bis zwölf Steine unterschiedlicher Größe und unterschiedlichen Aussehens sammeln.

Anschließend werden Sie aufgefordert, Meilensteine im oben genannten Sinne in ihrem Leben zu finden und die Ereignisse den gesammelten Steinen zuzuordnen. Eventuell lassen sich die gesammelten Steine mit Filzschreiber auch beschriften (z. B.»Hochzeit« usw.).

In Kleingruppengesprächen stellen sich die Gruppenmitglieder gegenseitig ihre biografischen Meilensteine vor.

4. Selbstständig lernen – Meine (Zwischen-) Bilanz

Ich greife einige Formulierungen aus dem Brodkey-Text auf und stelle Ihnen Fragen zur Lebensbilanzierung. Notieren Sie die Antworten in Ihr Lebensbuch!

- Wann haben Sie in Ihrem Leben Glück gehabt?
- Was von Ihnen wird überleben?
- Was mögen Sie an Ihrem Leben?
- Was wurde Ihnen in Ihrem Leben vorenthalten?
- Mit welchen Möglichkeiten haben Sie in Ihrem Leben geflirtet?
- Welche Privilegien haben Sie in Ihrem Leben genossen?

5. Selbstständig lernen – Meine persönliche Zeit

Stellen Sie sich vor: Die Lebensspanne zwischen Geburt und Tod dauert zwölf Stunden. Wie spät ist es dann auf Ihrer Lebensuhr?

Denken Sie einige Minuten über diese Frage nach und tragen Sie dann »Ihre persönliche Zeit« auf das nachstehende Zifferblatt (Stunden- und Minutenzeiger) ein. Mit diesem Zifferblatt vor Augen vervollständigen Sie die folgenden Satzanfänge in Ihrem Lebensbuch:[206]

- Es ist zu spät, um ...
- Es ist noch zu früh, um ...

Meine Lebensuhr

- Es ist der richtige Zeitpunkt, um …
- Ich brauche noch Zeit, um …
- Der Wecker ist gestellt auf … Uhr. Das bedeutet …

6. Selbstständig lernen – Realitätsreise

»Fantasiereisen« versetzen uns in vergangene, künftige oder nicht-reale Welten. Eine »Realitätsreise«[207] hilft, die Gegenwart genauer wahrzunehmen. Machen Sie sich hierzu immer wieder einmal im alltäglichen Treiben folgende Fragen bewusst:
- Wo bin ich gerade?
- Was mache ich gerade?
- Mit wem bin ich gerade zusammen?
- Was habe ich erledigt?
- Was beschäftigt mich noch?
- Wer kann mir helfen oder wem kann ich jetzt gerade helfen?
- Was steht als Nächstes an?

Was Biografiearbeit außer Rückschau noch ist

 7. Selbstständig lernen – Blockade

Welche der zuvor genannten Blockadetechniken verwenden Sie hauptsächlich in Ihrem Leben, wenn etwas Neues und Unerwartetes auf Sie zukommt? Machen Sie sich hierzu Notizen in Ihrem Lebensbuch!

 8. Miteinander lernen – Anfänge in meinem Leben

Die Gruppenmitglieder legen zunächst in Einzelarbeit eine biografisch-chronologische Liste von Ankunftssituationen an und stellen sich folgenden Fragen:
Wo/bei wem sind Sie angekommen?
Wie sind Sie dort angekommen?
Wie wichtig war diese Ankunft für Sie?
Die Ergebnisse der Reflexion werden in einem Elfchen (S. 52) auf den Punkt gebracht. Anschließend werden die Elfchen im Plenum vorgelesen.[208]

9. Miteinander lernen – Bilder-Geschichten

Lesen Sie miteinander den Kohelet-Text. Jede/r in der Gruppe sucht sich ein Bild aus dem Text aus und malt dazu ein Bild.
Nach Ende der Mal-Zeit stellen alle Gruppenmitglieder ihr Bild vor und erzählen, wie betreffende Zeiten in ihrer Biografie ausgesehen haben.
Anschließend werden alle Bilder in der Reihenfolge des Textes aufgehängt und der Text wird nochmals gelesen.

10. Selbstständig lernen – Checkliste Loslassen

Führen Sie sich eine Situation vor Augen, in der sie jemanden oder etwas loslassen möchten!
- Wer oder was will oder muss verabschiedet werden?
- Geben Sie Ihrer Loslösungs-Aufgabe einen Filmtitel!
- Welche Bedürfnisse Ihrerseits werden durch das Loslassen (als) beeinträchtigt (erlebt)?
- Wie reagieren Sie normalerweise?

- Wie können sie alles noch viel schlimmer machen?
- Wie groß schätzen sie auf einer Skala von 1–10 Ihren Gestaltungsspielraum ein?

```
1 (gering)                5 (mittel)               10 (hoch)
|_____|_____|_____|_____|_____|_____|_____|_____|_____|
```

- Wie können Sie Ihren Gestaltungsspielraum in diesem Loslösungsprozess erweitern?
- Wie würde ein Mensch, der ganz anders ist als Sie selbst, mit dieser Situation umgehen?[209]

11. Selbstständig lernen – Die Wunderfrage

Diese Übung hilft uns, kleinere Schritte in Angriff zu nehmen und das Neue zuzulassen.

Stellen Sie sich vor, über Nacht ist ein Wunder geschehen: Das notwendige Loslassen ist vollzogen und abgeschlossen. Sie sind frei!

- Welche drei »Dinge« würden Sie als Erstes anders machen?
- Wen würde das Wunder am meisten überraschen?
- Was würden Sie am stärksten vermissen, wenn das Loslassen geklappt hat?

Richten Sie Ihren Blick nochmals auf die drei »Dinge«, die Sie anders machen: Was hindert Sie, diese jetzt schon zu tun?[210]

12. Selbstständig lernen – Zwischen Abschied und Neubeginn

Die biografische Gegenwart zeigt sich als der Ort, wo Menschen, Interessen u. a. sich verabschieden und andere neu auftauchen.

Notieren Sie in der nachfolgenden Liste fünf Personen, Tätigkeiten, Lebensbereiche usw., die sich gerade aus Ihrem Leben verabschieden, bedeutungslos werden, für Sie uninteressant werden …

> Was Biografiearbeit außer Rückschau noch ist

1. _____
2. _____
3. _____
4. _____
5. _____

In die nächste Liste tragen Sie fünf Personen, Tätigkeiten, Lebensbereiche usw. ein, die neu in Ihrem Leben auftauchen, für Sie bedeutsam werden, von Ihnen begrüßt werden:

1. _____
2. _____
3. _____
4. _____
5. _____

Suchen Sie nun aus jeder Liste einen Punkt aus, der für Sie besonders interessant ist. Machen Sie sich in Ihrem Lebensbuch dazu Gedanken, wie es Ihnen mit dieser Veränderung ergeht, was diesen Wandel fördert und blockiert, was diese Entwicklung für Ihr Leben bedeutet.[211]

13. Selbstständig lernen – Träume

Nehmen Sie Ihr Lebensbuch zur Hand und schreiben Sie die Zukunftsträume nieder, die Sie haben! Folgende Fragen können Ihnen dabei helfen:
- Welche Träume erfülle ich mir gelegentlich?
- Welche Träume habe ich von meiner Person? Wie möchte ich sein? Was möchte ich können?
- Welche Träume habe ich von der Welt und deren Zukunft?
- Gibt es wiederkehrende Träume in meinen Nächten?

14. Selbstständig lernen – Das Weltwissen der Erwachsenen

Die Erziehungswissenschaftlerin Donata Elschenbroich [212] hat für Siebenjährige eine Liste zusammengestellt, was bereits zu deren Erfahrungsschatz gehören sollte. Für die nachfolgende Lernanregung drucken wir Auszüge aus dieser Liste als Denkanreiz ab:

- Jede/r sollte ein berühmtes Selbstportrait gesehen haben.
- Jede/r sollte sein/ihr Selbstportrait gemalt und gerahmt haben.
- Jede/r sollte einen Gegenstand auswählen zum Aufbewahren für seine eigenen Kinder.
- Jede/r sollte einen Gegenstand repariert haben.
- Jede/r sollte ein Konzept von Heimweh haben.
- Jede/r sollte die Überwindung von Heimweh überleben.
- Jede/r sollte einen Ort des guten Lebens als seine/ihre Heimat erkannt haben.
- Jede/r sollte den Weltausschnitt vor seinem/ihrem Fenster beschreiben können.
- Jede/r sollte wissen, wie sich ein Baby anfühlt.

Was sollte aus Ihrer Sicht zum Lebens- und Erfahrungsschatz eines Erwachsenen gehören? Was sollte der/die Erwachsene wissen, gefühlt und erlebt haben? Beantworten Sie diese Frage in Ihrem Lebensbuch.

15. Miteinander lernen – Mein persönliches Wappen

In diesem emotionalen Kontext sind Bilder aufschlussreich – sie leiten, sind unbewusst wirksam und steuern unser Verhalten.
Die Teilnehmer/-innen entwerfen ihr persönliches »Visionswappen auf ihrer Torte zum 80. Geburtstag« (es kann auch der übernächste runde Geburtstag sein). Dieses Visionswappen steht symbolisch für das, was und wie sie im genannten Alter leben wollen.
Sind einzelne Gruppenmitglieder zeichnerisch eher zurückhaltend (»Ich kann nicht malen!«), dann schreiben diese alternativ eine Rede zu Ihrem 80. Geburts-

tag (oder übernächsten runden), wie sie sich wünschen, dass sie dort gehalten wird.

Nach der Einzelarbeit werden die Ergebnisse im Plenum präsentiert – vielleicht in einer geburtstagsähnlichen Atmosphäre (Kaffee, Kuchen oder Sekt)?

(aus: Klingenberger & Zintl, 2001a, 62.)

16. Selbstständig lernen – Meine Lebenszentren

Welche Lebenszentren bestimmen heute Ihr Leben? Und wie soll es später aussehen?
Zeichnen Sie in Ihr Lebensbuch das nachfolgende Modell ab. Danach tragen Sie auf jedem Strahl ein, wie bedeutsam das jeweilige Lebensthema für Sie *heute* ist und wie bedeutsam es in *fünf, zehn oder zwanzig* Jahren sein soll. Verwenden Sie für die Kennzeichnung des Soll-Zustandes ein Kreuzchen X.

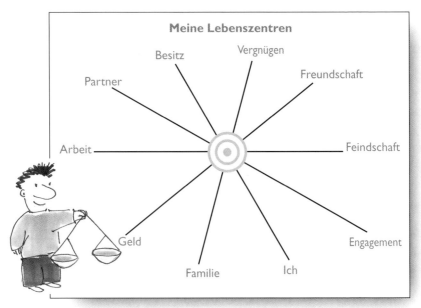

(aus: Klingenberger & Zintl, 2001a, 62.)

17. Selbstständig lernen – Einübung ins abschiedliche Leben

Auseinandersetzung mit der eigenen Biografie ist vielfach verbunden mit Abschied nehmen – von vergangenem Schönen, nicht-erfüllten Wünschen und nicht mehr realisierbaren Plänen. Hierzu eine »Einübung ins abschiedliche Leben«[213]. Sie hilft auch, Zukunftspläne zu entwickeln, weil so Energie von Vergangenem abgezogen und in die Zukunft investiert wird. Schreiben Sie die Antworten in Ihr Lebensbuch!

- Welche Pläne habe ich für meine Wohnung oder mein Haus, die ich bis jetzt noch nicht verwirklicht habe?
- Welche Dinge gibt es, die ich wegwerfen wollte?
- Welche Dinge gibt es, die ich kaufen wollte?
- Welche Dinge gibt es, die ich haben wollte und bei denen ich mich damit abgefunden habe, dass ich sie nicht habe?
- Welche Aufgaben gibt es, an denen ich arbeite und die ich noch nicht abgeschlossen habe?

Was Biografiearbeit außer Rückschau noch ist

- Welche Aufgaben gibt es, die ich anfangen wollte und die ich nicht angefangen habe?
- Welche Dinge gibt es, die ich ändern wollte und die ich noch nicht geändert habe?
- Wer wollte ich sein, der/die ich noch nicht war?
- Welche Handlungen gibt es, die ich tun wollte und noch nie tat?
- Welche Dinge gibt es, die haben wollte und nie hatte?
- Welche Ereignisse gibt es, die ich erleben wollte und nicht erlebt habe?
- Welche Botschaften gibt es, die ich sagen wollte und nie gesagt habe?
- Was gibt es, das ich über mich selbst weiß und was niemand anders weiß?
- Wie schaut meine wildeste Fantasie von mir selber aus?

 18. Miteinander lernen – Mein Grab

Exemplarisch werden Fotografien von Grabstätten und Grabsteinen bekannter oder unbekannter Personen aufgehängt.

Die Teilnehmer/innen werden gebeten, sich zu überlegen, wie ihre eigene Grabstätte aussehen soll oder was auf dem Grabstein stehen soll. Sie können auch aufsetzen, was bei der Grabrede gesprochen werden soll.

Anschließend stellen alle ihre Ergebnisse vor. Folgende Fragen können danach miteinander besprochen werden:

- Wie möchte ich beerdigt werden?
- Welcher Spruch steht auf meinem Grabstein?
- Welche Musik wird bei meiner Beerdigung gespielt?
- Welcher Text wird bei meiner Beisetzung vorgelesen?

→ **KAPITEL 6**

Mit Mut und Methode – Wie man Biografiearbeit gestalten kann

Das gemeinsame Erschließen und Mitteilen von Biografien bedarf eines gezielten, methodischen Vorgehens (vgl. Kap. 6.1) und einer sensiblen Gesprächsführung (vgl. Kap. 6.2).

6.1 Biografische Methoden

Grundsätzlich unterscheide ich zwischen
- Methoden der Biografiearbeit, wie sie z. B. in diesem Buch immer wieder vorgestellt werden,
- biografischen Projekten, wie z. B. dem Erzählkaffee, Generationsbegegnungen usw. (Makromethoden),
- Biografien als Lernmittel.

Methoden der Biografiearbeit

Für das biografische Arbeiten in Gruppen liegt mittlerweile eine ganze Reihe an methodischen Ratgebern vor.[214] Bei der Arbeit mit ihnen ist immer die Übertragbarkeit auf die eigenen Verhältnisse gut zu überdenken. Zu beachten ist in diesen Büchern auch, wann die Grenze zum Therapeutischen überschritten wird.

Es ist aber auch möglich, selbst Methoden zu entwickeln und sich auszudenken. Grundsätzlich kann man sich hier folgenden idealtypischen Ablauf vorstellen:
1. Der/die Gruppenleiter/in führt in die Themenstellung und in die Methode ein.
2. In Einzelarbeit reflektieren die Teilnehmer und Teilnehmerinnen ihr Leben vor dem Hintergrund der gestellten Aufgabe. Gegebenenfalls findet hier eine Unterstützung oder Ergebnissicherung durch eine kreative Methode statt.
3. Im Gruppengespräch tauschen sich die Teilnehmer über ihre Reflexions»ergebnisse« aus. Auch hier kann eine gemeinsame Ergebnissicherung mittels einer kreativen Technik stattfinden.
4. Die Ergebnisse werden im Plenum präsentiert. Erkenntnisse und Fragen werden angesprochen und/oder miteinander besprochen.

Aus verschiedenen Methodenwerkstätten zum biografischen Arbeiten haben sich verschiedene Qualitätsmerkmale für biografische Methoden ergeben. Daraus lässt sich folgendes Qualitätsprofil definieren:
- Biografische Methoden sollen sinnlich sein, d. h. sie sollen Kopf, Herz und Hand ansprechen. Das beinhaltet auch kreative Methoden wie z. B. Malen, szenische Darstellung u. Ä.
- Weiterhin wird von biografischen Methoden erwartet, dass sie zielgruppenbezogen eingesetzt werden. Nicht jede Methode funktioniert in jeder Gruppe. Es ist beispielsweise zu überprüfen, ob die Zielgruppe schon Erfahrungen mit ähnlichen Methoden gemacht hat oder ob mit Widerständen gegen eine bestimmte Methode zu rechnen ist.
- Biografische Methoden sollen strukturiert sein. Das heißt, es gibt keine allgemeine »Wischi-Waschi-Fragestellung«. Vielmehr wird das Vorgehen genau Schritt für Schritt vorgegeben. Gegebenenfalls ist die Aufgabenstellung zu visualisieren.

- Der Einsatz von biografischen Methoden ist für die Teilnehmer-Gruppe nachvollziehbar. Sie weiß, warum und mit welchem Ziel eine Methode eingesetzt wird.
- Biografische Methoden sind prozess- und ergebnisorientiert zugleich. Das heißt, zum einen ist es wichtig, dass sich die Teilnehmenden überhaupt mit ihrer Biografie auseinander setzen. Zum anderen ist es wichtig, dass sie innerhalb dieses Prozesses bis zu einem Punkt kommen, an dem sie für sich ein Ergebnis mitnehmen können.
- Je konkreter die Aufgabenstellung ist, umso leichter ist sie zu bearbeiten. Abstrakte Fragestellungen bieten nur wenige Anknüpfungspunkte für die Erinnerung, für die Kreativität und für das Gespräch.
- Nicht zuletzt sollen biografische Methoden humor- und lustvoll sein. Die Auseinandersetzung mit dem eigenen Leben soll weniger belastend, sondern mehr eine Quelle der Freude sein.

Für den Einsatz biografischer Methoden gelten zudem ganz besondere Prinzipien:

Zunächst gelten die Vorgaben der »Selbststeuerung« und »Freiwilligkeit«. Jede/r entscheidet selbst, wie weit er/sie sich auf die Impulse zur Biografiearbeit einlassen möchte. Es gibt ein Recht auf Verdrängung, es gibt ein Recht auf Schweigen und es gibt bei bestimmten Methoden, die einem nicht liegen, ein Recht, die Mitwirkung zu verweigern. In diesem Sinne kann es hilfreich sein, eine alternative Form der Ergebnissicherung (z. B. Schreiben statt Malen) einzuplanen und anzubieten. Um diese Selbststeuerung ausüben zu können braucht der/die Teilnehmer/in bei allen Aufgabenstellungen einen Hinweis darauf, ob und in welcher Form die Ergebnisse des biografischen Reflexionsprozesses in der Gruppe präsentiert werden. Denn nun kann der/die Mitwirkende entscheiden, inwieweit er/sie sich in der Gruppe zeigen möchte. Es geht also darum, die weitere Verwendung biografischer Informationen der Gruppe gegenüber transparent zu machen.

Biografische Projekte

Anregungen zu biografischen Projekten finden sich auch in den bereits genannten Methodenbüchern zu Biografiearbeit. Zum Beispiel:

Erzähl-Kaffee und *Erzähl-Werkstatt*: Diese beiden Makro-Methoden haben es sich zur Aufgabe gemacht, spezifische Erzählkulturen zu bilden, in denen eine motivierende Atmosphäre zum Erzählen existiert – ganz im Sinne des Theologen *Fulbert Steffensky*:[215] »Erinnerung und Trauer brauchen nicht nur Herzen, die sie tragen. Sie müssen eine äußere Landschaft finden, sonst vergehen sie.« »In einer Erzählwerkstatt werden die Teilnehmerinnen und Teilnehmer aufgefordert, ihre Erlebnisse und Erfahrungen, die im Zusammenhang mit dem Seminarthema stehen, zu erzählen und sich im Gespräch darüber auszutauschen. Dadurch ist es möglich, den übrigen Teilnehmern Einblick in neue Lebens- und Handlungswelten zu gewähren und ihnen auf anschauliche Weise die Aneignung von allgemeinem Sachwissen wie auch individuellem Handlungs- und Problembewältigungswissen zu ermöglichen.«[216]

In *biografischen Schreibkursen* und *Schreibwerkstätten* werden lebenslaufbezogene Texte geschrieben, einander vorgelesen; die Eindrücke, die sich dazu einstellen, werden einander rückgemeldet.

Eine Weiterentwicklung der Schreibwerkstatt sind biografische Lesungen. Zu einem bestimmten Thema kommen die Autoren der Schreibwerkstätten in Klassen oder Gruppen, lesen dort ihre Texte vor und kommen darüber mit den Zuhörern ins (intergenerationelle) Gespräch.[217]

 *Miteinander lernen I*

Die *Geschichtswerkstatt* oder der *Geschichtswettbewerb* als Organisationsform biografischen Arbeitens bietet die Möglichkeit zur persönlichen Auseinandersetzung mit der »großen Geschichte«. Die Mitwirkenden haben die Möglichkeit, »erlebte Geschichte« – also den Berührungspunkt von Biografie und Geschichte« – zu erzählen und weiterzugeben. Die Themen ergeben sich aus dem Lebensalltag, dem Familien- und Berufsleben, der kulturellen oder kirchlichen Welt und der Welt der Traditionen, der Kriegs- und Nachkriegszeit. Diese Form des biografischen Arbeitens hat nicht nur einen individuellen Nutzen, sie ist vielmehr auch ein Beitrag zum »kulturellen Gedächtnis« einer Gemeinde, Kommune oder Region.[218]

Biografien als Lernmittel

(Auto-)Biografien und biografische Erzählungen können auch als Lernmittel eingesetzt werden. Sie bilden quasi eine Vorlage, einen Spiegel, vor dem man sich mit dem eigenen Leben auseinander setzen kann. So kann man sich mit dem Lebensschicksal anderer identifizieren oder auch davon abgrenzen. Die Schilderung von Lebenskrisen kann dem/der Leser/in zeigen, dass man mit seinem Schicksal nicht alleine ist; sie bieten auch Anregungen, wie die persönliche Krise bewältigt werden kann. Zunächst bieten sich in diesem Zusammenhang die Biografien »großer Persönlichkeiten« an, z. B. Politiker- und Künstlerbiografien. Aber auch die Lebensgeschichten so genannter »kleiner Leute« bieten eine Vielzahl von Anregungen für die persönliche Biografiearbeit – und das oft nachhaltiger, weil die Lebensumstände der Protagonisten oft den eigenen mehr ähneln. Schließlich laden sogar Heiligen-Biografien dazu ein, sich mit den eigenen religiösen Prägungen und Entwicklungen zu beschäftigen und das gelebte Leben der Heiligen als mögliche Antworten auf existentielle Fragen zu sehen. (Dabei muss es sich nicht immer um richtige »Heilige« handeln. Unter diesen Aspekt fallen für mich auch die Biografien nicht formal heilig gesprochener heil-wirkender Personen.)

6.2 Biografische Kommunikation

Die zentrale Methode des biografischen Arbeitens ist das »biografische Gespräch« bzw. die »lebensgeschichtliche Gesprächsführung«.
※ *Miteinander lernen 2*

Wie man Biografiearbeit gestalten kann

Erzählen

Das Erzählen von Geschichten stellt eine grundlegend menschliche Fähigkeit und Tätigkeit dar. Der Mensch ist ein »homo narrans«, ein erzählender Mensch. Im Erzählen teilt der Mensch etwas, vor allem auch sich selbst mit. Er betrachtet und bewältigt Geschehenes, nimmt Kontakt zu anderen auf und tritt mit diesen in eine Beziehung, eine Gemeinschaft. Schließlich macht Erzählen auch noch Freude (mehr hierzu in Kap. 2.1).

❀ Miteinander lernen 3

Grundsätzlich kann jeder Mensch erzählen – vorausgesetzt, Zutrauen zu sich selbst und Vertrauen in die Gruppe sind vorhanden. Dies ist aber nicht immer gegeben. Vielmehr müssen erst die entsprechenden Erzählbedingungen geschaffen werden. Damit ist letztlich der Aufbau einer Erzählkultur angesprochen. Diese muss oft erst – z. B. in der Bildungsarbeit oder in Altenclubs, aber auch in der Familie – vorbereitet und etabliert werden. Es können aber Bedingungen gestaltet werden, die Erzählhemmungen weniger werden lassen:[219]

Erzählhemmungen werden gefördert durch	Erzählhemmungen werden abgebaut durch
Geringschätzung der eigenen Lebenserfahrung: »Was habe ich schon zu erzählen?« Oder: »Wen interessiert, was ich erlebt habe?« Der Wert des eigenen Lebenswissens wird als gering erachtet und unterschätzt.	*Wertschätzung* primärer Lebenserfahrungen und des Aktes schöpferischer Sinngebung im eigenen Leben
Bewertungsängste: Wenn wir positive oder negative Beurteilungen unseres Erzählens erwarten bzw. befürchten und die Wirkung des Erzählens reflektieren, sind Motivation und Erzählfluss beeinträchtigt.	*Bewertungsfreiheit:* Das Bewusstsein »Niemand wird mich bewerten, be- oder verurteilen« ermöglicht freies und unbeschwertes Erzählen.
Normen und Regeln: Wenn Vorstellungen vom »richtigen bzw. falschen Erzählen« bestehen, kann dies die Erzählmotivation einschränken.	*Verzicht auf Reglementierungen:* Erst nach einer offenen Phase können nach Bedarf Tipps und Anregungen für ein lebendiges Erzählen gegeben werden.
Misstrauen: Wenn ich mir selbst und/oder den anderen nicht traue, dann werde ich mich nur schwer in meinen biografischen Erzählungen zeigen können.	*(Selbst-)Vertrauen:* Das Vertrauen, dass ich etwas Erzählenswertes zu sagen habe und dies auch in angemessener Weise tun kann, und das Vertrauen zu den Menschen, denen ich etwas erzähle, erhöht die Erzähllust.

Erzählhemmungen werden gefördert durch	Erzählhemmungen werden abgebaut durch
Ergebnisorientierung: Wer den Anspruch hat, dass die zu erzählende Geschichte sozusagen druckreif sein muss, wird sich ob dieser Anforderung eher hemmen und blockieren.	*Prozessorientierung:* »Hauptsache, es wird erzählt.« So könnte man die notwendige Haltung beschreiben. Es geht nicht vorrangig um die Qualität der Erzählung, sondern um die Wirkungen des Erzählvorgangs. (vgl. Kap. 4.2)
Vorstellung vom »*richtigen Erzählen*«: Es gibt nicht nur eine Art, »richtig« Geschichten zum Besten zu geben. Eine solche Bewertung nimmt schnell die Lust am Erzählen.	*Viele Wege* des Erzählens: Jede/r hat seine/ihre Art und Weise zu erzählen. Diese Vielgestaltigkeit gilt es zu akzeptieren.

Im Folgenden sind einige Faktoren zusammengestellt, die das biografische Erzählen fördern und erleichtern können und somit eine Erzählkultur entstehen lassen können:[220]

- Durch *körperliche Betätigung* kann das Reden erleichtert werden. Das Gehen und der Austausch in Zweier- oder Kleingruppen kann z. B. Erzählhemmungen verringern und die Intensität des Gespräches erhöhen. Auch ein Beschäftigen der Hände kann »die Zunge lösen«.
- *Requisiten* können helfen, die Rolle der erzählenden Person zu verdeutlichen und zu sichern. So kann z. B. der/die Erzähler/in einen Schal um die Schultern bekommen, der anzeigt: Ich erzähle jetzt. Und dieser Schal hat noch eine andere Wirkung: »Ein Erzähler sollte sowohl mit äußeren Mitteln als auch mit seinen inneren Vorstellungen immer gut für seinen Rücken sorgen. Das wirkt sich stärkend auf sein Vertrauen und sein Selbstvertrauen aus.«[221] Bei einer Tagung mit dem Thema »Vom Jammern zum Klagen« habe ich den Teilnehmern Wolle und Häkelnadeln zur Verfügung gestellt. Sie wurden aufgefordert sich über Erfahrungen mit jammernden Menschen auszutauschen und dabei so genannte »Jammerlappen« herzustellen. Es kam zu äußerst lebendigen Gesprächen und schnell wachsenden Jammerlappen.
- Zum Erzählen fordern auch *konkrete Gegenstände* auf, die man berühren, anschauen, riechen, hören oder schmecken kann. Solche Gegenstände können sein: historische Fotografien aus Zeitschriften, persönliche Porträtfotos, Zeitungsartikel, persönliche Gegenstände wie Schulzeugnisse oder Tagebücher, aber auch Alltagsgegenstände wie Bügeleisen,

Waschbrett o. Ä. Aber auch Geschichtsbücher und Chroniken können zum biografische Erzählen einladen. Solche »erinnerungsträchtigen« Gegenstände lassen sich in »Erinnerungskoffern« sammeln und an unterschiedlichen Orten einsetzen (z. B. Altenclub, Schulklassen).
- Konkrete Erzählanregungen können zum Miteinander-Reden einladen. Dies können z. B. *Aphorismen und Zitate* sein, zu denen die Anwesenden Stellung beziehen können oder Erfahrungen schildern, die die jeweilige Aussage unterstützen bzw. ihr widersprechen.
- Auch durch *Exkursionen* zu »biografie- oder geschichtsträchtigen« Orten können Erzählimpulse gegeben werden. Das können Stadtteilrundgänge sein, Friedhofsbesuche, Besichtigungen in Firmen und Fabriken oder auch Fahrten zu Gedenkstätten.

Zuhören

Aber nicht nur das Erzählen will gelernt sein. Der/die Erzähler/in muss auch eine bestimmte Einstellung bei den Zuhörenden spüren können, damit er/sie zum Erzählen motiviert ist. *»Jede mündliche Erzählung ist im Grunde ein Zwiegespräch, auch wenn der Zuhörer schweigt. Erst seine Gegenwart lockt die Geschichte hervor und bestimmt sogar ihre Richtung. Der Zuhörer ist ... ein Mitschöpfer des Erzählens.«*[222]

Eine wichtige Voraussetzung für das Zuhören ist zunächst einmal die Offenheit der Zuhörenden: »Wenn wir gute Zuhörer sein wollen, müssen wir uns selbst vergessen und uns dem Bedürfnis des anderen, beachtet zu werden, unterordnen.«[223] Abwehrreaktionen gegen das, was uns mitgeteilt wird, verhindern die Verständigung.

Die notwendige Haltung und das angemessene Verhalten wird als »aktives Zuhören« bezeichnet. Aktives Zuhören ist mehr als nur Hinhören. Während ich beim Hören weniger beim Gegenüber, sondern mehr mit mir selbst beschäftigt bin, nehme ich beim Hinhören zumindest wahr, was der andere sagt. Emotional bin ich aber auch beim Hinhören eher unbeteiligt. »Beim aktiven Zuhören versuche ich, mich in mein Gegenüber einzufühlen, um ihm in meinen Worten wiederzugeben, was ich nicht nur sachlich, sondern auch emotional von ihm verstanden habe.«[224] Die diesem Verhalten zugrundeliegende Einstellung kann als »einfühlendes Verstehen-Wollen« beschrieben werden. Das heißt nicht, dass ich alles akzeptiere, was der/die Erzählende sagt. Aber ich versuche eine Zeit lang, mich in seine/ihre Position einzufühlen. Das aktive Zuhören vollzieht sich in drei Stufen:

- Als erstes geht es darum, eine *Erzähler-Zuhörer-Beziehung* herzustellen und dem Gegenüber das Gefühl zu geben: »Ich werde wahrgenommen.« Diese Beziehung ist vor eventuellen Störungen zu schützen.
- Im zweiten Schritt wird dem/der Erzählenden rückgemeldet, dass er/sie inhaltlich *verstanden* wird. Deswegen fasst man als Zuhörer kurz die gehörten Aussagen zusammen, um eine Rückmeldung zu bekommen, ob man »richtig« verstanden hat.
- Schließlich geht es darum, die Gefühle des/der Erzählenden, so wie sie bei mir angekommen sind, *zurückzuspiegeln*. »Die Verbalisierung von Gefühlen durch den Zuhörer soll als eine Art Spiel für den Gesprächspartner dienen, durch den er mehr Klarheit über sich selbst gewinnt. Deshalb wird diese Art des Zuhörens manchmal auch als ‚Spiegeln' bezeichnet.«[225]

Letzteres stellt sicherlich schon die hohe Kunst des Zuhörens dar. Denn gerade beim Spiegeln der Gefühle bedarf es einer hohen Achtsamkeit vor den und Achtung der Grenzen des/der Erzählenden. Aktives Zuhören ist also primär eine Haltung, die ich Erzählenden entgegenbringe. Diese Haltung zeigt sich im Einsatz von Techniken, die letztlich eine Einladung zum Weitererzählen beinhalten. Zu diesen Techniken gehören:[226]

- das *Paraphrasieren*: Hier wird das Erzählte in eigenen Worten wiederholt;
- das *Verbalisieren*: Die Emotionen, die in Erzählungen geschildert oder spürbar werden, werden in Worte gefasst;
- das *Nachfragen*: Fehlende Informationen und »Tilgungen« werden erfragt;
- die *Zusammenfassung* des Gehörten in eigene Worten;
- das *Klären* von uneindeutigen, noch nicht nachvollziehbaren Situationen;

- das *Weiterführen*: ein Impuls zur Fortführung der Geschichte wird gegeben;
- das *Abwägen*: z. B. »War die Situation A für Sie besser als die Situation B?«.

Steuerung biografischer Kommunikation

Als wesentliche Prinzipien biografischer Kommunikation sind Achtsamkeit und Wertschätzung zu nennen. »Wertschätzung« meint einen ganz spezifischen Blickwinkel auf das menschliche (Zusammen-)Leben. Grundlegend für diesen Blickwinkel ist zunächst einmal das bereits vorgestellte konstruktivistische Denken (vgl. Kap. 3.1).

Bezüglich der Selbstbetrachtung und -reflexion können dann zwei Hauptperspektiven unterschieden werden: »Wir können uns und andere entweder als Wesen verstehen, die mit Mängeln behaftet sind. Dann sehen wir vor allem, was ... an uns nicht stimmt. Wir sehen also unsere Defizite. Wir können aber auch in uns selbst, in anderen Menschen ... große Möglichkeiten erkennen.«[227] Dieser wertschätzende Ansatz wurde im Bereich der Organisationsentwicklung zur Methode des *Appreciative Inquiry* (Wertschätzende Erkundung; abgekürzt AI) verdichtet. Diese lässt sich durchaus auch auf biografische Gespräche übersetzen. Ziel des AI ist es, Potenziale zu erkunden und so genannte »belebende Faktoren« zu entdecken. Dies soll die sich erinnernden Personen einladen, »negative Geschichten« loszulassen (zumindest für die konkrete Gesprächssituation) und inspirierende Geschichten zu erzählen und sich von ihnen anregen zu lassen.

Diese Wertschätzung zeigt sich auch in der Zeit, die dem/der Erzählenden zugestanden wird. »Geschichten, die auf Erfahrung beruhen, brauchen Zeit. Wir haben mit dem Geschichten erzählen aufgehört, als uns die Zeit abhanden kam, innezuhalten, nachzudenken und zu staunen.«[228]

Für biografische Gespräche können folgende Regeln angewendet werden:
- Die redende Person anschauen.

- Die Person anschauen, über deren Gesprächsbeitrag man redet.
- Denen das Wort erteilen, die bisher wenig gesagt haben und diese Bevorzugung durchschaubar machen.
- Nur in Ausnahmefällen unterbrechen und den Grund für die Unterbrechung benennen. Abgebrochene Themen gegebenenfalls auf einem Plakat notieren.
- Vor Beleidigungen und Abwertungen schützen.
- Schüchterne Redner unterstützen.
- Gegebenenfalls strittige Punkte zur Diskussion in die Runde zurückgeben.
- Nonverbale Signale beachten und aufgreifen.
- Störende Nebengespräche ansprechen. Manchmal genügt es auch, leiser zu sprechen.

Zu beachten ist auf jeden Fall, dass jeder Mensch das Recht hat, selbst darüber zu bestimmen, woran und ob er sich erinnern will. Es gibt sozusagen ein »Recht auf Verdrängung«. »Manche Erlebnisse sind ... nicht durch Erinnern zu bearbeiten, wir müssen sie ruhen, auf sich beruhen lassen und darüber schweigen. Vergessen ist wichtig, um handlungsfähig zu bleiben.«[229] Verdrängen und Verleugnen schützen das Individuum vor Bedrohungen und Überforderungen. Sie sind unbedingt zu respektieren.[230] Neben diesem Recht auf Verdrängung gibt es auch ein »Recht auf Schweigen«. Das heißt, es ist davon abzusehen, Teilnehmer/innen zum Reden zu drängen. Wichtig ist zunächst, dass sich die Personen anhand der gegebenen Impulse mit biografischen Fragestellungen auseinander setzen. Dazu ist es nicht notwendig, dass sie sich vor der Gruppe äußern.

Problematische Situationen in der biografischen Kommunikation

Biografische Kommunikation läuft nicht immer reibungslos ab. Es können Phänomene, wie Dauerreden, ewiges Wiederholen, Tränen usw. auftreten. Der Respekt vor dem anderen, seinem Schicksal und seinen Erzählungen macht es uns aber schwer, einzugreifen und zu intervenieren. Einige problematische Erzählsituationen möchte ich hier näher betrachten:

- Das Aufkommen von *Trauer und Tränen* ist gerade beim biografischen Arbeiten etwas ganz Normales. Beim Erzählen konfrontiere ich mich immer auch mit schmerzlichen Ereignissen und Prozessen in meinem Leben. Doch die Tränen eines Teilnehmers können bei der leitenden Person unterschiedliche verunsichernde Gefühle auslösen: »Bin ich schuld daran, dass es ihm/ihr jetzt schlecht geht? Wie soll ich jetzt mit dieser Trauer umgehen? Was werden die anderen von mir denken?« In solchen Situationen ist es hilfreich, Folgendes zu wissen: Trauer ist etwas völlig Normales; sie gehört zum Leben und dann auch zur Bildung genauso wie die Freude. Wenn sie offen gezeigt werden kann, ist das für die betreffende Person oft ein befreiendes Ereignis. Schlimmer wäre es oft, wenn nicht geweint, sondern der Schmerz geschluckt würde. Weiterhin: Es steht völlig außerhalb meiner Macht als Leitung, vorauszusehen, wer wann warum von seiner Traurigkeit überwältigt wird. Vielfach sind es – aus Sicht der Leitungsperson – Nebensächlichkeiten und Randthemen, die bei der betreffenden Person Trauer auslösen. Die Bedeutsamkeit bestimmter Themen und Inhalte für die Teilnehmenden ist nur schwer einschätzbar. Schließlich: Auch wenn ein Teilnehmer weint und von Gefühlen überwältigt erscheint, ist dieser zumeist sehr wohl noch in der Lage, für sich selbst zu sorgen und selbst den Weg aus der Traurigkeit zu finden. Da ist es durchaus möglich, dass die Leitung gegebenenfalls ihre eigene Hilflosigkeit angesichts der Tränen ausspricht. Zumeist kann die trauernde Person selbst die Verantwortung für sich selbst übernehmen.
- *Wiederholungen* der gleichen Episoden und Geschichten können zu einer Belastung werden – vor allem im familiären Kontext. »Mutter, die Geschichte kennen wir doch schon. Du hast sie bereits hundert Mal erzählt!« oder »Ich kann die Geschichte nicht mehr hören!« – so oder so ähnlich schauen dann die Reaktionen der genervten Familienmitglieder aus. Doch diese Wiederholungen haben Nutzen und Funktion: So ermöglichen sie es zum einen der erzählenden Person, sich bestimmte Ereignisse immer wieder auch einmal von anderen Positionen aus

anzuschauen. Weiterhin bieten die Wiederholungen die Möglichkeit, sich der eigenen Identität zu versichern – vor allem im Alter, also einer Zeit, die von vielfältigen Verunsicherungen geprägt ist.
- Wenn in Gruppen aus Biografien erzählt wird, können sich »*Erinnerungsexplosionen*« ereignen. Das heißt: Oft bewirkt eine Erinnerung eine andere, das Erinnern und Erzählen erhält eine ungeheure Dynamik, es sprudelt aus den Teilnehmern nur so heraus. Das kann zu Dauerreden ebenso führen wie zu störenden Nebengesprächen. Hier ist deutliche und zugleich behutsame Steuerung gefragt, denn der Redefluss soll kanalisiert, aber nicht gestoppt werden.

6.3 Der Biografiearbeiter/ die Biografiearbeiterin

Wer sich professionell mit den Biografien anderer Menschen beschäftigen will oder muss, von dem wird ein breites Spektrum an Kompetenzen und Fähigkeiten gefordert. Dies ist auch sicherlich sinnvoll, um dieser durchaus verantwortungsvollen Aufgabe gerecht werden zu können. Im Einzelnen lassen sich die folgenden Schlüsselqualifikationen für Biografiearbeiter/innen unterscheiden:
- »*Fachkompetenz*« meint das Wissen um Grundlagen und Theorien der Biografie- und Lebenslaufforschung sowie ihrer Bezugs- und Nachbarwissenschaften (z.B. Erziehungswissenschaften, Psychologie, Soziologie u. Ä.).
- »*Didaktische Kompetenz*« meint die Kenntnis von und das Verfügen über didaktisches Wissen und biografische Methoden.
- »*Sozialkompetenz*« meint grundlegende Fähigkeiten, soziale Beziehungen und Prozesse zu gestalten (z.B. biografische Gespräche). Dazu gehören beispielsweise Instrumente des »methodisch-kontrollierten Fremdverstehens«. Der Mitarbeiter steht vor der Aufgabe, ein so genanntes »biografisches Ohr« zu entwickeln. Das heißt, es geht

darum, für biografische Inhalte in alltäglichen Gesprächen sensibel zu werden[231].

- »*Selbstkompetenz*« meint in erster Linie, dass die Personen, die andere zum biografischen Arbeiten motivieren und diese Prozesse gestalten, sich auch mit ihrer eigenen Biografie auseinander gesetzt haben: »Biografiearbeit heißt ... auch: Arbeiten an der eigenen Biografie!«[232] Dazu gehört aber auch die kontinuierliche Selbstreflexion der eigenen Rolle als Lernbegleiter/in.

- »*Ethische Kompetenz*« zeigt sich vor allem darin, dass die Grenzlinie zur Therapie klar beachtet wird: »Im Unterschied zu einer Therapie geht es bei der Biografiearbeit nicht darum, vorher definierte Probleme zu lösen. Man schaut einfach Abschnitte aus der Lebensgeschichte an – ohne bestimmte Zielvorstellung. Die Biografiearbeit kann durchaus heilsame therapeutische Effekte haben. ... Biografiearbeit ist eine Methode, um die Vergangenheit zu erobern, um damit Orientierung für die Zukunft zu bekommen.«[233]

- »*Systemkompetenz*« umfasst das Wissen um Eigenarten der Systeme, mit denen wir es beim biografischen Arbeiten zu tun haben (z. B. Familie, Altenclub, Krankenhaus, Altenheim) und die Fähigkeit, steuernd auf diese einzuwirken.

Miteinander lernen

 1. Miteinander Lernen – Biografischer Spaziergang

Es wird mit der Seminargruppe ein Weg abgelaufen, dessen Stationen symbolisch für bestimmte Lebensereignisse stehen, z. B.
- Kirche für Taufe und Hochzeit
- Spielplatz für Kindheit
- Schulgebäude für Schulzeit
- Friedhof für Tod usw.

An den einzelnen Stationen gibt es Reflexions- und/oder Gesprächsimpulse. Die eine oder andere leibliche Stärkung darf dabei auch nicht fehlen.

 2. Miteinander lernen – Szenario-Analyse

Es werden Kleingruppen gebildet. Diese sollen in zwei kurzen Spielszenen je ein Beispiel für eine gelungene und eine misslungene biografische Kommunikation vorstellen – sei es im Vier-Augen-Gespräch oder in der Gruppe, sei es in der Familie oder im Altenclub…
Nach jedem Rollenspiel wird im Plenum auf einem Flipchart gesammelt, was jeweils zum Ge- bzw. Misslingen der Kommunikations-Sequenz beigetragen hat. In den Kleingruppen werden anschließend je drei Regeln zum Ge- bzw. Misslingen biografischer Kommunikation erarbeitet und abschließend dem Plenum präsentiert.[234]

 3. Miteinander lernen – Was meinst du dazu?

Zitate und Aphorismen bieten eine gute Möglichkeit, um in einer Gruppe oder in der Familie miteinander ins Gespräch zu kommen. Die nachstehenden Zitate werden jeweils auf ein Kärtchen geschrieben. Die Kärtchen werden verdeckt in einen Korb gelegt. Nacheinander ziehen die Anwesenden je eine Zitate-Karte, lesen den Text vor und nehmen dazu Stellung. Leitfragen dabei können sein: Stimmst du dem Text zu? Möchtest du ihm widersprechen? Welche Lebenserfahrung unterstützt diese Aussage oder widerspricht ihr?

Wie man Biografiearbeit gestalten kann

- Ein Mensch, der weiß, wofür, erträgt fast jedes Wie. *(Friedrich Nietzsche)*
- Wer die Vergangenheit vergisst, ist dazu verurteilt, sie zu wiederholen. *(G. Santayana)*
- Vor der Wirklichkeit kann man seine Augen verschließen, aber nicht vor der Erinnerung. *(Stanislav Lec)*
- Du hast mehr Möglichkeiten als du ahnst, ganz zu schweigen von den ungeahnten Möglichkeiten Gottes mit dir. *(Rolf Zerfass)*
- Das Leben besteht aus vielen kleinen Münzen, und wer sie aufzuheben weiß, hat ein Vermögen. *(J. Anoith)*
- Abweichungen sind der Motor der Entwicklung. *(Waldefried Pechtl)*
- Wir können das Leben nicht verlängern, nur vertiefen. *(Gorch Fock)*
- Das Leben schwindet oder weitet sich aus im Verhältnis zum eigenen Mut. *(Anäis Nin)*
- Was ein Alter im Sitzen sieht, kann ein Junger nicht mal im Stehen erblicken. *(aus Nigeria)*
- Bildung ist das, was übrig bleibt, wenn der letzte Dollar weg ist. *(Mark Twain)*
- Nicht die Zeit heilt alle Wunden, sondern die Erfahrungen, die man in dieser Zeit macht. *(Melody Beattie)*
- Jeder Mensch erfindet sich eine Geschichte, die er dann unter gewaltigen Opfern für sein Leben hält. *(Max Frisch)*
- Umwege sind notwendig. Du lernst dadurch die Landschaft kennen. *(Bert Hellinger)*
- Gott gibt Erinnerungen, damit auch im Winter Rosen blühen. *(alte Weisheit)*
- Erinnerung ist eine Form der Begegnung. *(Kahlil Gibran)*
- Der größte Schritt ist der Schritt aus der Tür. *(aus England)*
- Es gibt zwei Fragen im Leben. Die erste heißt »Was will ich?«, die zweite heißt »Wer geht mit mir?« Bringst du diese Reihenfolge durcheinander, kommst du in Teufels Küche. *(Karlo Hujber)*
- Es ist eine schmerzliche Geburt, wenn sich der reife Mensch im Alter selbst zur Welt bringt. *(Stanislav Lec)*
- Eigentlich bin ich ganz anders – nur komme ich so selten dazu. *(Ödon von Horvath)*
- Die viel vom Leben wissen, sind milde Richter. *(Hans Margolins)*
- Eine Erfahrung kann man sich nicht ersitzen. *(M. Narbeshuber)*

▶ **KAPITEL 7**

»Biografie ist überall.« – Wo Biografiearbeit angewendet wird

Der Blick auf die Biografie wird in immer mehr Lebens- und Handlungsbereichen bedeutsam. Die Anwendungsbereiche und Praxisfelder des biografischen Arbeitens weiten sich aus. So findet man biografische Orientierung und biografisches Arbeiten
- innerhalb der Pädagogik (Kap. 7.1) und
- in außerpädagogischen Arbeits- und Handlungsfeldern (Kap. 7.2).

7.1 Innerhalb der Pädagogik

Die beschriebene Individualisierung der Lebensführung zeigt sich auch im beruflichen Alltag professioneller Pädagogen und Pädagoginnen. Die Probleme, Wünsche und Lebensperspektiven, aber auch die Lebenslagen und -situationen der Menschen werden zunehmend individueller. Das hat Auswirkungen auf die alltägliche Arbeit: »Allgemeine Konzepte ... verlieren an Tragfähigkeit bzw. müssen ergänzt werden durch Methoden und Konzepte, die für biografische Besonderheiten sensibel sind, an den biografischen Potenzialen und Ressourcen der Einzelnen ansetzen und damit produktiv arbeiten.«[235]

In den pädagogischen Aufgaben- und Handlungsfeldern kommt die Biografie ganz allgemein betrachtet in zweierlei Weisen vor:[236] als alltägliche Kommunikation und im Rahmen speziell dafür gestalteter Settings. Innerhalb der Pädagogik ist die Biografieorientierung und die Biografiearbeit weit verbreitet. Ich betrachte im Folgenden überblicksartig:

- die Kinder- und Jugendarbeit
- die Erwachsenenbildung
- die Altenbildung/-arbeit
- die Arbeit mit behinderten Menschen
- die Sozialpädagogik
- die Beratung

Kinder- und Jugendarbeit

Mit der Biografieorientierung in der Kinder- und Jugendarbeit bringt man zunächst einmal die Auseinandersetzung mit der individuellen Zukunft in Verbindung.

Doch auch für Kinder und Jugendliche ist es bedeutsam, sich mit der persönlichen, aber auch der familiären und kulturellen Vergangenheit zu beschäftigen. »Sie fügen Bestandteile ihres eigenen Lebens und des Lebens ihrer Herkunftsfamilie in eine sinnvolle, zeitlich und räumlich geordnete Struktur ein, die sich zu einer biografischen Gesamtgestalt fügt. Bei diesem Prozess benötigen sie Unterstützung, vor allem wenn sich für sie zu starke Ambivalenzen, Widersprüchlichkeiten und Loyalitätskonflikte aus ihrem erlebten Leben ergeben.«[237] Zu dieser Vergangenheitsperspektive (Wo komme ich her?) treten dann Fragen der Kinder und Jugendlichen zur Gegenwart (Wo gehöre ich hin? Wie sehen mich andere?) und zur Zukunft (Wie werde ich sein? Welchen Beruf werde ich haben? Welche Chancen habe ich?).

Biografiearbeit mit Kindern steigert das Selbstwertgefühl des Kindes, stellt Verbundenheit zwischen den (Pflege-)Eltern, Erzieherinnen und Kindern her und hilft, Herkunftsfantasien der Kinder zu klären. Weiterhin dient die frühe Beschäftigung mit den Lebenserzählungen der Eltern und Großeltern der Herausbildung eines biografischen Gedächtnisses bei

Kindern. Kleinkinder leben in der Gegenwart und den unmittelbaren Chancen und Anforderungen, die sie dort erleben. Die Erweiterung der Zeitperspektive auf Vergangenheit und Zukunft hin vollzieht sich um das 3. Lebensjahr. Sie wird insbesondere dadurch gefördert, dass die Erwachsenen von vergangenen Ereignissen erzählen *(memory talk)*. Auf diese Art und Weise entwickelt sich das eigene Erinnerungsvermögen der Kinder.[238]

Im familiären Bereich stellen vor allem die Großeltern die Verbindung zur Vergangenheit her. Denn es besteht bei Kindern ein natürliches Interesse an ihren Wurzeln. Sie möchten wissen, woher sie kommen, welche Menschen in der Familie vor ihnen kamen und wie diese waren. Großeltern können dies vermitteln. Eltern müssen hierbei zuweilen Übersetzungsdienste leisten. Denn manchmal ist es für Kinder schwer vorstellbar, in welchen Situationen ihre (Ur-)Großeltern gelebt haben.

Biografiearbeit im Kindes- und Jugendalter findet im Speziellen mit Pflege- oder Adoptivkindern statt. »Pflegeeltern machen häufig in ihrem gewöhnlichen Umgang mit dem Kind Biografiearbeit, auch wenn sie das vielleicht nicht so nennen. Sie antworten auf Fragen der Kinder, was früher war.«[239] Eine solche Biografiearbeit ereignet sich quasi »nebenbei«. In der »eigentlichen Biografiearbeit« arbeitet die Pflegefamilie mit ihrem Pflegekind an dessen Vergangenheit, um diese quasi wieder zurückzuholen. Dies geschieht beispielsweise durch das Betrachten von Fotos, das Aufschreiben von Verwandtschaftsbeziehungen oder die Betrachtung der Geburtsurkunde.

Erwachsenenbildung

In bewegten Zeiten wie der unseren kommt der Erwachsenenbildung eine besondere Bedeutung zu. Wenn Lebensverläufe unsicher werden, suchen die Menschen nach Orientierungs- und Hilfsmitteln: »So versuchen die Individuen ihre schwieriger gewordene Lebensgestaltung und die Probleme ihrer Lebensbewältigung zunehmend über Erwachsenenbildung zu balancieren und/oder zu bearbeiten«.[240] Die Biografie des/der Einzelnen ist in der Erwachsenenbildung an vier Schlüsselstellen bedeutsam:

- In *Kursen und Seminaren* können fremde Biografien, aber auch der eigene Lebensverlauf thematisiert und reflektiert werden.
- *Didaktisches und methodisches Planen* und Handeln muss an den biografischen Erfahrungen der Teilnehmer ansetzen. Da Lernen im Erwachsenenalter immer Anschluss-Lernen ist (also am Vorhandenen ankoppelt), müssen diese Voraussetzungen im Vorfeld der Lehr-Lern-Situationen berücksichtigt werden. Die Biografie ist so grundsätzlich Anknüpfungspunkt für jegliches Lernen:»Lernimpulse müssen biografisch ‚angebunden' bzw. geortet werden.«[241] Offensichtlich ist das biografische Anknüpfen eine zentrale Voraussetzung für nachhaltige Lernprozesse. Andere Informationen sind gar nicht oder nur mittels hohem Energieaufwand behaltbar:»Nackte Daten, Fakten, Informationen können von unserem Hirn weder begriffen noch verarbeitet und genutzt werden. Erst wenn wir Wissen angeboten bekommen, das für uns ‚autobiografisch' Sinn macht, können wir die Info a) begreifen und b) merken.«[242]
- In so genannten»*Tür- und Angel-Gesprächen*«zwischen Referenten und Teilnehmern werden immer wieder Biografiethemen angesprochen. Hier ist insbesondere die Beratungskompetenz der Erwachsenenbildner/innen gefragt. Jeder Erwachsenenbildner wird hier zum/zur»laienhafte/n Biografieforscher/in«[243]. Dies gilt auch für Vorstellungsrunden.
- In der *Bildungsberatung* liegt auch in der Biografie der Beratungsuchenden ein wesentlicher Ansatzpunkt. Welche Bildungsprozesse wurden bisher absolviert? Wo liegt der aktuelle Bildungsbedarf und das akute Bildungsinteresse? Wohin führt der Lebensweg des Klienten und wie können Bildungsangebote sie/ihn dabei unterstützen?

Bei der Auseinandersetzung mit biografischen Themen in der Erwachsenenbildung geht es aber nicht nur um das gelungene bzw. gelingende Leben:»Bildung hat sich am Fragmentarischen menschlichen Lebens zu orientieren und muss im Sinn einer lebensdienlichen Persönlichkeitsentwicklung die Momente von Diskontinuität, die Brüche und Zerrissenheiten von Biografien und die damit gegebenen prekären Lebensverhältnisse thematisieren und bearbeiten.«[244]

Institutionen der Erwachsenenbildung werden zu wichtigen Dienstleistern für die Menschen heute, die zu ihren eigenen »biografischen Agenten« werden: »Einrichtungen und Projekte der Erwachsenenbildung können zu einem gesellschaftlichen Ort werden, an denen sich Erwachsene mit Biografien auseinander setzen, mit ihren eigenen oder fremden. ... Zusätzlich zur Erschließung fremder Lebenswelten, über die auch Wissen und Bildung transportiert werden kann, kann die Erwachsenenbildung die Funktion der bewussten oder unbewussten Begleitung von Biografien übernehmen.«[245]

Altenbildung/-arbeit

Dieses Anwendungs- und Praxisfeld biografischen Arbeitens ist am weitesten entwickelt. Das zeigen viele theoretische wie praktische Veröffentlichungen, aber auch dazu eigens entwickelte Spiele und belletristische Literatur.[246] Die Altenbildung/-arbeit musste sich quasi dieser Thematik stellen, um den unterschiedlichen Lebensstilen und Lebenslagen, Interessen und Bedürfnissen der alten Menschen gerecht zu werden.

❊ Miteinander lernen I

Biografieorientierte Altenarbeit/-bildung »bedeutet zum einen, Zugang zu dem von älteren Menschen individuell erzeugten Lebenssinn, zu ihren Deutungs- und Handlungsmustern, ihrem Eigensinn zu finden. Biografieorientierung bedeutet zum anderen, die Subjekte für sich sprechen zu lassen, d.h. ihre jeweilige Lebenssituation aus ihrer Sicht nachzuvollziehen.«[247]

Neben den schon genannten Funktionen und Wirkungen des Erinnerns und Erzählens stellt die Auseinandersetzung mit der eigenen Lebensgeschichte für den älteren und alten Menschen ein aktives Gedächtnistraining dar. »Dabei werden nicht nur die Denkfähigkeit und die Wortfindung gefördert, sondern der ganzheitliche Aspekt des Gedächtnistrainings, der Bewegung, Kommunikation und emotionaler Begegnung mit einschließt, findet Berücksichtigung.«[248] Weitere positive Auswirkungen der Biografiearbeit mit älteren Menschen sind:[249]

- Wenn ältere Menschen in Gruppen aus ihrem Leben erzählen, erfahren sie *Verständnis* und Akzeptanz in der Gruppe.

- Biografisches Arbeiten stößt die Erinnerung älterer Menschen an. Dadurch wird das *Erinnerungsvermögen* geweckt.
- Das Erzählen von Erinnerungen schafft *Kontaktmöglichkeiten* zwischen älteren und alten Menschen. Es stellt quasi einen »natürlichen Eisbrecher« in Institutionen der Altenarbeit dar.
- Durch die Biografiearbeit erfahren ältere Menschen Wertschätzung und ihr *Selbstvertrauen* wird gestärkt. Insbesondere kranke oder behinderte Menschen können beispielsweise durch das Erzählen dessen, was sie »früher so alles getan haben«, wieder an Anerkennung (z. B. bei Mitbewohnern im Altenheim) gewinnen.
- Das Erzählen von Lebensgeschichten kann persönliche Standpunkte *relativieren*, weil andere ihre Sichtweisen neben die eigene stellen. Auf diese Weise können auch persönliche Mythen hinterfragt werden.
- Durch Biografiearbeit mit alten Menschen werden deren (frühere) Interessen und *Talente* wieder (auf-)greifbar.
- »Durch den Vergleich der eigenen Lebensgeschichte mit gesellschaftspolitischen Ereignissen aus dieser Zeit lassen sich mitunter interessante, bisher ungeahnte Zusammenhänge entdecken. ... Die vorgeburtliche *Geschichte* ist davon ebenfalls nicht ausgenommen. Über Eltern und Großeltern, Erziehung, Politik und Kultur nimmt sie auf die jeweils nachfolgende Generation Einfluss.«[250]
- Biografisches Arbeiten bietet älteren und alten Menschen die Möglichkeit, das eigene Leben rückblickend *versöhnlich* zu betrachten und den »roten Sinn-Faden« in der eigenen Lebensgeschichte zu entdecken.
- *Spaß* und Unterhaltung gehören auch zu den Wirkungen der Biografiearbeit. Insbesondere die Auseinandersetzung mit positiven und glücklichen Erinnerungen führt zu einer Stimmungsaufhellung bei den betroffenen Personen.
- Und schließlich unterstützt biografisches Arbeiten ältere Menschen in Trauer-, Krisen- und Problemsituationen: »In der Lebensrückschau können vorhandene *Ressourcen* und bereits erfolgreich angewendete Strategien zur Bewältigung belastender Lebenssituationen wieder in Erinnerung gerufen werden.«[251] So werden Kräfte zur Bewältigung belastender Lebenssituationen mobilisiert.

Arbeit mit behinderten Menschen

Biografisches Arbeiten ist auch sinnvoll in der Arbeit mit behinderten Menschen. Sie kann helfen – über die Akte des behinderten Menschen hinaus – mit ihm zusammen seine Biografie zu betrachten, (Sinn-) Zusammenhänge zu entdecken und somit auch persönliche Entwicklung fördern. »Die Begegnung zwischen Begleiteten und Begleitern ist nicht nur geprägt durch das Hier und Jetzt, in ihr manifestieren sich auch Ängste und Kränkungen sowie Wünsche und Hoffnungen, die sich aus der Vorgeschichte der Betroffenen speisen.«[252]

In der Sozialpädagogik

Auch Sozialarbeiter bzw. Sozialpädagogen haben im beruflichen Alltag immer wieder mit beruflichen Biografien zu tun:
- in der sozialpädagogischen Gruppenarbeit,
- in der Einzelfallarbeit,
- bei der Betreuung alter Menschen,
- bei der Begleitung alter Menschen und
- in der Sozialverwaltung.

In der Beratung

Die Unsicherheit in den Biografien hat zu einem nicht unerheblichen Beratungsbedarf geführt. Menschen suchen die Begleitung und die Beratung in verunsichernden Lebenssituationen und biografischen Umbrüchen. Um auf diese Bedürfnislage zu reagieren haben sich unterschiedliche Beratungsformen und -konzepte auf dem Beratungsmarkt etabliert:
- Die *Lebenswegberatung/Life Coaching*: Sie hat den breitesten Fokus und offeriert Begleitung und Unterstützung in Fragen der Gestaltung des persönlichen Lebensweges.
- Die *Übergangsberatung/Übergangscoaching*: Sie beschäftigt sich schwerpunktmäßig mit den biografischen Übergängen und bietet z. B. Begleitung beim Übertritt in den Ruhestand an.

Wo Biografiearbeit angewendet wird

- Die *Berufs-, Laufbahn- oder Karriereberatung*: Diese Form der biografischen Beratung ist am bekanntesten und sozusagen am »dienstältesten«. Der Fokus ist verengt auf berufliche Fragestellungen der Karriereplanung.

- Bei der *Lebens-/Arbeitsplanung* handelt es sich um ein Beratungsmodell, das vor allem bei den evangelischen Kirchen praktiziert wird. Dieses Modell reagiert auf die Tatsache, dass die Schule zu wenig auf biografische Lebensfragen vorbereitet: »Die Frage ‚Was will ich mit meinem Leben anfangen?' wird nicht im öffentlichen Schulsystem angesprochen. Und so wachsen die meisten Leute auf, ohne ein System für die Auseinandersetzung mit der beruflichen Planung gelernt zu haben. Das trifft genauso für andere Fragen zu, wie zum Beispiel ‚Was mache ich gerne?' oder ‚Wie kann ich meine Fähigkeiten so einsetzen, dass mein Handeln etwas bewegt?'«[253] Life-/Work-Planning richtet sich an vier Endverbraucher-Zielgruppen:[254]

  - *Schulkinder* – in Blick auf deren weiterzuentwickelnden Stärken und Interessen,
  - *Junge Erwachsene*, die kurz vor der Beendigung der Berufsausbildung oder des Studiums stehen
  - *Berufstätige*, die an ihrem jetzigen Arbeitsplatz unzufrieden sind und nach neuen Perspektiven suchen
  - Personen, die vor einer *Veränderung der Lebenssituation* stehen: Berufsrückkehrerinnen nach der Familienphase, (Früh-) Rentner und Pensionäre, Gefängnisinsassen vor der Entlassung oder ausstiegswillige Prostituierte.

7.2 Außerhalb der Pädagogik

In exemplarischer Weise möchte ich abschließend aufzeigen, wie biografisches Arbeiten auch in außerpädagogischen Handlungsfeldern zum Einsatz kommt. Dabei richte ich den Blick auf
- die Seelsorge und
- die Pflege.

Seelsorge

Seelsorge entfaltet sich nicht nur in der Verkündigung religiöser Heilslehren, sondern auch in zeichenhaften, sakramentalen Handlungen in der Liturgie. Hauptsächlich erweist sich Seelsorge aber im alltäglichen Leben durch aktive, gegebenenfalls materielle Hilfen, Begleitung und Beratung.[255] Seelsorge unter biografieorientierter Perspektive hat den Menschen in seiner individuellen Glaubensgeschichte zu begleiten und ihm auf der Grundlage von Zutrauen und Empathie Mut und Lebenskompetenz in Krisen und sich ergebenden Lebenschancen zuzusprechen. Hierzu bieten sich insbesondere die Lebensübergänge an – bieten diese schon Anknüpfungspunkte durch die dort stattfindenden Rituale (Firmung/Konfirmation, Taufe der Kinder, Trauung, Beerdigungen ...).

Das theologisch-seelsorgerliche Interesse richtete sich zunächst weniger auf den Aspekt der Biografie. Auch gegenwärtig ist noch festzustellen, »dass in der theologischen Reflexionsarbeit und in der Ausbildung künftiger Seelsorger das Thema Biografie aus theologisch wohl erklärbaren Zusammenhängen noch keine intensivere Behandlung (etwa in der zweiten Ausbildungsphase oder im Rahmen von Pastoralkollegs in der Pfarrerfortbildung) gefunden hat.«[256]

Pflege

In den nächsten Jahren wird in unserem Land die Zahl der alten und sehr alten Menschen stark anwachsen. Dieser »demografische Wandel« wird dazu führen, dass es mehr betreuungs- und pflegebedürftige Menschen geben wird. Somit steht der Pflegebereich – sei es die Tages-, Kurzzeit- oder die Dauerpflege – vor großen Herausforderungen: Denn wenn nicht nur der medizinische Aspekt im Vordergrund stehen soll, sondern auch die Begleitung und Betreuung, steigen die Anforderungen: »Ausgehend von der Biografie des einzelnen Menschen geht es darum, seine Ressourcen und Kompetenzen zu erkennen und die Tagesgestaltung auf seine individuellen Bedürfnisse, Interessen und Möglichkeiten auszurichten. Mit dem Ziel, die Eigenständigkeit und Selbstständigkeit der einzelnen Person zu erhalten und zu fördern.«[257]

»Pflege erstreckt sich auf Gesunde und Kranke, bezieht also Gesundheitsvorsorge und Fürsorge sowie die Betreuung gesunder Hilfebedürftiger mit ein.« Sie folgt einem ganzheitlichen Verständnis, insofern sie »sich an der Bedürftigkeit des Menschen orientiert, nicht an einzelnen Funktionen«[258]. Im Einzelnen lässt sich Pflege umschreiben als

- Lebenshilfe und für die Gesellschaft notwendige Dienstleistung. Sie befasst sich mit gesunden und kranken Menschen aller Altersgruppen;
- Hilfen zur Erhaltung, Anpassung oder Wiederherstellung psychischer und sozialer Funktionen und Aktivitäten des Lebens;
- abgrenzbare Disziplin mit einem Gebiet von Wissen und Können, welches sie von anderen Fachgebieten des Gesundheitswesens unterscheidet,
- eigenständiger Beruf und selbstständiger Teil des Gesundheitsdienstes für die Feststellung der Pflegebedürftigkeit, die Planung, Ausführung und Bewertung der Pflege und für die eigene Aus-, Fort- und Weiterbildung.[259]

Im Pflegebereich wird die Bedeutung des biografischen Zugangs in wachsender Weise erkannt. Die »biografische Pflege« erlaubt eine engere Pflegebeziehung, mehr Verständnis für den Patienten, gegebenenfalls auch eine Umkehrung des Verhältnisses von Geben und Nehmen, indem der/die Pflegebedürftige auch aus seinem/ihrem biografischen Schatz etwas an die Pflegeperson zurückgibt.[260] Bedeutsam ist das biografische Arbeiten in der Pflege insbesondere und zuerst bei der Pflege-Anamnese, der Erfassung des Pflege-Istzustandes, also in Situationen, wo der/die Patient/in in die Pflege aufgenommen wird. Des Weiteren wird die psychosoziale Situation des Patienten sowie seine Orientierungsfähigkeit mit erfasst. An dieser Aufzählung wird deutlich, dass hier bereits Themen der Kultur- und der Persönlichkeits-Biografie behandelt werden.
Auch die Aufgliederung nach den »Aktivitäten des menschlichen Lebens« (abgekürzt ATLs) bietet Ansatzpunkte, die biografische Perspektive umzusetzen. Zu diesen ATLs gehören:

- Atmen
- Essen und Trinken
- Ausscheiden
- Sich bewegen
- Sich beschäftigen
- Sich pflegen und kleiden
- Regulierung der Körpertemperatur
- Wachsein und Schlafen
- Kommunizieren
- Für Sicherheit sorgen
- Sich als Mann/Frau fühlen
- Sinn finden.

Auch hier lassen sich vielfältige Bezüge zu den in diesem Buch genannten »biografischen Strängen« finden: zur Sozial- und Kultur-Biografie, zur Natur- und Persönlichkeits-Biografie sowie zu den geschlechtsspezifischen Aspekten.

Die Verwirrtheit älterer und pflegebedürftiger Menschen kann »als Verlust der biografisch gewordenen Identität« angesehen werden: »Wer plötzlich Diät einhalten soll, krank wird, seinen Partner oder seine Bezugsperson verliert, gewohnte Aktivitäten oder seine Wohnung aufgeben muss oder Sozialhilfeempfänger wird, verliert seine lebensgeschichtliche Identität und kann verwirrt werden, weil die bisherige stetige Entwicklung einen Einschnitt, einen Abbruch erleidet.«[261] Gerade in der Arbeit mit diesen verwirrten alten Menschen kommt dem biografischen Arbeiten eine besondere Bedeutung zu: »Pflegende verstehen die Reaktionen des Verwirrten besser, wenn sie von ihm oder von seinem Angehörigen erfahren, was er erlebt hat.«[262] Und sie können auf seine Bedürfnisse und Gewohnheiten besser eingehen und so verunsichernde Situationen reduzieren und Vertrautes schaffen.

Dass wir es mit unterschiedlichsten Lebensverläufen und -situationen zu tun haben, wird durch die nachstehende Anregung erlebbar:

Wo Biografiearbeit angewendet wird

Miteinander lernen

 Miteinander lernen – Lebens-Fragen

In der Familie, im Freundeskreis oder in Seniorengruppen lädt folgendes Spiel zum Gespräch ein: Rundum würfelt jeder Teilnehmer mit vier Würfeln. Die Summe der geworfenen Augenzahlen legt fest, welche Frage die würfelnde Person zu beantworten hat.

1. Wo sind Sie geboren?
2. Welches war Ihr erster Berufswunsch?
3. Wo war Ihre erste eigene Wohnung?
4. Was haben Sie als Kind gerne gespielt?
5. In welchem Sternzeichen sind Sie geboren? Ist Ihnen das wichtig?
6. Welchen Film haben Sie bei Ihrem ersten Kinobesuch gesehen?
7. Sind Sie so geworden, wie Ihre Mutter das gerne wollte?
8. Erzählen Sie von Ihrem ersten Schultag!
9. Erinnern Sie sich noch an einen der ersten Romane, die Sie »verschlungen« haben?
10. Wo waren Sie in Ihrem ersten Urlaub?
11. Wo ist für Sie der schönste Platz auf dieser Erde?
12. Erzählen Sie von Ihrer ersten Arbeitsstelle!
13. Können Sie sich noch an Ihren ersten Kuss erinnern?
14. Wann hatten Sie zum ersten Mal in Ihrem Leben einen Schwips?
15. Was war in Ihrer Kindheit eine Lieblings-Fernsehsendung?
16. Wann waren Sie zum ersten Mal eine längere Zeit allein?
17. Erinnern Sie sich noch an Ihre erste Prüfung?
18. Wann waren Sie zum ersten Mal im Theater und was wurde da gespielt?
19. Wie sahen die Sommertage Ihrer Kindheit aus?
20. An welchen (Schul-)Streich können Sie sich erinnern?
21. Auf was sind Sie besonders stolz?[263]

ZUM ABSCHLUSS

Bio-Grafie heißt wortwörtlich übersetzt Leben-Schreiben. Die abschließende Übung dieses Buches lädt Sie ein, dies wörtlich zu nehmen:

Selbstständig lernen – Leben schreiben

Nehmen Sie sich zum Abschluss dieses Buches ein DIN A3-Blatt zur Hand. Schreiben Sie darauf lediglich das Wort »Leben«. Sie können dieses Blatt bzw. dieses Wort zu kreativ gestalten, wie Sie mögen – mit Farb- und Wachsmalstiften, Bild- und anderen Materialien.

Kleben Sie dieses »geschriebene Leben« in Ihr Lebensbuch!

→ ANMERKUNGEN

1 Vgl. Merseburger, 2002; Stern, 2002, 2002a; Küng, 2002.
2 Zum Beispiel Osborn u.a., 1977; Ruhe, 1998; Kraul & Marotzki (Hg.), 2002; Hartwig u.a. (Hg.), 2002.
3 Vgl. Aldroyd, o.J.; Bickerich, 1998; Fortey, 1999.
4 Vgl. Klingenberger & Zintl, 2001, 2001a, 2002.
5 Informationen können Sie unter info@bildungszentrum-freising.de anfordern.
6 Beck-Gernsheim, 1983.
7 Egger, 1998, 12.
8 Vgl. Keupp, 1999, 12ff.
9 Molitor, 2000, 11.
10 (Hg.), 1997.
11 Keupp, o.J., 2.
12 In Anlehnung an Alheit, 1994, 191ff.
13 Birkenbihl, 2002, 38.
14 Birkenbihl, 2002, 80f.
15 Dort, wo es mir möglich war, habe ich die Quellen dieser Methoden angegeben. Sollten Sie für die eine oder andere Methode die Quelle kennen, bin ich für einen Hinweis sehr dankbar.
16 1999.
17 Gudjons u.a., 1994, 80f.
18 Kade, 2002, 63.
19 Das INBL..., 2002.
20 Kerkhoff & Halbach, 2002, 9.
21 2002, 120.
22 2002, 74.
23 Vgl. Klingenberger 2002, 2002a, 2002b, 2002c.
24 Vgl. auch die CD »Rilke Projekt«: Schönherz & Fleer, 2001.
25 Hudson & McLean, 2001, 48ff.
26 Hudson & McLean, 2001, 55ff.
27 2002, 9.
28 Strack, 2001, 1.
29 2001, 146ff.
30 Seiwert, 2001, 9.
31 Schlippe u.a., 1995, 14.
32 Liebl & Rughase, 2002, 36.
33 Kade, 2002, 64.
34 Vopel, 1997, 7.
35 Heinz-Hermann Krüger; zit. nach Schlüter, 2002, 183.
36 Vgl. Rolff & Zimmermann, 1993.
37 Schwarzer, 1996, 52.
38 Keupp, o.J.
39 Vgl. Keupp, o.J., 5ff.

[40] Vgl. Keupp, o.J., 15.
[41] Zit. nach Höglinger, 2002, 71.
[42] Knef, 1999.
[43] Schlüter, 2002, 187.
[44] Hudson; zit. nach Nuber, 2001, 24f.
[45] Nuber, 2001, 25ff.
[46] Vgl. Keupp, 1999, 25.
[47] Heidenreich, 2002, 63.
[48] Heidenreich, 2002, 63.
[49] 1997, 36f.
[50] Vgl. Tews; zit. nach Damkowski, 1995, 12.
[51] Vgl. Kruse 1990.
[52] Zit. nach Simplify your life, 2001 (10), 12.
[53] Auer, 1995.
[54] Vgl. http://www.logotherapie-gesellschaft.de/institut.html.
[55] Vgl. http://www.astrologie-zentrum-berlin.de/biografie.html.
[56] Vgl. http://www.biographiearbeit.de/wasistbio.html.
[57] Vgl. Pädagogische Biografiearbeit, 2002.
[58] Kade, 2002a, 64.
[59] Mader, 2000.
[60] Vgl. Klingenberger & Zintl, 2001, 2001a, 2002.
[61] Klare & Swaaij, 2000.
[62] Bildungswerk der Erzdiözese Freiburg u. a., 1993, 46.
[63] Vgl. auch Kerkhoff & Halbach, 2002, 52ff.
[64] Schlippe u. a., 1995, 14.
[65] Vgl. Vopel, 1997, 37.
[66] Vgl. Vopel, 1997, 60f.
[67] Vgl. Vopel, 1997, 10f.
[68] Marai, 2001, 96.
[69] Marai, 2001, 97.
[70] 2002, 120.
[71] Vgl. Seiwert, 2001a.
[72] Pisarski, 1997, 73.
[73] Zit. nach Mörchen, 1996, 65.
[74] Schlink, 2001, 226.
[75] Hermann, 1999, 24.
[76] Liebl & Rughase, 2002, 36.
[77] Belezza; zit. nach Bobbio, 1997, 32.
[78] 2002, 91.
[79] Remen, 2001, 20.
[80] Nadolny, 1990.
[81] Kade, 2002, 63.
[82] Wilhelm, 1999, 68ff.
[83] Vgl. Gaschler, 2002, 77.
[84] Wilhelm, 1999, 70.
[85] Welzer, 2002, 130.
[86] Wilhelm, 1999, 70.
[87] Gaschler, 2002, 78.
[88] Zit. nach Welzer, 2002, 19.
[89] Kerkhoff & Halbach, 2002, 21.
[90] Vgl. Kade, 1994.
[91] Welzer, 1997, 54.
[92] Vgl. Antonovsky, 1997; Keupp, 1999, 18ff.
[93] Keupp, 1999, 20.
[94] 1989, 191.
[95] Hanses, 2000, 5.
[96] Marai, 2001, 199 f.
[97] Vgl. Erikson, 1988.
[98] Vgl. Faltermeier, 2002, 24f.
[99] Faltermeier, 2002, 24.
[100] Nach einem chinesischen Märchen.
[101] Jensen, 2002, vgl. Robbins & Wilner, 2003.
[102] Nuber, 2002, 23.
[103] Vgl. Nuber, 2002, 23ff.
[104] Nuber, 2002, 25.
[105] 2000, 221.

[106] Marai, 2001, 136.
[107] Thomae, 1988, 86ff.
[108] Kerkhoff & Halbach, 2002, 19.
[109] 1967, S. 17f.
[110] Vgl. Schuchardt, 2002, 35ff.
[111] Schuchardt, 2002, 42.
[112] Schuchardt, 2002, 42f.
[113] Nuber, 1999, 23.
[114] Vgl. Nuber, 1999.
[115] Nuber, 1999, 27.
[116] Ebert, 2000.
[117] 1998.
[118] Burisch, 1994.
[119] Nach Hermann Hesse.
[120] 2001, 17ff.
[121] Peseschkian, 2002, 47.
[122] Kaiser, 1990.
[123] Vgl. Klingenberger & Zintl, 2001, 51.
[124] Schlüter, 2002, 184.
[125] So Lothar Böhnisch bei der Erwachsenenpädagogischen Werktagung »LebensMutig: Biografie und Biografiearbeit in der Erwachsenenbildung« im Bildungszentrum Kardinal-Döpfner-Haus in Freising.
[126] Keiner, u.a., 2000.
[127] Zit. nach Heidenreich, 2002, 64.
[128] Vopel, Hg., o. J. 59.
[129] Bonsen & Malek, 2001, 30.
[130] Vgl. Wenzel, 196, 22.
[131] Vgl. Schlippe u.a., 1995, 34.
[132] 1985.
[133] 1999, 22.
[134] Ernst, 2001, 20.
[135] Vgl. Ernst, 2001, 22ff.
[136] Vgl. Ernst, 2001, 23ff.
[137] 2002, 14.
[138] 2002, 142.
[139] Dringenberg, 1989, 3.
[140] Dringenberg, 1989, 11f.
[141] Vgl. Schmid, 2000, 32ff.
[142] Vgl. Kerkhoff & Halbach, 2002, 82ff.
[143] Susanne Seuthe-Witz; zit. nach Unterholzer, 2002, 41.
[144] Redler, 1994, 11.
[145] 2002, S. 53f.
[146] Bedenbecker-Busch & Schneider-Wohlfahrt, 1994, 7.
[147] Oehlmann, 2001.
[148] 1991, 134.
[149] Schwarzer, 1996, 71.
[150] Halbfas, 1989, 339.
[151] Habersetzer, 1998, 29f.
[152] Seewald, 2002, 25.
[153] 2001; vgl. auch Seewald, 2002.
[154] Prüwasser, 1998, 6.
[155] Mey, 1987.
[156] Bei der Erwachsenpädagogischen Werktagung zum Thema »LebensMutig: Biografie und Biografiearbeit in der Erwachsenenbildung« im Bildungszentrum Kardinal-Döpfner-Haus in Freising.
[157] Saum-Aldehoff, 2003, 30f.
[158] Saum-Aldehoff, 2003, 33.
[159] 2001, 84.
[160] Höglinger, 2002, 20.
[161] Seiwert, 2001, 44.
[162] So Lothar Böhnisch bei der Erwachsenenpädagogischen Werktagung »LebensMutig: Biografie und Biografiearbeit in der Erwachsenenbildung« im Bildungszentrum Kardinal-Döpfner-Haus in Freising.
[163] Mauritz, 2002, 42.
[164] Vgl. Mauritz, 2002, 42.
[165] 2001.
[166] Marquez, 2002, 88.

[167] Vgl. Jamis, 2000.
[168] Gudjons u. a., 137f.
[169] H. Schlicht, Hg. 2000.
[170] BIFO... (Hg.), 1999, 6ff.
[171] BIFO...(Hg.), 1999, 10ff.
[172] Rohr, 2001, 81.
[173] Birren & Deutchman; zit. nach Lohmann & Heugt, 1995, 236; vgl. Kerkhoff & Halbach, 2002,11f.
[174] 1996, 31f.
[175] John Naisbitt; Quelle unbekannt.
[176] 1989, 173.
[177] Vgl. Haeffner, 1996.
[178] Merz, 2002, 27f.
[179] Johnstone, 1998, 165.
[180] Johnstone, 1999.
[181] Johnstone, 1998, 170.
[182] Zit. n. Tausch-Flammer & Bickel, 2000, 86.
[183] 2000, 79ff.
[184] Schmid, 2000, 85f.
[185] 2000, 189.
[186] Doppelfeld, 2002, 101.
[187] Vgl. Klingenberger & Zintl, 2001a.
[188] Schmid, 1999, 393ff.
[189] Vgl. Schmidt-Tanger, 1998, 34ff.
[190] Vgl. Nuber, 2003.
[191] Nuber 2003, 25.
[192] Seewald, 2002, 100.
[193] Vgl. Rohr, 2002, 68f.
[194] 1981, 483f.
[195] Seiwert, 2000a.
[196] Vgl. Covey, 1997; Seiwert, 2001.
[197] Tarr Krüger, 2000, 25.
[198] Keupp, 2000.
[199] Vgl. Heilmeier-Schmittner u. a., 2002.
[200] Rohr, 2002, 92ff.
[201] 1996, 29; auch 148ff.
[202] Marquez, 2002, 176.
[203] Kazantzakis, 1998, 44.
[204] Ausführlicheres hierzu in: Klingenberger & Zintl, 2001a.
[205] Erzbistum Freiburg, 1999.
[206] Vgl. Bildungswerk der Erzdiözese Freiburg u. a. (Hrsg.), 1993, 51.
[207] Merz, 2002, 91.
[208] Vgl. Vopel, Hg., o.J. 57f.
[209] Lahninger, 2000.
[210] Reichel & Rabenstein, 2001.
[211] Vgl. Vopel, 1997, 14f.
[212] Nach Elschenbroich, 2001.
[213] Tausch-Flammer & Bickel, 2000, 57f., 128.
[214] Vgl. Gudjons u. a.,1994; Osborn u. a., 1997; Ruhe, 1998; Vopel, 1997.
[215] Zit. nach Lamp, 1998, 13.
[216] Hof, 1998, 1.
[217] Vgl. Sautter, 2002.
[218] Vgl. Kratz & Kummer, 1997.
[219] Vgl. Oehlmann, 2001, 25ff.
[220] Vgl. Oehlmann, 2001.
[221] Oehlmann, 2001, 70.
[222] Oehlmann, 2001, 21.
[223] Nichols, 2002, 11.
[224] Vgl. Schulz von Thun, 2000, 70ff.
[225] Schulz von Thun u. a., 2000, 74.
[226] Vgl. Knill, 2002.
[227] Bonsen & Maleh, 2001, 14.
[228] Remen, 2001, 18.
[229] Kade, 2002, 63.
[230] Kerkhoff & Halbach, 2002, 14.
[231] Vgl. Nittel & Völzke, 1993, 128f.
[232] Kerkhoff und Halbach, 2002, 17.
[233] Maywald, o. J.
[234] Reichel & Rabenstein, 2001.

[235] Pädagogische Biografiearbeit..., 2002.
[236] Vgl. Nittel & Völzke, 1993, 128.
[237] Kreher & Sierwald, 2001, 40.
[238] Vgl. Welzer, 2002, 91ff.
[239] Maywald, o. J.
[240] Schlüter, 2002, 184.
[241] Eckstein, 2001, 11.
[242] Birkenbihl, 2002, 26.
[243] Nittel & Völzke, 1993, 124.
[244] Strack, 2001, 2.
[245] Schlüter, 2002, 187.
[246] Bierlein, 1994; Haarhaus, 1998, 1998a; Dannecker & Schützendorf, 1994; Suter, 2000; Wimschneider, 1990
[247] Schweppe, 1998, 328.
[248] Kerkhoff & Halbach, 2002, 6.
[249] Vgl. Weingandt, 2001, 25ff.
[250] Weingandt, 2001, 29.
[251] Weingandt, 2001, 31.
[252] Hähner, 2002, 32.
[253] Vgl. Nittel & Völzke, 1993, 126.
[254] Webb, 2002.
[255] Vgl. Klingenberger, 1996, 258.
[256] Schibilsky, 1996, 5.
[257] Teufel, 2001, 9.
[258] Bachstein u. a., 1997, 5.
[259] Bachstein u. a., 1997, 5.
[260] Vgl. Blimlinger u. a., 1995, 110 ff.
[261] Grond, 1991, 173.
[262] Grond, 1991, 26.
[263] Kusch, 1998; 1999

LITERATUR UND MEDIEN

Damit Sie je nach Bedürfnis und Interesse leichter das finden, was Sie suchen, habe ich die Quellen unterschieden nach:
- Fachliteratur
- Belletristik und Biografien und
- Musik/CDs

Fachliteratur

Aftel, Mandy (1998). *Der Roman unseres Lebens: Wendepunkte erkennen und nutzen.* München: dtv.

Aldroyd, David (o.J.). *Die Biografie der Erde.* Frankfurt: Zweitausendeins.

Alheit, Peter (1994). *Zivile Kultur: Verlust und Wiederaneignung der Moderne.* Frankfurt: Campus.

Anders, Günther (1967). *Die Schrift an der Wand* (Tagebücher 1941–46). München.

Auer, Alfons (1995). *Geglücktes Altern.* Freiburg: Herder.

Bachstein, E. u.a. (1997). *Verantwortungsbereiche der beruflich Pflegenden.* Göttingen: Arbeitsgemeinschaft Deutscher Schwesternverbände.

Beck, Ulrich (Hg.) (1997). *Kinder der Freiheit.* (1. Aufl.). Frankfurt: Suhrkamp.

Bedenbecker-Busch, M. & Schneider-Wohlfahrt, U. (1994). *Vorwort.* In: Redler, E. (Hg.), *Der Körper als Medium zur Welt: eine Annäherung von außen: Schönheit und Gesundheit* (S. 7-9). Frankfurt: Mabuse.

Behrens-Cobet, Heidi & Reichling, Norbert (1997). *Biografische Kommunikation: Lebensgeschichten im Repertoire der Erwachsenenbildung.* Neuwied: Luchterhand.

Bickerich, Wolfram (1998). *Die D-Mark: eine Biografie.* Berlin: Rowohlt.

Bierlein, Karl-Heinz (1994). *Lebensbilanz: Krisen des Älterwerdens meistern – kreativ auf das Leben zurückblicken – Zukunftspotentiale ausschöpfen*. München: Claudius.

BIFO Berufs- und Bildungsinformation Vorarlberg (Hg.) (1999). *Qualibox (Modul 3: Schule und Weiterbildung unter der Lupe)*. Dornbirn: Eigenverlag.

Bildungswerk der Erzdiözese Freiburg u.a. (Hg.) (1993). *Älter werden* (Alter-native 1: Mitten im Leben). Freiburg: Eigenverlag.

Bildungswerk der Erzdiözese Freiburg u.a. (Hg.) (1993a). *Älter werden* (Alter-native 11: Grenzen überschreiten – Abschied und Tod). Freiburg: Eigenverlag.

Birkenbihl, Vera F. (2002). *Story Power©: Welchen Einfluss Stories auf unser Denken und Leben haben*. Offenbach: Gabal.

Blimlinger, Eva u.a. (1994). *Lebensgeschichten: Biografiearbeit mit alten Menschen*. Hannover: Vincentz.

Bolles, Richard Nelson (2000). *Wie betreibe ich Lebens-/Arbeits-Planung (Life/ Work Planing)*. dvb-forum (1), 6–14.

Bonsen, Matthias zur & Maleh, Carole (2001). *Appreciative Inquiry (AI): Der Weg zu Spitzenleistungen. Eine Einführung für Anwender, Entscheider und Berater*. Weinheim: Beltz.

Brokmann-Nooren, Christiane u.a. (Hg.) (1995). *NQ-Materialien: Handbuch Erwachsenenbildung*. Weinheim: Beltz.

Burisch, Matthias (1994). *Das Burnout-Syndrom: Theorie der inneren Erschöpfung* (2. Aufl.). Berlin: Springer

Covey, Stephen R. (1997). *Die sieben Wege zur Effektivität* (6. Aufl.). Frankfurt: Campus.

Damkowski, Christa (1995). Die jungen Alten: Lust an der Weisheit. *Psychologie heute* (3), 12–13.

Das INBL – Konzeption und Perspektiven (2002). http://www.inbl.de.

Die sensuelle Gesellschaft (2002). *2000X* (7), 2–3.

Doppelfeld, Basilius (2002). *Loslassen und neu anfangen* (Münsterschwarzacher Kleinschriften, Bd. 124) (2. überarb. u. akt. Aufl.). Münsterschwarzach: Vier Türme.

Dringenberg, R. (1989). Über Wesen und Bedeutung des Wohnens und die besonderen Wohnbedürfnisse älterer Menschen. In: Lade, Eckhard (Hg.), *Ratgeber Altenarbeit* (Teil 10/4.2). o.O.: Fink-Kümmerly + Frey.

Ebert, Johannes u.a. (Red.). (2000). *Chronik des 20. Jahrhunderts*. o.O.: Chronik.

Eckstein, Josef (2001). Leitbild »Treffpunkt Lernen« – Konturen eines Entwicklungsmodells für Einrichtungen der Erwachsenenbildung. http://www.treffpunktlernen.de.

Egger, Rudolf (1998). Coaching statt Training. *Forum Informationen* (2), 12–14.

Ehmke, Stephan (1999). Lebensgeschichtliches Erzählen. In: Grundlagen der Weiterbildung e.V. (Hg.), *Grundlagen der Weiterbildung – Praxishilfen* (2.40.20.24). Neuwied: Luchterhand.

Elschenbroich, Donata (2001). *Weltwissen der Siebenjährigen: wie Kinder die Welt entdecken können*. München: Kunstmann.

Erikson, Erik H. (1988). *Der vollständige Lebenszyklus* (1. Aufl.). Frankfurt: Suhrkamp.

Ernst, Heiko (2000). Unsere Lebensgeschichte ist eine Konstruktion: Tragödien, Komödien, Drama: Wie wir unsere Erinnerungen gestalten. *Psychologie heute* (3), 27–29.

Ernst, Heiko (2001). *Stil: die Signatur der Persönlichkeit*. *Psychologie heute* (9), 20–27.

Erzbistum Freiburg, Bildungswerk u. a. (Hrsg.). (1999). *Lernwerkstatt 50 plus: Miteinander ins dritte Lebensalter aufbrechen*. Freiburg: Eigenverlag.

Faltermaier, Toni u. a. (2002). *Entwicklungspsychologie des Erwachsenenalters* (Grundriss der Psychologie, Bd. 14). (2., überarb. u. erw. Aufl.). Stuttgart: Kohlhammer.

Faulstich-Wieland, Hannelore u. a. (Hg.) (1996). *Biografieforschung und biografisches Lernen* (Literatur- und Forschungsreport Weiterbildung, Bd. 37). Frankfurt: Deutsches Institut für Erwachsenenbildung.

Fortey, R. (1999). *Leben: eine Biografie. Die ersten vier Milliarden Jahre*. München: Beck.

Fuchs-Heinritz, Werner (2000). *Biografische Forschung: eine Einführung in Praxis und Methoden* (2., überarb. u. erw. Aufl.). Wiesbaden: Westdeutscher.

Galli, Johannes (1999). *Dynamisches Erzählen* (1. Aufl.). Freiburg: Galli.

Gaschler, Katja (2002). Gedächtnis: Leben ohne Vergangenheit. *Gehirn & Geist* (2), 76–78.

Gereben, Cornelia & Kopinitsch-Berger, Susanne (1998). *Auf den Spuren der Vergangenheit: Anleitung zur Biografiearbeit mit älteren Menschen*. Wien: Maudrich.

Gieschler, Sabine (1999). *Leben erzählen: von der Wiederbelebung einer Kulturtätigkeit in postmoderner Zeit*. Münster: Waxmann.

Grond, Erich (1991). *Die Pflege verwirrter alter Menschen: psychische Alterskranke und ihre Helfer im menschlichen Miteinander* (6., verb. u. erg. Aufl.). Freiburg: Lambertus.

Grossmann, Konrad Peter (2000). *Der Fluss des Erzählens: narrative Formen der Therapie* (1. Aufl.). Heidelberg: Carl-Auer-Systeme.

Guardini, Romano (1994). *Die Lebensalter: Ihre ethische und pädagogische Bedeutung* (6. Auflg.). Mainz: Toppos.

Gudjons, Herbert u. a. (1994). *Auf meinen Spuren: das Entdecken der eigenen Lebensgeschichte* (3. Aufl.). Hamburg: Bergmann+Helbig.

Haarhaus, Friedrich (Hrsg.). (1998). *Lebensstationen: Biografisches Arbeiten mit Senioren* (Teil 1: Die zwanziger und dreißiger Jahre). Aachen: Bergmoser + Höller.

Haarhaus, Friedrich (Hg.) (1998a). *Lebensstationen: Biografisches Arbeiten mit Senioren* (Teil 2: Die vierziger und fünfziger Jahre). Aachen: Bergmoser + Höller.

Haeffner, Gerd (1996). *In der Gegenwart leben: Auf der Spur eines Urphänomens*. Stuttgart: Kohlhammer.

Hähner, Ulrich (2002). Der professionelle Begleiter – eine Leitidee für Institutionen der Behindertenhilfe. *SOS-Dialog*, (8,) 29–36.

Halbfas, Hubertus (1989). *Wurzelwerk: geschichtliche Dimensionen in der Religionsdidaktik.* Düsseldorf: Patmos.

Hamann, Bruno (1998). *Pädagogische Anthropologie: Theorien-Modelle-Strukturen* (3., überarb. u. erw. Aufl.) Bad Heilbrunn: Klinkhardt.

Hanses, Andreas (2000). Biographische Diagnostik in den Sozialarbeitswissenschaften. *http://www.ibl.uni-bremen.de/research/projekte/g5.htm.*

Hartwig, Ina u.a. (Hg.). (2002). *Die Rückkehr der Biographien* (Kursbuch 148). Berlin: Rowohlt.

Hauser, Theresia (1997). *Zeit inneren Wachstums: die späteren Jahre.* München: Kösel.

Heidenreich, Hartmut (2002). Bildung im vierten Alter: neue Leitlinien der KBE-Kommission Altenbildung. *Erwachsenenbildung*, 48 (2), 63–65.

Heilmeier-Schmittner, Monika u.a. (2000). *KEB-Projekthandbuch.* München: Arbeitsgemeinschaft Katholischer Erwachsenenbildung der Erzdiözese München und Freising e.V.

Hof, Christiane (1995). *Erzählen in der Erwachsenenbildung: Geschichte – Verfahren – Probleme.* Neuwied: Luchterhand.

Högler, Peter (2000). Die Bedeutung populärer Autobiografien. In: Klingenberger, Hubert & Kratz, Matthias (Hg.), *Zukunft braucht Herkunft: lebensgeschichtliche Erfahrungen als Chance zum Dialog* (S. 19-24). Freising: Kardinal-Döpfner-Haus.

Höglinger, August (2002). *Grenzen setzen bei Erwachsenen.* Linz: Höglinger.

Hudson, Frederic M. & McLean, Pamela D. (2001). *Heute beginnt Ihr neues Leben.* Landsberg. mvg

Jamis, Rauda (2000). *Frida Kahlo: ein Leben für die Kunst* (2. Aufl.). München.

Jensen, Lars (2002, 1./2. Juni). Des Lebens müde:»Quarterlife Crisis«. *SZ am Wochenende*, Süddeutscher Verlag

Johnstone, Keith (1998). *Improvisation und Theater* (4. Aufl.), Berlin: Alexander.

Johnstone, Keith (1999). *Theaterspiele: spontaneität, Improvisation und Theatersport* (2. Aufl.). Berlin: Alexander.

Kade, Silvia (1994). *Altersbildung: Lebenssituation und Lernbedarf.* Frankfurt: Deutsches Institut für Erwachsenenbildung.

Kade, Silvia (1994a). *Altersbildung: Ziele und Konzepte.* Frankfurt: Deutsches Institut für Erwachsenenbildung.

Kade, Sylvia (2002 a). Dimensionen biografischen Lernens. *forum EB* (2), 64.

Kade, Sylvia (2002 b). Methoden der Biografiearbeit. *forum EB* (2), 65.

Kade, Sylvia (2002). Biografische Bildung: Erinnern-Erleben-Erwarten. *forum EB* (2), 63-64.

Kaiser, Arnim (1990). Lebensweltorientierter Ansatz. In: Grundlagen der Weiterbildung e.V. (Hg.), *Grundlagen der Weiterbildung – Praxishilfen* (6.20.10). Neuwied: Luchterhand / Wolters Kluwer Deutschland GmbH, München / Unterschleißheim

Kast, Verena (1994). *Sich einlassen und loslassen: neue Lebensmöglichkeiten bei Trauer und Trennung.* Freiburg: Herder.

Keiner, Tatjana u. a. (2000). Das autobiografische Gedächtnis: Wir sind, woran wir uns erinnern. *Psychologie heute* (3), 20–26.

Kerkhoff, Barbara & Halbach, Anne (2002). *Biografisches Arbeiten: Beispiele für die praktische Umsetzung.* Hannover: Vincentz.

Keupp, Heiner (o. J.). Von der (Un-) Möglichkeit, erwachsen zu werden: Jugend heute als »Kinder der Freiheit« oder als »verlorene Generation«. http://www.familien-handbuch.de/cms/kindheitsforschung-jugend.pdf.

Keupp, Heiner (1999). Ohne Angst verschieden sein können: Riskante Chancen in einer postmodernen Gesellschaft. In: Klingenberger, Hubert & Krecan-Kirchbichler, Brigitte (Hg.), *Nicht mehr sicher, aber frei: Erwachsenenbildung in der Postmoderne* (S. 11–28). München: Bernward bei Don Bosco.

Keupp, Heiner u. a. (1999). Identitätskonstruktionen: *Das Patchwork der Identitäten in der Spätmoderne.* Reinbeck: Rowohlt.

Keupp, Heiner (2000). *Eine Gesellschaft der Ichlinge? Zum bürgerschaftlichen Engagement von Heranwachsenden.* München: Sozialpädagogisches Institut im SOS-Kinderdorf e. V.

Klare, Jean & Swaaij, Louise van (2000). *Atlas der Erlebniswelten.* Frankfurt: Eichborn.

Klingenberger, Hubert & Kratz, Matthias (Hrsg.). (2000). *Zukunft braucht Herkunft: lebensgeschichtliche Erfahrungen als Chance zum Dialog.* Freising: Kardinal-Döpfner-Haus.

Klingenberger, Hubert & Zintl, Viola (2001). *Ichstark: Mich und andere verstehen – Entscheidungen treffen – Konflikte wagen und bestehen.* München: Don Bosco.

Klingenberger, Hubert & Zintl, Viola (2002). *Selbstbewusst: Wege zur persönlichen Fehlerfreundlichkeit – Vernetzt denken – kreativ neu beginnen.* München: Don Bosco.

Klingenberger, Hubert & Zintl, Viola (2001a). *Eigenständig: biografische Erfahrungen nutzen – Beziehungsreich leben – Quellen der Ermutigung.* München: Don Bosco.

Klingenberger, Hubert (1992). *Ganzheitliche Geragogik: Ansatz und Thematik einer Disziplin zwischen Sozialpädagogik und Erwachsenenbildung.* Bad Heilbrunn: Klinkhardt.

Klingenberger, Hubert (1998). Lernen im Erwachsenenalter. In: Zintl, Viola. *Lernen mit System* (S. 1–30). München: Urban & Schwarzenberg.

Klingenberger, Hubert (1996). *Handbuch Altenpädagogik: Aufgaben und Handlungsfelder der ganzheitlichen Geragogik.* Bad Heilbrunn: Klinkhardt.

Klingenberger, Hubert (1998a). Kommunikationsfähigkeit – eine Schlüsselqualifikation in der Pflege. In: Zintl, Viola. *Lernen mit System* (S. 127–154). München: Urban & Schwarzenberg.

Klingenberger, Hubert (1999). Zurück in die Zukunft: biografisches Arbeiten in der Erwachsenenbildung. In: Klingenberger, Hubert & Krecan-Kirchbichler, Brigitte (Hg.), *Nicht mehr sicher, aber frei: Erwachsenenbildung in der Postmoderne* (S. 92–99). München: Don Bosco.

Klingenberger, Hubert (2000). Zurück in die Zukunft – Biografisches Arbeiten in der Erwachsenenbildung. In Klingenberger, Hubert & Kratz, Matthias (Hg.), *Zukunft braucht Herkunft: lebensgeschichtliche Erfahrungen als Chance zum Dialog*. (S. 19–24). Freising: Kardinal-Döpfner-Haus.

Klingenberger, Hubert (2002). Zeiten des Aufbruchs und des Neubeginns. *Don Bosco Kalender*, 4–5.

Klingenberger, Hubert (2002a). Zeiten des Pflegens und des Loslassens. *Don Bosco Kalender*, 12–13.

Klingenberger, Hubert (2002b). Zeiten der Ernte und des Dankes. *Don Bosco Kalender*, 18–19.

Klingenberger, Hubert (2002c). Zeiten des Rückzugs und des Erinnerns. *Don Bosco Kalender*, 38–39.

Knill, Hildegard (2002). Hören – Hinhören – Zuhören. http://www.rhetorik.ch/Hoeren/Hoeren.html.

Konzertierte Aktion Weiterbildung (1998). *Biografische Arbeit in der Erwachsenenbildung: Beispiele aus der Praxis*. Berlin: Bundesministerium für Bildung, Wissenschaft, Forschung und Technologie.

Kotre, John (1995). *Weiße Handschuhe: wie das Gedächtnis Lebensgeschichte schreibt*. München: Hanser.

Kratz, Matthias (2000). Erwachsenenbildung im Kontext von Geschichtsarbeit und biografischem Arbeiten. In Klingenberger, Hubert & Kratz, Matthias (Hg.). *Zukunft braucht Herkunft: lebensgeschichtliche Erfahrungen als Chance zum Dialog* (S. 25–27). Freising: Kardinal-Döpfner-Haus.

Kratz, Matthias (2000a). Konkrete Erfahrungen und Bausteine aus dem Projekt »Ein Rucksack voll Geschichten«. In Klingenberger, Hubert & Kratz, Matthias (Hg.). *Zukunft braucht Herkunft: lebensgeschichtliche Erfahrungen als Chance zum Dialog* (S. 28–29). Freising: Kardinal-Döpfner-Haus.

Kratz, Matthias & Kummer, Bernd R. (1997). *Ein Rucksack voll Geschichten: Lebensgeschichten aus dem Landkreis Garmisch-Partenkirchen* (1. Aufl.). Garmisch-Partenkirchen: Kath. Kreisbildungswerk.

Kraul, Margret & Marotzki, Winfried (Hg.) (2002). *Biographische Arbeit: Perspektiven erziehungswissenschaftlicher Biographieforschung*. Opladen: Leske + Budrich.

Kreher, Símone & Sierwald, Wolfgang (2001). »Und dann bin ich ins Kinderdorf gekomm...«: Biografisches Erzählen in Forschung und Sozialer Arbeit. *SOS-Dialog*, 40–47.

Kriz, Willy Christian (2000). *Lernziel: Systemkompetenz. Planspiel als Trainingsmethode.* Göttingen: Vandenhoeck & Ruprecht.

Kruse, Andreas (1990). Potential im Alter. *Zeitschrift für Gerontologie,* 23 (5), 235–245.

Kullmann, Katja (2002). *Generation Ally: Warum es heute so kompliziert ist, eine Frau zu sein.* Frankfurt: Eichborn.

Kusch, Rita (1998). 3–18 – ein Würfelspiel mit drei Würfeln. In: Lade, Eckhard (Hg.). *Ratgeber Altenarbeit: Das aktuelle Handbuch für Altenhilfe, Pflege und Betreuung* (Teil 6/8.1.1). Echterdingen: Paupert.

Kusch, Rita (1999). Spiel: Premiere. In: Lade, Eckhard (Hrsg.). *Ratgeber Altenarbeit: Das aktuelle Handbuch für Altenhilfe, Pflege und Betreuung* (Teil 6/8.1.6). Echterdingen: Paupert.

Lahninger, Paul (2000). *Leiten-Präsentieren-Moderieren: Arbeits- und Methodenbuch für Teamentwicklung und qualifizierte Aus- und Weiterbildung* (3. Aufl.). Münster: Ökotopia.

Liebl, Franz & Rughase, Olaf G. (2002). Storylistening. *GDI_Impuls* (3), 34–39.

Mader, Wilhelm (2000). Einführung in die Methode der Guided Autobiography als Bildungsmethode. *http://www.ibl.uni-bremen.de/lehre/lv-ws99-08.htm.*

Mauritz, Ina (2002). Thesen und statistische Daten zum Thema »Männer altern anders – Frauen auch! *forum EB* (2), 41–43.

Maywald, Jörg (o. J.). Für das Kind muss das Spielerische im Vordergrund stehen: Netz-Interview. *http://www.pflegekinder.ch/netz/inhalte/3_99_02.htm.*

Merz, Vreni (2002). *Übungen zur Achtsamkeit: mit Kindern auf dem Weg zum Zen.* München: Kösel.

Mörchen, Annette (1996). *Methodische Vielfalt und didaktische Stringenz: Materialien zum Projekt »Aktiver Vorruhestand«.* Würzburg: Echter.

Morgenroth, Hannelore (1995). *Den roten Faden finden: Wege aus dem Labyrinth meines Lebens.* München: Kösel.

Nichols, Michael P. (2002). *Die Kunst des Zuhörens: Einander verstehen im Alltag und in schwierigen Gesprächen.* Reinbek: Rowohlt.

Nittel, Dieter & Völzke, Reinhard (1993). Professionell angeleitete biografische Kommunikation – Ein Konzept pädagogischen Fremdverstehens. In: Derichs-Kunstmann, Karin u. a. (Hg.). *Die Fremde – Das Fremde – Der Fremde* (S. 123–136). Frankfurt: Pädagogische Arbeitsstelle des Deutschen Volkshochschul-Verbandes.

Nuber, Ursula (1999). Das Konzept „Resilienz: so meistern Sie jede Krise. *Psychologie heute* (5), 20–27.

Nuber, Ursula (2001). Die schwierige Kunst, ein Erwachsener zu sein. *Psychologie heute,* 28 (4), 20–27.

Nuber, Ursula (2002). »Was ist nur mit mir los?« Die stille Revolution in der Lebensmitte. *Psychologie heute,* 29 (4), 20–25.

Nuber, Ursula (2003). So kann es nicht weitergehen! *Psychologie heute*, 30 (2), 20–25.

Oehlmann, Christel (2001). *Einfach erzählen! Ein Übungsbuch zum freien und gestalteten mündlichen Erzählen.* Paderborn: Junfermann.

Osborn, Caroline u. a. (1997). *Erinnern: eine Anleitung zur Biografiearbeit mit alten Menschen.* Freiburg: Lambertus.

Pädagogische Biografiearbeit – Konzepte, Methoden, Handlungsfelder (2002). http://www.inbl.de/aktuell/fortbildung2.html.

Peseschkian, Nossrat (2002). *Wenn du willst, was du noch nie gehabt hast, dann tu, was du noch nie getan hast: Geschichten und Lebensweisheiten.* Freiburg: Herder.

Pisarski, Waldemar (1997). *Anders trauern – anders leben* (5. Aufl.). Gütersloh: Kaiser.

Prüwasser, Josef (1998). Ein Traum von tausend Freiheiten oder jede Biographie ist eine Bildungsbiografie. *Forum Informationen* (2), 6–8.

Redler, E. (1994). Der Körper als Medium zur Welt. In: Redler, E. (Hrsg.). *Der Körper als Medium zur Welt: eine Annäherung von außen: Schönheit und Gesundheit* (S. 11–15). Frankfurt: Mabuse.

Reichel, René & Rabenstein, Reinhold (2001). *Kreativ beraten: Methoden, Modelle, Strategien für Beratung, Coaching und Supervision.* Münster: Ökotopia.

Reischmann, Jost (1995). Lernen »en passant« – die vergessene Dimension. *Grundlagen der Weiterbildung – Zeitschrift*, 6 (4), 200–204.

Remen, Rachel Naomi (2001). *Dem Leben trauen: Geschichten, die gut tun.* München: Goldmann.

Robins, Alexandra u. Wilner, Abby (2003). *Quarterlifecrisis: die Sinnkrise der Mittzwanziger.* o.O.: Ullstein.

Rohr, Wulfing von (2002). *Vorausdenken – die Zukunft planen.* Regensburg: Walhalla.

Rolff, Hans-Günther & Zimmermann, Peter (1993). *Kindheit im Wandel: eine Einführung in die Sozialisation im Kindesalter* (3. unveränd. Aufl.). Weinheim: Beltz.

Ruhe, Hans-Georg (1998). *Methoden der Biografiearbeit: Lebensgeschichte und Lebensbilanz in Therapie, Altenhilfe und Erwachsenenbildung.* Weinheim: Beltz.

Ryan, Tony & Walker, Rodger (1997). *Wo gehöre ich hin? Biografiearbeit mit Kindern und Jugendlichen.* Weinheim: Beltz.

Saum-Aldehoff, Thomas (2003). Ein langer, immer ruhiger werdender Fluss. *Psychologie heute, 30* (2), 28–35

Sautter, Sabine (2002). Erinnern für die Zukunft: biografisches Schreiben – Lesungen – Begegnungen. *forum EB* (2), 66–67.

Schacter, Daniel (1999). *Wir sind Erinnerung: Gedächtnis und Persönlichkeit.* Reinbek: Rowohlt.

Schibilsky, Matthias (1996). Leben erinnern: biografische Methoden in der Gruppenarbeit mit Älteren. In: Evangelisches Bildungswerk (Hg.). *Leben erinnern: biografische Methoden in der Gruppenarbeit mit Älteren* (1–15). München: Eigenverlag.

Schlicht, H.-J. (Hg.) (2000). *Aus Lebensgeschichten lernen: biografisch-mystagogische Erkundungen.* Oberursel: o.V.

Schlippe, Arist von u.a. (1995). Zugänge zu familiären Wirklichkeiten. *Systema* [Sonderheft].

Schlüter, Anne (2002). Die Lebenswelt als Basis: die Bedeutung der Biografieforschung für die Erwachsenenbildung. *Erwachsenenbildung, 48* (4), 183–188.

Schmid, Wilhelm (1999). *Philosophie der Lebenskunst: eine Grundlegung* (3., korr. Aufl.). Frankfurt: Suhrkamp.

Schmidt-Tanger, Martina (1998). *Veränderungscoaching: Kompetent verändern.* Paderborn: Junfermann.

Schuchardt, Erika (2002). *Warum gerade ich? Leben lernen in Krisen* (11. überarb. u. erw. Aufl.). Göttingen: Vandenhoeck u. Ruprecht.

Schulz von Thun, Friedemann u.a. (2000). *Miteinander reden: Kommunikationspsychologie für Führungskräfte.* Reinbek: Rowohlt.

Schulze, Theodor (1995). Erziehungswissenschaftliche Biografieforschung: Anfänge – Fortschritte – Ausblicke. In Krüger, Heinz-Hermann und Marotzki, Winfried (Hg.), *Erziehungswissenschaftliche Biografieforschung* (Studien zur Erziehungswissenschaft und Bildungsforschung, Band 6. (S. 10–31). Opladen: Leske und Budrich.

Schweppe, Cornelia (1998). Biographisierung der Altersphase und Biographieorientierung in der sozialen Altenarbeit. *Zeitschrift für Gerontologie und Geriatrie, 31* (5), 325–330.

Seiwert, Lothar J. (2001). *Life-Leadership: sinnvolles Selbstmanagement für ein Leben in Balance.* Frankfurt: Campus.

Seiwert, Lothar J. (2001a). Mit konstruktiven Fragen schnell am Ziel. *CoachingBrief* (2), 6–9.

Simon, Fritz B. (1999). *Die Kunst, nicht zu lernen. Und andere Paradoxien in Psychotherapie, Management, Politik ...* (2. Aufl.). Heidelberg: Carl-Auer-Systeme.

Sonnenmoser, Marion (2002). Leben lernen mit Talkshows. *Psychologie heute, 29* (3), 18.

Strack, Helmut (2001). Bildung und Identität in einer pluralen Welt – Assoziationen zum Thema »Patchwork-Biografie«. *http://www.die-frankfurt.de/esprid/dokumente/doc-2001/dieforum_strack_01.htm.*

Tarr Krüger, Irmgard (2000). *Vom leichten Glück der einfachen Dinge: Kleine Freuden – große Wirkung* (2. Aufl.). Freiburg: Herder.

Tausch-Flammer, Daniela & Bickel, Lis (2000). *Jeder Tag ist kostbar: Endlichkeit erfahren – intensiver leben.* Freiburg: Herder.

Teufel, Judith (2001). *Standards für Einrichtungen der Tagespflege: Betreuung und Beschäftigung.* Hannover: Schlütersche.

Thomae, Hans (1988). *Das Individuum und seine Welt: eine Persönlichkeitstheorie* (2., völlig neu bearb. Aufl.). Göttingen: Hogrefe.

Tworek, Elisabeth (2000). Lebensgeschichte in der Geschichte. In Klingenberger, Hubert & Kratz, Matthias (Hrsg.), *Zukunft braucht Herkunft: lebensgeschichtliche Erfahrungen als Chance zum Dialog* (S. 11–14). Freising: Kardinal-Döpfner-Haus.

Unterholzer, Carmen (2002). Poesie für die kranke Psyche. *Psychologie heute,* 29 (12), 40–44.

Völzke, Reinhard (1995). Das biografische Gespräch in der Bildungsarbeit: Zum professionellen Umgang mit alltagssprachlichem Erzählen. In: Landesinstitut für Schule und Weiterbildung (Hg.). *Lebensgeschichte und Politik: Erinnern – Erzählen – Verstehen* (1. Aufl.). (S. 23–60). Bönen: Verlag für Schule und Weiterbildung.

Vopel, Klaus W. (1997). *Geschichten erzählen* (1. Aufl.). Salzhausen: iskopress.

Vopel, Klaus W. (2001). *Geschichtenwerkstatt: Erzählen und Verstehen* (1. Aufl.). Salzhausen: iskopress.

Vopel, Klaus W. (Hg.) (2002). *Experimente für Lern- und Arbeitsgruppen* (Teil 2: Anfangsphase). (3. Aufl.). Salzhausen: iskopress.

Wallerstein, Judith S. & Lewis, Julia (2002). »Für andere kann die Ehe funktionieren, aber nicht für mich!« *Psychologie heute,* 29 (3), 46–51.

Watzlawick, Paul u. a. (1990). *Menschliche Kommunikation: Formen, Störungen, Paradoxien* (8. unveränd. Aufl.). Bern: Huber.

Webb, John (2002). Karriereberatung als Aufgabe der Erwachsenenbildung – Life/Work Planning in Deutschland. In: Nittel, Dieter & Völzke, Reinhard (Hg.), *Jongleure der Wissensgesellschaft: das Berufsfeld der Erwachsenenbildung* (S. 118–127). Neuwied: Luchterhand.

Weingandt, Birgit (2001). *Biografische Methoden in der Geragogik: qualitative und inhaltsanalytische Zugänge.* Köln: Kuratorium Deutsche Altershilfe.

Welzer, H. (1997). Die anhaltende Macht der Gefühle: Die NS-Zeit in der Erinnerung. *Psychologie heute* (6), 52–56.

Welzer, Harald (2002). *Das kommunikative Gedächtnis: Eine Theorie der Erinnerung.* München: Beck.

Werder, Lutz von (1996). *Erinnern, Wiederholen, Durcharbeiten: die eigene Lebensgeschichte kreativ schreiben.* Berlin: Schibri.

Wierz, Jakobine (2002). *Vergangenheitsforscher: was Kinder wissen wollen* (1. Aufl.). München: Don Bosco.

Wilhelm (1999). Wenn die Vergangenheit entschwebt. *Psychologie heute*, 26 (8), 68–71.

Wölzmüller, Martin (2000). Heimat finden und gestalten durch Erzählen. In: Klingenberger, Hubert & Kratz, Matthias (Hg.), *Zukunft braucht Herkunft: lebensgeschichtliche Erfahrungen als Chance zum Dialog* (S. 15–18). Freising: Kardinal-Döpfner-Haus.

Belletristik und Biografien

Bauer, Jutta (2001). *Opas Engel.* Hamburg: Carlsen.

Bobbio, Norberto (1997). *Vom Alter – de senectute.* Berlin: Wagenbach.

Brodkey, Harold (1996.). *Die Geschichte meines Todes.* Reinbek: Rowohlt.

Dörrie, Doris (2000). *Was machen wir jetzt? Roman.* Zürich: Diogenes.

Dörrie, Doris (2002). *Das blaue Kleid: Roman.* Zürich: Diogenes.

Frisch, Max (1979). *Stiller: Roman* (12. Aufl.). Frankfurt: Suhrkamp.

Frisch, Max (1979a). *Homo faber: ein Bericht* (6. Aufl.). Frankfurt: Suhrkamp.

Frisch, Max (1980). *Mein Name sei Gantenbein: Roman* (8. Aufl.). Frankfurt: Suhrkamp.

Frisch, Max (1980a). *Stücke 2* (7. Aufl.). Frankfurt: Suhrkamp.

Grass, Günter (1999). *Mein Jahrhundert* (7. Aufl.). Göttingen: Steidl.

Gur, Batya (2000). *Das Lied der Könige: Roman.* München: Goldmann.

Hermann, Judith (1999). *Sommerhaus, später: Erzählungen* (12. Aufl.). Frankfurt: Fischer.

Hesse, Hermann (1981). *Das Glasperlenspiel: Versuch einer Lebensbeschreibung des Magister Ludi Josef Knecht samt Knechts hinterlassenen Schriften* (15. Aufl.). Frankfurt: Suhrkamp.

Hoeg, Peter (2001). *Der Plan von der Abschaffung des Dunkels: Roman* (9. Aufl.). Reinbek: Rowohlt.

Illies, Florian (2002). *Generation Golf: Eine Inspektion* (7. Aufl.). Frankfurt: Fischer.

Junge, Traudl (2002). *Bis zur letzten Stunde: Hitlers Sekretärin erzählt ihr Leben* (7. Aufl.). München: Claassen.

Kaschnitz, Marie Luise (1991). *Orte: Aufzeichnungen* (1. Aufl.). Frankfurt: Insel.

Kazantzakis, Nikos (1998). *Alexis Sorbas: Abenteuer auf Kreta. Roman.* Reinbek: Rowohlt.

Kirchhoff, Bodo (2001). *Parlando: Roman* (1. Aufl.). Frankfurt: Frankfurter Verlagsanstalt.

Küng, Hans (2002). *Erkämpfte Freiheit: Erinnerungen.* München: Piper.

Kundera, Milan (1989). *Der Scherz* (1. Aufl.). Frankfurt: Suhrkamp.

Marai, Sandor (2001). *Die Glut: Roman* (4. Aufl.). München: Piper.

Maron, Monika (2002). *Endmoränen: Roman* (4. Aufl.). Frankfurt: S. Fischer.

Marquez, Gabriel Garcia (2002). *Leben, um davon zu erzählen* (1. Aufl.). Köln: Kiepenheuer und Witsch.

Merseburger, Peter (2002). *Willy Brandt 1913–1992: Visionär und Realist.* Stuttgart: Deutsche Verlagsanstalt.

Métroz, Gérald (2002). *Ich lass mich nicht behindern* (1. Aufl.). Bern: Scherz.

Nadolny, Sten (1990). *Selim oder die Gabe der Rede: Roman* (2. Aufl.). München: Piper.

Platte, Paul-Gerhard (2001). Zwischen Lust und Moral: Erfahrungen mit der Sexualität aus einem 59jährigen Leben. *Männerforum* (25), 24 f.

Reich-Ranicki, Marcel (1999). *Mein Leben* (10. Aufl.). Stuttgart: Deutsche Verlagsanstalt.

Rilke, Rainer Maria (1999). *Die Gedichte* (11. Aufl.). Frankfurt: Insel.

Schlink, Bernhard (2001). *Selbs Mord: Roman.* Zürich: Diogenes.

Schwarzer, Alice (1996). *Marion Dönhoff: ein widerständiges Leben* (6. Aufl.). Köln: Kiepenheuer & Witsch.

Seewald, Peter (2001, 21. Dez.). Grüß Gott: ein ehemaliger Kommunist berichtet, weshalb er es ohne die katholische Kirche nicht mehr ausgehalten hat. *Süddeutsche Zeitung – Magazin* (51), 5–8.

Seewald, Peter (2002). *Grüss Gott: als ich begann, wieder an Gott zu glauben.* Stuttgart: Deutsche Verlagsanstalt.

Shalev, Meir (1998). *Judiths Liebe: Roman.* Zürich: Diogenes.

Stern, Carola (2002). *In den Netzen der Erinnerung: Lebensgeschichten zweier Menschen* (11. Aufl.). Reinbek: Rowohlt.

Stern, Carola (2002a). *Doppelleben.* Reinbek. Rowohlt.

Suter, Martin (2000). *Small world: Roman.* Zürich: Diogenes.

Twain, Mark (2001). *Tom Sawyers Abenteuer* (5. Aufl.). Würzburg: Arena.

Wenzel, Angela (1996). *Die Geheimnisse des René Margritte.* München: Prestel.

Wimschneider, Anna (1990). *Herbstmilch: Lebenserinnerungen einer Bäuerin.* München: Piper.

Wowereit, Klaus (2001, 13. Dez.) Ich habe einen Traum. *Die Zeit* (51), 68.

Musik

Hirsch, Ludwig (o. J.). *Liederbuch.* O.O.: Polydor.
Knef, Hildegard (1999). *17 Millimeter.* O.O.: Redmoon.
Mey, Reinhard (1987). *Keine ruhige Minute.*
Pink Martini (1999). *Sympathique.* Heinz.
Schönherz, Richard & Fleer, Angelika (Komp. / Arr.). (2001). *Rilke-Projekt: »Bis an alle Sterne«.* o.O.: RCA Victor.
STS (1985). *Grenzenlos.* Wien: Amadeo.

LEBENS**MANAGEMENT** KONKRET

Unter dem Motto »Mein eigenes Leben gestalten« haben Hubert Klingenberger und Viola Zintl ein Konzept entwickelt zu den wichtigsten Schlüsselkompetenzen für ein Leben nach der Postmoderne.

- ⊙ Wie lerne ich mich und andere besser verstehen?
- ⊙ Wie treffe ich klare Entscheidungen
- ⊙ Wie gehe ich mit Konflikten um?

168 Seiten
ISBN 3-7698-1284-0

- ⊙ Wie kann ich persönliche Lebenserfahrungen deuten und nutzen?
- ⊙ Wie lerne ich Beziehungen aktiv eingehen, pflegen und gestalten?
- ⊙ Wie erschließe ich mir Quellen der Ermutigung und Ausgeglichenheit?

160 Seiten
ISBN 3-7698-1285-9

- ⊙ Wie kann ich aus Fehlern klug werden?
- ⊙ Wie kann ich meinen Horizont erweitern und damit komplexe Probleme neu angehen?
- ⊙ Wie kann ich angeeignetes Wissen in mein Leben umsetzen?

160 Seiten
ISBN 3-7698-1286-7